ADOLESCÊNCIA-VIOLÊNCIA:
desperdício de vidas

*Conselho Editorial da
área de Serviço Social*
Ademir Alves da Silva
Dilséa Adeodata Bonetti
Maria Lúcia Carvalho da Silva
Maria Lúcia Silva Barroco
Maria Rosângela Batistoni

**Dados Internacionais de Catalogação na Publicação (CIP)
(Câmara Brasileira do Livro, SP, Brasil)**

Trassi, Maria de Lourdes
    Adolescência-violência : desperdício de vidas / Maria de Lourdes Trassi. — São Paulo : Cortez, 2006.

    Bibliografia.
    ISBN 978-85-249-1257-3

    1. Adolescência 2. Adolescentes - Aspectos sociais - Brasil 3. Adolescentes - Condições sociais 4. Adolescentes socialmente desfavorecidos 5. Violência I. Título.

06-6599   CDD-362.74

Índices para catálogo sistemático:
1. Adolescência-violência : Problemas sociais 362.74

Maria de Lourdes Trassi

ADOLESCÊNCIA-VIOLÊNCIA:
desperdício de vidas

1ª edição

1ª reimpressão

CORTEZ EDITORA

ADOLESCÊNCIA-VIOLÊNCIA: DESPERDÍCIO DE VIDAS
Maria de Lourdes Trassi

Capa: aeroestúdio
Preparação de originais: Elisabeth Matar
Revisão: Maria de Lourdes de Almeida
Composição: Linea Editora Ltda.
Assessoria editorial: Elisabeth Borgianni
Secretaria editorial: Priscila Flório
Coordenação editorial: Danilo A. Q. Morales

Nenhuma parte desta obra pode ser reproduzida ou duplicada sem autorização expressa da autora e do editor.

© 2006 by Autora

Direitos para esta edição
CORTEZ EDITORA
Rua Bartira, 317 — Perdizes
05009-000 — São Paulo-SP
Tel.: (11) 3864-0111   Fax: (11) 3864-4290
E-mail: cortez@cortezeditora.com.br
www.cortezeditora.com.br

Impresso no Brasil — julho de 2014

Sumário

Apresentação. *Os nossos guris*
   Emir Sader 7

1. Do que trata o estudo 11
   Por que estudar este tema? 16
   Um modo de conhecer o fenômeno 19
   Uma ruptura no texto: o pesquisador se confunde e se
      desconfunde com o tema 25
   Para continuar a ler: a lógica da montagem 34

2. "Pra não dizer que não falei das flores". Década de 60 36
   O caso de Luiz, o "predador", o professor, o escritor 40

3. "Ousar saber, ousar fazer" em tempos difíceis. Década de 70 ... 61
   A primeira pesquisa sobre a criança, o adolescente na cidade
      de São Paulo 62
   A primeira unidade da Febem-SP 75

**4. "Há muito perigoso bandido que é muito bom pai, bom
filho, bom amigo de seus amigos". Década de 80** 91
   O caso de Sérgio, jogador de futebol, o "Blindado" 91
   O atendimento a jovens adultos na Febem-SP 107

5. "Um minuto de silêncio pelos estudantes que morreram (...) um minuto de silêncio pelos estudantes que os mataram". Década de 90 125
O caso de Rafa, a classe média vai à Febem 125
O adolescente autor de ato infracional em São Paulo: mudanças na fisionomia 136

6. "Vejo um museu de eternas novidades/o tempo não pára". Primeira década de 2000 173

7. Decifração 203
O objeto a ser investigado, decifrado, é o fenômeno adolescência-violência na cultura 204
O binômio adolescência-violência se situa no contexto da associação juventude e violência 205
A violência do adolescente e contra o adolescente são apreensíveis em uma concepção de violência que dá visibilidade às suas várias expressões 215
O adolescente como ator no cenário da violência 218
Percorrer o tema adolescência-violência significa tratar do mal-estar de nosso tempo 225
A criminalidade/o crime é uma das expressões do fenômeno da violência 228
O presente e o futuro: as transformações do mundo e as mutações do adolescente ou "a história nos trouxe até este ponto" 231
A violência na radicalidade do inominável: a tortura 239
A ética como uma pista de decifração ou, como não temos o mapa do futuro, as nossas convicções se constituem em bússola 244

Bibliografia 255

Apresentação

Os nossos guris

Emir Sader

Ai, o meu guri/olha aí/é o meu guri.

Chico Buarque

A imagem do "menor" é relativamente recente no Brasil, apesar da sua intensa circulação no discurso dominante. Ele é um subproduto das vias assumidas pelo capitalismo brasileiro. Até a ditadura militar convivíamos na escola pública, filhos da classe média e filhos de pobres — como designávamos então os filhos das classes trabalhadoras. O arrocho salarial e o congelamento dos investimentos sociais — de educação e saúde em particular — produziram uma rápida deterioração dos serviços públicos e a ruptura dessa aliança entre classes médias e classes populares. Aquelas correram para os planos privados de saúde e para as escolas particulares, deixando que a saúde pública e a educação pública se tornassem um assunto de pobres, desamparados para defender-se sozinhos diante da repressão da ditadura e da falta de espaços próprios para resistir.

O desemprego elevado, a concentração de renda, o modelo econômico voltado para o consumo de luxo e a exportação, o clima de violência impune dado pela ditadura militar — tudo combinado, foi produzindo figuras sociais até ali desconhecidas no Brasil. Entre elas, o "menor", o "pivete", o "trombadinha". A vida das crianças das famílias pobres passava de meninos pelos quais se sentia ternura, a objetos de risco.

Uma propaganda na televisão mostrava uma mulher caminhando de noite por uma pequena rua, quando se deparava com um menino negro andando sozinho. O que até ali suscitava ternura, proteção, preocupação com o destino do menino, se transformou em medo, em ameaça, em distância afoita e não mais em proteção. Diante de um menininho negro que vinha em sua direção, em uma rua deserta e numa noite escura, ela atravessava a rua, para evitar se cruzar com ele. De desamparo e ternura, passava a nos despertar medo e até pânico.

Enquanto isso o capitalismo brasileiro seguia produzindo o que um ex-presidente, sociólogo, chamou de "milhões de inimpregáveis", isto é, um cruel mecanismo de reprodução de capital que não deixa lugar para a maioria esmagadora de crianças e jovens adolescentes pobres. Porque, a projetar o presente, não lhes reserva nem lugar de trabalhador qualificado — reservado para pouquíssimos —, nem de consumidor de produtos de luxo — já ocupado pela burguesia e pela classe média alta.

E, no entanto, as crianças e jovens das periferias das grandes metrópoles são os setores que mais crescem no Brasil e no mundo. Crescem sem a socialização do convívio familiar, sem a socialização do conhecimento e do lazer nas escolas, sem a socialização e a identidade dos grupos culturais e dos movimentos sociais, sem os partidos políticos e as lutas populares — que lhes permitem assumir identidades acordes com sua vida, suas necessidades e suas expectativas.

Eles crescem e geram suas identidades nas ruas, pelas esquinas das grandes cidades, nas suas periferias e nos seus centros, como os "outros" que ameaçam a sociedade de classe, mas sofrem brutalmente os influxos desta, sob a forma da discriminação, da exploração, do apelo ao consumismo das publicidades e da televisão, dos *shopping centers*. Alguns afirmam suas músicas, sua cultura, mas o vendaval produzido pelas grandes marcas do consumo costuma povoar seu imaginário, desprezando seu mundo, seus valores, sua vida original. Socializam-se em meio ao risco, às religiões evangélicas e ao narcotráfico, entre as Febens e as prisões, entre o medo e os riscos. A vida para eles costuma ser uma aventura curta, vivida entre o desamparo e as tentações não-conquistadas ou efemeramente vividas.

São "menores" para a sociedade do McDonald's e da Nike; e, se são projetados como "menores", tendem a se tornar "menores", mesmo quando apelam para um treizoitão, para afirmar seu poder momentâneo sobre a vida e os bens dos outros, que nunca levam em conta a vida deles e os seus desejos de acesso aos bens.

E, no entanto, são a maioria da população brasileira, aquela que mais cresce, mais povoa nossas cidades, nossas esquinas e nossos medos. Deveriam ser tratados como o futuro do Brasil, mas são rejeitados e pisoteados, porque esse futuro pertence ao capital, o trabalho seletivo para esse capital não lhes reserva lugar, os bancos dominam as economias e já nem *office-boys* eles podem ser.

Na nossa vida, eles se tornam "os outros", o que não queremos que nossos filhos sejam, que nossos filhos se tornem. São exemplos desumanizados de vidas perdidas, de riscos de amizades com nossos filhos, de contaminadores — com drogas, com violência, com gangues — dos círculos fechados em que educamos e protegemos nossos filhos dos riscos.

Os espaços para esses milhões de crianças e adolescentes são os de confinamento — nos seus bairros longínquos, mal iluminados, sem a presença do setor público — salvo a polícia, via de regra para violência e extorsão. Para fechar ainda mais os riscos, está a campanha para diminuição da idade de imputabilidade penal. Um objetivo "humanista": poder colocar nos presídios crianças que ainda nem puderam ter acesso à cultura, à educação, aos bens com que nossos filhos estão acostumados desde cedinho em suas protegidas vidas. As idades também — depois da água, dos espaços das cidades, da educação, da saúde — serão privatizadas e terão um selo de classe.

Para que sigamos consumindo, protegidos em condomínios de luxo, os filhos freqüentando as escolas protegidos por guarda-costas. Tudo, contanto que as crianças pobres possam ser presas, condenadas, cumpram penas, das quais nunca voltam a sair — com ou sem vida. Que suas escolas não sejam as dos nossos filhos, que em nossas áreas de lazer e de passeio não cruzemos com eles.

A condição da estabilidade presente e futura deste tipo de sociedade baseada no mercado, no capital, no consumo, na exportação e nos *shopping centers*, é a distância, a aniquilação, a desaparição de nossas vidas desses "menores". Que eles não ganhem identidades próprias. Que não freqüentem nossas universidades, que desapareçam de nossas ruas e praças, que não nos ameacem nas esquinas, nem nossos pesadelos.

Mas eles voltarão sempre, sempre estarão nos nossos caminhos, porque são a grande maioria, porque são crianças e jovens, porque gostam de brincar, de passear, de viver a vida. Não haverá futuro, não haverá Brasil sem que essas crianças e jovens ocupem o lugar que precisam, que merecem. Para que nossos guris sejam de fato nossos guris, de todos nós. Ou seremos nós que não seremos de nada, nem de ninguém.

O livro de Maria de Lourdes Trassi é o melhor tipo de abordagem destes temas — e de vários outros, conexos —, porque se fundamenta na experiência concreta da melhor especialista, oxigenada pelas vivências com essas crianças e jovens e pelos valores humanistas — os únicos que nos podem salvar nestes tempos de mercadorias e de chacinas. Ou incorporamos os enfoques e as propostas de Lurdinha ou seremos vítimas cotidianas da desumanização do mundo da Daslu e da sua outra cara — as Febens.

Outubro de 2005

ature de ok
1
Do que trata o estudo

O adolescente e a violência no âmbito da cultura. Este binômio em sua dupla face: o adolescente como ator no cenário da violência (a prática do crime) e como vítima (a tortura, os fatores de óbito, a perda de vidas[1]).

O tema está inscrito no tempo histórico; no caso deste estudo, na última metade do século XX — a partir da década de 60 — até a transição do século, do milênio (2005).

Neste percurso, há transformações importantes que vão produzindo uma exacerbação da crueldade, em ambos os pólos deste binômio. Esta é a hipótese que se configura a partir de acontecimentos microscópicos: o modo como abusam, seviciam e matam os colegas na instituição destinada ao cumprimento da medida socioeducativa de privação de liberdade e a tortura como exercício de dominação sobre eles. O sintoma de uma metamorfose.

O tema adolescente-violência é um ponto crítico de saturação, condensação de múltiplas determinações. Está inscrito no contexto da cultura, das transformações cada vez mais rápidas das tecnologias, das construções científicas, de novos padrões de convivência, da fragilidade dos laços amorosos, do exagero do consumo e insatisfação permanente,

---

1. Referência ao título do Dossiê da Anistia Internacional, 2000.

de outras éticas, de produção de novas biografias e desconhecidos modos de ser criança, adolescente e adulto.

Ele se inscreve na nova geografia do mundo globalizado em que as fronteiras entre países, povos, alteram-se por novos fenômenos transnacionais, pela comunicação planetária. As referências identitárias se fragmentam e se reorganizam a partir de padrões nos quais coexistem antigas matrizes de identidade — nacionalidade, origem social, etnia, religião, gênero, geração — e ícones universais, transmissores de um mundo sem poderes morais, "o relativismo total onde não vale a pena viver ou morrer por nada", ou "poderes morais que geram divergência e hostilidade (...) a linguagem da raça e do gênero", ou ainda aqueles que "se posicionam a partir da solidariedade e reforçam os vínculos sociais" (Heller, 1999: 28-30).

Nesta inscrição, o tema mobiliza muitos outros fenômenos da cultura;[2] e alguns se destacam. Para tentar capturar, apreender o adolescente e suas novas formas de 'estar no mundo' é necessário considerar, por exemplo, a revolução do papel da mulher na segunda metade do século XX, porque seus novos lugares e conquistas têm importantes desdobramentos na família — lugar social de origem e filiação do adolescente — enquanto relação de gênero e de geração.[3]

Outra revolução social do século XX na qual o adolescente se inscreve é a revolução da juventude, cuja visibilidade e repercussões em várias áreas da vida social e em grande parte do mundo estão ainda em movimento: a crescente universalização e ampliação da escolaridade, as novas profissões, a liberação sexual, a disseminação do uso de drogas, a constituição de uma cultura juvenil — vestuário, música, alimentação —, a transformação da política em micropolítica, a política do desejo.

No Brasil, vivemos a onda adolescente entre 1995 e 2005, em função dos índices de fertilidade dos anos 80. Isto significa que, em 1995,

---

2. Para citar alguns: a construção e uso da realidade virtual, a medicalização do sofrimento, o poder da informação, a erotização da infância, a circulação internacional de drogas sintéticas.

3. Eric Hobsbawm, em *Era dos extremos — o breve século XX*, descreve as transformações do papel da mulher considerando-as uma das mais importantes revoluções sociais do século XX. A outra é a revolução da juventude.

tínhamos 15,8 milhões de adolescentes entre 15 e 19 anos (10,4% da população brasileira). O censo demográfico de 2000 mostra que existem 84,3 milhões de pessoas na faixa etária de 0 a 24 anos — crianças, adolescentes e jovens — sendo 25.001.851 adolescentes, entre 12 e 18 anos (IBGE, 2001). Portanto, a geração atual de adultos já enfrenta os desafios da adolescência, juventude.

As mudanças observáveis nos padrões de conduta e de relações humanas estão imbricadas com os novos valores de socialização das novas gerações em que se prioriza a independência, a autonomia, ou seja, uma alteração significativa nas funções parentais e no intercâmbio entre gerações, com seus efeitos sobre as atribuições tradicionais do cuidar, do controle e da autoridade dos mais velhos sobre os mais novos.

Portanto, configura-se um paradoxo:

a moratória:[4] os adolescentes educados para a autonomia não
podem exercê-la porque o mundo social não o autoriza
+
os adultos, em seus novos papéis sociais, problematizam
o desempenho das funções das gerações mais velhas em relação
às novas gerações
+
o mundo econômico e da cultura trata o adolescente como agente
social autônomo, isto é, como consumidor (bens materiais e culturais)
+
a ruptura com os valores das gerações anteriores
("têm pouco a aprender com os seus pais")
+
a mitificação da adolescência como ideal das
gerações mais velhas (a adultescência)

?

---

4. Referência ao conceito usado pela primeira vez por Erik Erikson, psicanalista norte-americano da vertente culturalista, em seu livro *Identidade — Juventude e crise*, de 1960. Atualmente, este conceito foi "recuperado" por vários autores, nos estudos sobre adolescência.

Esta equação indica que as gerações mais velhas criaram um mundo onde é "difícil viver" e produzem crianças, adolescentes e jovens desconhecidos no seu modo de ser e agir. Os pais e educadores que se espantam com as novas habilidades, novos padrões de conduta, ou seja, a ruptura com os valores da tradição — segundo Hobsbawm, o mais importante e enigmático fenômeno do final do século XX —, são aqueles que redefiniram o espaço da intimidade familiar para caberem as transformações sociais da relação entre gêneros, das inovações científicas, da independência de todos os seus membros.

São estes mesmos adultos que consideram o adolescente agente social autônomo, isto é, consumidor — independente da tutela do adulto — de objetos, mercadorias, que também o seduzem na busca constante da 'felicidade' redefinida a cada satisfação de impulso em um mundo marcado pela fugacidade do ter e pela exigência maquínica de transmutar-se inteiro — linguagem, conduta, habilidade — a cada novo grupo, ocasião, sob o risco de ficar à deriva.

E, enquanto os adultos se confundem no fascínio e horror da obra — World Trade Center, aviões autodirigidos, fundamentalismo, o Império — os adolescentes se arranjam "sozinhos", em associações pelo universo *on-line*, em suas "tribos". A moratória se redefine como um tempo para o adulto tomar fôlego e ter o que dizer, no cotidiano.

Este paradoxo se realiza em um ambiente complexo de sociabilidade para as novas gerações, no qual "a violência é ingrediente permanente da cultura e se torna invisível pelo menos para os que ali nascem, crescem, se desenvolvem" (Figueiredo, 1998: 54): a banalização do mal e a sedução do bem. **Portanto, qual ética regula a convivência coletiva?**

A violência — em suas múltiplas e complexas determinações e expressões — constitui o cotidiano de todos. O mal-estar nas relações humanas se atualiza. A criminalidade é só sua face mais descarada. José Manoel Barros de Aguiar (1980), no texto "Mais uma vez: a utilização político-ideológica da delinqüência", demonstra como a dramatização da criminalidade (particularmente pela mídia) é útil para encobrir outras expressões da violência. Cada vez mais, o crime se transforma em espetáculo. No confronto com o Estado, expõe sua fragilidade.

A vulnerabilidade de todos os cidadãos — do adolescente, também — se intensifica. Emergem novos mecanismos sociais para garantir a segurança pessoal paralelamente ao aparato da segurança pública e coletiva como os justiceiros, as empresas de segurança privada.

Na mentalidade de amplos setores sociais, há uma representação social falsa de que o adolescente é responsável pelo crescimento dos índices de criminalidade. Esta idéia equivocada pode ser desconstruída com os dados que situam a prática de delitos do adolescente no contexto mais geral da criminalidade, a proporcionalidade dos adolescentes envolvidos com o crime em relação à população de adultos, e os dados relativos ao tipo de crime no qual está envolvido.

A prática de ato infracional do adolescente é reveladora dele — o singular — e reveladora do coletivo. Ao mesmo tempo, há novos engendramentos, há mudanças na fisionomia deste fenômeno. **A crueldade — expressão inominável da destrutividade — caracteriza a atualidade desta ação? Quais são os atributos de mudanças que se agregam nesta nova fisionomia?**

À idéia equivocada de atribuir ao adolescente a responsabilidade pelos fatores quantitativos e qualitativos exacerbados da criminalidade correspondem propostas de soluções que retiram dele sua característica de adolescente e o vêem exclusivamente como criminoso ou potencialmente criminoso. Revelam e alimentam a representação social que percorre o mundo onde se associa adolescência, juventude com violência, configurando, como afirma Robert Castel, as "novas classes perigosas" (2005).

Em São Paulo, as práticas da organização destinada ao cumprimento da medida socioeducativa de privação de liberdade (Febem-SP) são, também, aspectos que adquirem relevância por conta da radicalidade com que ali se concentram as formas de crueldade no trato com o adolescente. Isto é particularmente importante porque revela um Estado que guarda, nesta organização, resquícios das práticas repressivas do período totalitário. Caracteriza-se como um Estado transgressor de suas responsabilidades no trato com adolescentes cuja marca em suas biografias é a transgressão à *lei*.

No caso da Febem-SP, a expressão da violência refere-se ao regime de vida carcerária e à tortura como estratégias disciplinares: aprender a viver em condições intoleráveis, sob a guarda do Estado, que também monopoliza a violência e sob os nossos olhares de conivência — uma outra expressão da violência.

Por que estudar este tema?

O assunto tem urgência. Embora quantitativamente os adolescentes envolvidos com a violência constituam um número reduzido em relação à população total de adolescentes[5] (0,2% em 2004), os aspectos qualitativos do fenômeno — o adolescente como ator ou objeto da violência — assumem um caráter de dramaticidade.

Para dar conta da urgência de pistas de compreensão e de ação, é necessário documentar. Documentar para coletivizar a informação, para desenhar o que permanece ao longo do tempo (1960-2005) e o que flutua, o estrutural e o conjuntural, para que cada um — poder público, instituições, pessoas, comunidade nacional, internacional — assuma a sua responsabilidade na produção e no enfrentamento deste fenômeno. É necessário compreender.

A discussão deste tema é uma tentativa de contribuir para colocar "as coisas no devido lugar". Há uma representação social difusa, mas consistente, que criminaliza a juventude e atribui aos adolescentes a responsabilidade pelos índices crescentes da criminalidade, pelo aumento da insegurança pública, pelo clima de medo social. É necessário restabe-

---

5. O mapeamento nacional da Secretaria Especial de Direitos Humanos da Presidência da República aponta 39.578 adolescentes autores de ato infracional, em 2004. Em 2002, eram 25.851; em 1998, eram 20.352; e, em 1971, eram 352 infratores.

lecer a realidade dos fatos, dos números. Esta mentalidade acaba por propor medidas de equacionamento deste adolescente-problema que se caracterizam por práticas repressivas, excludentes, pela conivência com o extermínio dos jovens, por justificar práticas cruéis, como o encarceramento e a tortura nos equipamentos destinados ao processo socioeducativo, por aderir a propostas equivocadas como a redução da idade penal, sempre retirando a credibilidade da legislação em vigor — Estatuto da Criança e do Adolescente, Lei 8.069, de 13/7/1990.

Esta mentalidade — que atravessa a sociedade e está presente também nos setores mais diretamente relacionados à elaboração e execução das políticas e programas da área da infância e juventude — exige, para a sua desmontagem, a demonstração, tanto quanto possível, da multideterminação deste fenômeno, de sua articulação com os vários aspectos da vida coletiva, da cultura. Isto implica superar explicações simplistas, reducionistas, que atribuem a existência do fenômeno a uma única causa: econômica ou à baixa escolaridade ou a aspectos morais ou a culpabilização exclusiva da família ou...

A contribuição é colocar como objeto de reflexão o tema como uma face daquilo que mais angustia o homem: o risco constante de dissociação do *sócius* (Enriquez, 1990). A produção intelectual se disponibiliza para ser útil e contribuir com aquilo que a ciência do século XX prometeu: assegurar uma qualidade de vida melhor para a humanidade. Uma promessa que não se cumpriu.

A abordagem deste tema implica a explicitação de um pressuposto: **não há neutralidade possível frente à violência**. É necessário produzir um conhecimento solidário, aquele que se aproxima, que está ali onde a dignidade humana está ameaçada, onde não existe a palavra.

Esta concepção é lapidada na obra de Boaventura de Sousa Santos, que a expressa da seguinte forma: "(...) conhecer é reconhecer, é progredir no sentido de elevar o outro à condição de sujeito. Este conhecimento-reconhecimento é o que designo por solidariedade. Estamos tão habituados a conceber o conhecimento como um princípio de ordem sobre as coisas e sobre os outros que é difícil imaginar uma forma de conhecimento que funcione como princípio de solidariedade" (2000: 30).

Esta convicção permite incluir e pôr em relevo na reflexão aspectos até aqui caracterizados como preocupação de militância política, ou seja, a grave violação dos direitos humanos por instituição do Estado: a tortura.[6] A oportunidade de atribuir o estatuto científico a algo que é desqualificado por ser associado a interesses políticos divergentes de grupos hegemônicos da sociedade, da instituição é, também, uma das justificativas para esta reflexão.[7]

Concomitantemente, ao selecionarmos alguns personagens — casos processuais — cuja trajetória pela criminalidade os situa em diferentes décadas ou atravessam décadas numa construção biográfica de difícil compreensão, há o benefício da perplexidade: mais perguntas do que respostas, a possibilidade de desvendamentos de aspectos obscuros da singularidade do sujeito-personagem e de outros aspectos do fenômeno, na medida em que os personagens são, também, construções biográficas em/de uma circunstância histórica.

O desconhecimento sobre quem é o adolescente e, particularmente, o adolescente autor de ato infracional **hoje** é, também, justificativa para este estudo. Pois, mesmo quando há um esforço de uso do saber científico e atualizado, as intervenções no atendimento direto se referenciam em concepções equivocadas ou distantes do que constitui o modo de ser e existir (pensar, sentir, agir) do adolescente: seus processos cognitivos, a metabolização de um conjunto fantástico de informações, suas fantasias, seus valores, expectativas sobre o mundo, sobre o outro, sobre ele mesmo. Não se conhece a repercussão dos ideais cultu-

---

6. "(...) a tortura não é redutível ao repertório das violências e das agressões físicas e psicológicas..." (Vinãr, 1992: 14).

7. Boaventura de Sousa Santos nos dá a dimensão dos enfrentamentos: "O que é novo, no contexto atual, é que as classes dominantes se desinteressaram do consenso, tal é a confiança que têm em que não há alternativa às idéias e soluções que defendem. Por isso, não se preocupam com a vigência possível de idéias ou projetos que lhe são hostis, já que estão convictos da sua irrelevância e da inevitabilidade do seu fracasso... O que existe não tem que ser aceito por ser bom. Bom ou mau, é inevitável..." (2000: 35).

rais nele projetados, os efeitos da ruptura com os valores da história e da tradição, as marcas psíquicas das vivências neste ambiente social em que muitas faces da violência vão adquirindo invisibilidade e suas expressões mais cruéis vão se naturalizando, embora persista a sideração, o fascínio pela imagem quando o espetáculo da violência horroriza e seduz.

É necessário colocarmos como prioridade nossa razão e nossos sentimentos a serviço de conhecer ou ter boas pistas sobre estes novos engendramentos do humano, para construirmos territórios onde outros futuros sejam possíveis para as novas gerações.

Um modo de conhecer o fenômeno

Qual a metodologia de trabalho investigativo mais pertinente possível para capturar um objeto em movimento, em construção, um objeto "vivo" que produz novos e complexos acontecimentos no mundo das relações que o transmutam? Como capturar um objeto que se constrói recíproca e ininterruptamente porque articulado, imbricado com todos os aspectos da vida social? Quais os procedimentos para circunscrever este objeto que revela a si e àquilo que está para além de sua circunscrição, que reverbera?

A documentação demonstra ser um procedimento útil.

Os documentos de época incluem relatos sobre personagens ou deles próprios — adolescentes, grupos de internos, profissionais, dirigentes; incluem relatos e documentos sobre instituições e práticas institucionais; incluem dados de pesquisas científicas. Este conjunto de dados permite retratar (diagnosticar, fotografar) o fenômeno e capturar a(s) mentalidade(s), experimentar conexões, em múltiplas direções.

Nesta concepção — em que todos os dados são importantes — o caso particular, o detalhe de uma biografia não detectado em uma pesquisa estatística, acaba por demonstrar aspectos das práticas e formas de relação social que podem conduzir à apreensão das transformações do fenômeno. Os dados estatísticos, ao mesmo tempo, auxiliam na contextualização do fenômeno na sociedade.

A organização dos documentos no interior de uma mesma década e na seqüência delas permite verificar o discurso e a prática. Os discursos — enquanto propostas, diretrizes, justificativas — se complementam, se contradizem, se repetem, evoluem, retrocedem. Os relatos e descrições de instituições vão desnudando as práticas que se aproximam e se afastam dos propósitos expressos nos discursos. Permitem reconhecer o acontecimento na sua ruptura com o presente — anunciando o futuro ou insistindo em repetições do passado. Mostram-se, portanto, para além da aparência do tempo presente — o tempo do acontecimento —, que impede a visibilidade, porque toldado por paixões, por uma proximidade ou distanciamento excessivo, pela manipulação do acontecimento ou de sua versão, por interesses políticos, ideológicos que buscam falsear a realidade.

Os documentos utilizados referem-se a três grandes categorias: as histórias de vida (no jargão institucional: os casos); as descrições de instituições por onde os personagens passaram; os dados de pesquisa científica e dossiês sobre o tema.

Existe, também, uma quarta categoria de material consultado — bastante ampla — que se refere a dados de caracterização do ambiente sociodemográfico e cultural da época, tendo sempre como núcleo a cidade de São Paulo. Nesta categoria se incluem fatos históricos — de repercussão coletiva ou de ordem pessoal — que contextualizam o fenômeno em seu tempo porque articulados com ele, podendo iluminar novos aspectos.

Esta articulação mostrou-se imprescindível por conta das múltiplas, complexas e rápidas transformações em todas as áreas da vida que caracterizam a "sociedade complexa".[8] Nesta perspectiva, a escolha dos

---

8. A sociedade complexa se caracteriza por três processos sociais fundamentais: 1º **diferenciação** — as experiências individuais e sociais se multiplicam e cada uma com lógicas, padrões de

dossiês de tortura para exemplificar o momento atual pretende demonstrar os paradoxos desta sociedade[9] na qual coexistem ideais e práticas democráticas com as mais infames modalidades de manejo de uma parcela de seus cidadãos, os adolescentes autores de ato infracional sob a custódia do Estado.

A escolha da história de vida como núcleo de articulação dos dados remonta aos bons ensinamentos da antropologia e da psicanálise. A antropologia, enquanto vertente que se interessou pela compreensão das questões da personalidade e da cultura, fez uso produtivo do material coletado através de biografias. Dois representantes clássicos dessa vertente da antropologia são: Margaret Mead (1928) — em seus estudos sobre adolescentes — e Oscar Lewis (1966) — em seus estudos sobre a cultura da pobreza.

É da antropologia a conceituação de que "a história de vida será utilizada (...) para exprimir os dados ao longo da vida de uma pessoa, tanto os relatados pela própria pessoa como os relatados por outras ou ainda por ambas, e mesmo se tais dados forem escritos ou foram colhidos em entrevistas ou ambos os casos" (Langness, 1973: 17).

Já a psicanálise se constrói a partir dos casos clínicos — histórias de vidas contadas aos pedaços, fragmentos, por associação livre, com lapsos, atravessadas pelas fantasias, sonhos, pelos conflitos em que o real adquire outro estatuto (a realidade subjetiva) que determina o modo de ver o mundo e a si próprio e de se comportar frente a ambos, mesmo quando vê a vida como ela não é. O analista é aquele que, na busca de

---

relação, culturas e regras diferentes entre si. Para o indivíduo transitar entre elas precisa alterar seu padrão de linguagem, valores, modo de ação; o modelo de ação de um sistema não serve para o outro. 2º **Variabilidade** — refere-se à velocidade e freqüência das mudanças; um sistema é complexo porque muda freqüente e velozmente e o modelo de ação de um momento não serve para o outro. 3º **Excedência cultural** — é o aspecto mais característico da sociedade complexa e se refere ao alargamento das possibilidades da ação que ultrapassam a capacidade de ação efetiva do sujeito. Estes três processos colocam uma permanente condição de incerteza para os atores sociais que precisam ininterruptamente realizar escolhas que colocam nova incerteza. Porque os remete a outro campo de experiências (Melucci, 1997: 20-23).

9. Angelina Peralva em *Violência e Democracia* (2001) trata deste tema: o paradoxo da violência crescente em tempos de democracia no Brasil.

sentido para o que escuta, realiza construções: a história de vida do indivíduo. Um exercício constante de tecer um fio da história, nomear, uma prática que muito auxiliou na tarefa de construir, desconstruir, reconstruir as histórias dos personagens.

O estudo de caso é para a psicanálise um importante substrato para a construção de seu sistema teórico. Os casos em foco não se caracterizam como patológicos[10] embora sejam de difícil decifração.

Para este estudo foi selecionada uma história de vida para cada década, com exceção da década de 70. Foram se definindo estas histórias, e não outras, em função de casos sobre os quais havia uma quantidade significativa de dados, casos que se referiam a personagens que de algum modo "voltavam" em décadas posteriores e permaneciam como enigmáticos, isto é, cuja compreensão coloca muitas perguntas e, portanto, exigem a ponderação de muitos argumentos. Ao mesmo tempo, são personagens que problematizam a questão da violência, da criminalidade, das práticas corretivas, por conta de percursos absolutamente singulares na trajetória de vida na qual o crime se inscreve e/ou na trajetória da criminalidade. Também porque dois deles se tornaram personagens públicos, o que propicia a ampliação do debate.

No caso das unidades de internamento de adolescentes selecionadas e descritas, elas estavam articuladas com os personagens — por onde passaram em um momento de suas vidas, fazem parte de suas biografias; ou são referências de outros pesquisadores, estudiosos, são citadas em documentos; ou se constituem em rupturas com as práticas prevalentes de seu tempo.

As unidades referidas estão alocadas na Febem-SP, Fundação Estadual do Bem-Estar do Menor.[11] Instituída no Estado de São Paulo em 1975, ela assumiu os equipamentos destinados ao recolhimento do ado-

---

10. O tema doença mental e delinqüência é estudado na dissertação de mestrado *Fronteiriços: uma geopolítica da delinqüência*, de M. Cristina G. Vicentim.

11. Em 2002, a Febem-SP estava alocada na Secretaria da Assistência e Desenvolvimento Social; posteriormente, na Secretaria da Juventude, depois na Secretaria da Educação; e, em 2005, foi alocada na Secretaria da Justiça do Estado de São Paulo.

lescente infrator. A Febem é o órgão executor, em nível estadual, das diretrizes nacionais para a área da infância e adolescência, da Funabem — Fundação Nacional do Bem-Estar do Menor, instituída em 12.12.1964 e extinta em 16.3.1990.

Em muitos momentos do estudo, as dificuldades na construção, organização e descrição dos dados dizem respeito à implicação do investigador no objeto que vai se construindo. Como se deslindar das paixões? De concepções e convicções arraigadas que deram sentido para o percurso profissional e pessoal? Como olhar de novo?

Eric Hobsbawm em sua fantástica obra sobre o século XX — *Era dos Extremos* — afirma, na introdução, aquilo para o que não preciso inventar outras palavras: "A principal tarefa (...) não é julgar, mas compreender. O que dificulta a compreensão, no entanto, não são apenas nossas convicções apaixonadas, mas também a experiência histórica que as formou (...) não é provável que uma pessoa que tenha vivido este século extraordinário se abstenha de julgá-lo (...) O difícil é compreender" (1995: 15).

Este é um aspecto a ser indicado na medida em que — a partir da década de 70 e atualmente — há uma implicação como trabalhadora da área, estudiosa do tema, coadjuvante de muitas histórias relatadas, cidadã.

O material documental é de arquivo pessoal (iniciado em 1972) e arquivo doado[12] em 1987. Na organização dos dados, outros documentos e pesquisas foram agregados, pois se faziam necessários para construir linhas de trânsito para o pensamento circular e buscar capturar o fenômeno.

Quanto ao uso das pesquisas, sobressaem-se duas: a pesquisa do Cebrap (Centro Brasileiro de Análise e Planejamento), publicada em 1975, e a pesquisa do NEV (Núcleo de Estudos da Violência da Universidade de São Paulo), publicada em 1999. Foram selecionadas porque tratam

---

12. Doação pessoal do padre Agostinho de Oliveira, membro da Comissão Teotônio Vilela de Direitos Humanos para as Instituições Totais, abrangendo as décadas de 70 e 80.

do fenômeno circunscrito à cidade de São Paulo, foram realizadas por instituições com credibilidade em pesquisa científica e o grande intervalo de tempo entre ambas permite "ver" com mais nitidez as mudanças macroscópicas na fisionomia do fenômeno. E, ainda, discriminam atributos (tipos de delitos, por exemplo) que são indicadores da variabilidade da ação dos adolescentes ou de seu próprio perfil (taxa de escolaridade, por exemplo).

"O problema central da construção do objeto consiste em passar de uma reflexão estatística sobre as relações (...) a uma microscopia sociológica dos processos e das modalidades dos fenômenos sociais..." (Lahire, 1997: 31) e vice-versa. O ponto de partida é que ambos os métodos são necessários — o biográfico e o estatístico — pois revelam aspectos diferentes que estão conectados. Muitas variações sutis e detalhes significativos se revelam fora da estatística, no "desvio padrão" ou, como diz Lahire, "o que os dados estatísticos não podem ver (...) é, muitas vezes, determinante" (1997: 38).

O fenômeno — adolescência-violência — é multideterminado, multifacetado; portanto, o deciframento deste objeto/movimento implica um conhecimento transdisciplinar. Uma única área de saber não dá conta, vê uma face, reduz o fenômeno a um fato: fato econômico, fato antropológico, fato histórico, fato político, fato psicológico ou cultural ou jurídico ou... É necessário transitar por vários saberes, várias especialidades.[13]

A possibilidade das conexões que dão pistas do desvendamento não está também no multidisciplinar, que é o somatório das faces, a justaposição das explicações. O modo de olhar, perscrutar, escavar implica a **trans**disciplinaridade. Portanto, a construção do arcabouço teórico é um exercício, o início do percurso de transitar por alguns saberes, um rascunho de decifração.

Nesta perspectiva, serão construídas linhas de trânsito para ir tecendo uma teia, rede de conteúdos que se tocam (se aproximam e se

---

13. Michel Foucault nos ensina isto quando ao analisar o caso de Pierre Rivière, convoca a contribuição do saber jurídico, a lingüística, a antropologia.

afastam), conectam-se com a finalidade de ir para além da aparência (do sintoma) e das representações sociais (explicações convenientes e ideologizadas do senso comum) sobre o tema adolescência-violência: uma ferida de nosso tempo.

Uma ruptura no texto: o pesquisador se confunde e se desconfunde com o tema

O tema de reflexão "adolescência-violência no contexto da cultura" estabeleceu-se como prioridade da vontade, da razão e dos sentimentos ao longo da trajetória pessoal e profissional.

Na década de 60 — em que arrebentou a revolução da juventude em todo o mundo — vivi minha própria adolescência em inúmeras e contraditórias experiências: o acesso a múltiplas e produtivas formas de expressão da rebeldia adolescente em um contexto de politização da educação dos jovens, a leitura crítica da realidade e a indignação com a pobreza, o golpe militar e o medo da ausência de liberdade, o pânico da violência da polícia política, a perplexidade e a necessidade de compreender.

Em 1973, o período mais duro da ditadura militar, tive, pela primeira vez, a oportunidade de conhecer os adolescentes infratores — os menores do Código Mello Matos — nos grandes galpões do RPM (Recolhimento Provisório de Menores) da cidade de São Paulo, com a guarda sendo feita por policiais militares. Havia pouco subsídio teórico para a compreensão dos meninos envolvidos com o crime e do que acontecia ali: um livro de Gabriel Cohen, *Transgressão e controle*, *Capitães de areia* de Jorge Amado, e, em 1975, o livro *A criança, o adolescente, a cidade* (utilizado no capítulo 3), a primeira pesquisa feita na cidade de São Paulo sobre o conjunto desta infância abandonada e adolescência "perigosa", quando foi possível uma primeira caracterização sociológica do fenômeno, embora com poucas pistas para o atendimento direto.

O estágio em educação popular, em uma favela da zona sul da cidade de São Paulo, junto a crianças, adolescentes e adultos, em um esforço de abordagem multiprofissional — historiadores, engenheiros, advogados, educadores e psicólogos — mostrou a polícia entrando pelas vielas da favela para "pegar os bandidos", jovens que se escondiam nos dois "mocós" e que eram objeto de certo temor e certa proteção da população local. Esta experiência demonstrou que a primeira etapa de um trabalho é sempre o diagnóstico da realidade, e lidar com realidades complexas implica saberes de várias especialidades.

Conhecer o trabalho da Casa das Mangueiras (1974), em Ribeirão Preto — coordenado por padre Agostinho de Oliveira e uma cozinheira (só!) junto a adolescentes que haviam sido retirados de uma cadeia clandestina da cidade e demonstravam uma capacidade de responder produtivamente a um ambiente de cuidado — antecipou aquilo que iria encontrar sistematizado, muito tempo depois, na teoria de D. W. Winnicott, psicanalista inglês, cujas formulações partiram de sua experiência com crianças e jovens na 2ª Grande Guerra do século XX.

Era necessário buscar na sociologia, antropologia, história e literatura pistas que permitissem aproximações dos indivíduos, grupos, instituições para, pelo menos, levantar hipóteses e experimentar estratégias de abordagens, intervenção com os adolescentes que já vendiam limões e flanelas no cruzamento da Av. São Luiz com a Consolação e guardavam o "material" em uma sala cedida por madre Cristina Sodré Dória, na antiga Faculdade Sedes Sapientiae.

O trabalho junto à creche e ao recém-criado programa OSEM (Orientação Sócio Educativa do Menor),[14] com crianças, adolescentes e famílias das favelas do Jaguaré, permitia "ver" como eram produzidos os adolescentes para a Febem — o imperativo da necessidade os fazia escolher o trabalho e não a escola para assegurar a sobrevivência pessoal e da família, ou "escolhiam" outras estratégias de sobrevivência... o delito, por exemplo.

---

14. Este programa do governo municipal, realizado em convênio com instituições particulares, atendia crianças e adolescentes pobres (7 a 18 anos) no horário complementar à escola com objetivos de tirá-los da rua, alimentá-los e fazer o reforço escolar.

A dicotomia trabalho-escola e, particularmente, as seqüelas psicológicas do trabalho precoce se tornaram tema de pesquisa, no final da década de 70, em um trabalho junto a crianças bóias-frias, no plantio de cana-de-açúcar na região de Ribeirão Preto, interior de São Paulo. Foi possível constatar em sua radicalidade os efeitos da violência nas marcas do corpo e no modo de existir de crianças de 8 a 11 anos. O trabalho das crianças e adolescentes como expressão pouco visível da violência. O que mais impressionava eram "as poucas experiências para contar". Algo equivalente ao que constatei, posteriormente (maio de 2001), fazendo o laudo psicológico de uma mulher vigiada-presa-torturada no período da ditadura militar: o impacto da violência na memória — o trauma, a impossibilidade de lembrar como possibilidade para continuar vivendo — as defesas psíquicas e a "frieza emocional" — a mesma apatia que vira nos meninos.

Na década de 70 trabalhei, pela primeira vez, com adolescentes infratores internados na primeira unidade (UE-15, descrita no capítulo 3) da recém-criada Febem em São Paulo. Uma "experiência piloto", cuja equipe multiprofissional — muitos permanecem e/ou reaparecem, ao longo das décadas, como trabalhadores da área da infância e juventude — tinha como finalidade romper com o modelo da instituição total, articulando as ações institucionais junto aos adolescentes com o uso de recursos da comunidade — trabalho, escola pública, equipamentos culturais, de saúde e educação. Muitas descobertas a respeito dos adolescentes — a integridade das funções intelectuais, a facilidade de estabelecimento de vínculos afetivos particularmente com as mulheres, a sexualidade precoce —, dos limites do saber científico, do meu saber. Desta experiência, guardo questões propostas pelos meninos (Jô, Bira, Lindolfo, Mauro) ou por suas histórias de vida que me acompanham.

Com o relato de sua experiência com as crianças e adolescentes em uma colônia na Rússia de 1917, em *Poema pedagógico*, Anton S. Makarenko deu algumas pistas para a prática profissional junto a estes adolescentes que chamávamos de "alunos".

W. Reich, o dissidente da psicanálise que buscava compreender os efeitos do nazismo e sua ancoragem na formação psíquica das massas e de cada zé ninguém, auxiliava a desvendar os fenômenos sociais para além das aparências e a partir do enfoque das vicissitudes do humano — a destrutividade.

A psicanálise foi surgindo como uma possibilidade de apreender o funcionamento do sujeito para além da contraditoriedade das condutas e na singularidade de cada um, reveladora do outro, outros de sua existência: pistas para a compreensão do humano.

A interlocução teoria e prática — pela dupla inserção: psicóloga e professora universitária — se constituía em desafio e se beneficiava destas descobertas intelectuais acrescidas da problematização da teoria da cultura da pobreza de Oscar Lewis, da superação dos conceitos de marginalidade social, privação e carência cultural; e da discussão dos conceitos de sociedade, comunidade (Florestan Fernandes) e educação popular.

Na década de 80, em um contexto político de mobilização de setores da sociedade pelo retorno ao estado de direito, de abertura político-institucional no estado de São Paulo e de valorização de trabalhos técnicos, foi possível realizar um projeto na Penitenciária Masculina da Capital junto a jovens presos que iriam prestar exame vestibular. Esse trabalho — centrado no auxílio ao processo de integração ao mundo extra-institucional e particularmente à vida universitária — mostrou-se desafiador do ponto de vista da compreensão dos mecanismos facilitadores ou obstaculizadores da construção de outros projetos de vida, da ruptura com a trajetória delinqüencial, considerando a juventude daqueles presos, o envolvimento com delitos graves e o tempo de cumprimento de pena. Foi nesse grupo que conheci Luiz (o personagem do capítulo 2) — Luiz Alberto Mendes — que publicou o livro *Memórias de um sobrevivente*, cumpriu uma longa pena até 2004 e, no segundo volume de sua autobiografia *Às cegas* (2005), refere-se a esse trabalho.

Nessa mesma década voltei a trabalhar na Febem-SP, e já era possível experimentar práticas mais ousadas, embora estivéssemos ainda sob a égide do antigo Código de Menores de 1979. Essa possibilidade era garantida pela presidência da instituição e por um gabinete técnico comprometidos com a defesa dos direitos da infância e juventude. Foi possível gestar, executar e avaliar ali, através do gerenciamento da Unidade Educacional 20 (capítulo 4) — destinada a jovens adultos de 17, 18 a 21 anos — e da Unidade Terapêutica (destinada a menores de 14 anos), um trabalho técnico que se mostrou ousado para o seu tempo. Antecipávamos, na prática, os fundamentos do Estatuto da Criança e do Adolescente; estávamos mais equipados intelectualmente para isso. Foi ali que conheci e passei a acompanhar, mesmo depois de seu desinternamento, o jovem Alcides Sérgio Delazari (capítulo 4) — um caso que permitiu percorrer todos os caminhos da justiça. Seu *habeas corpus* foi concedido pelo Supremo Tribunal Federal, quando tinha 23 anos.

O trabalho na Unidade Terapêutica, com uma equipe de excelente nível técnico, buscava realizar as articulações entre a promoção da saúde mental e a educação, permitia inovar em técnicas e fazer descobertas: as matrizes de identidade eram culturais, portanto, estabelecer (re-ligar) os vínculos do menino (criança, adolescente) com sua origem, sua cultura e sua infância criava a possibilidade de um trabalho bem-sucedido. A psicanálise era a referência para o desafio de resgatar a história pessoal de cada um deles. A instituição Febem-SP era um mosaico. Ela havia se constituído em pleno período da ditadura militar; portanto, coexistiam o velho e o novo, muitos boicotes (não entrega de comida nas unidades, por exemplo), muitas rebeliões fabricadas por setores de trabalhadores resistentes às práticas do "pessoal dos direitos humanos", como era nomeada a equipe dirigente.

Esta prática inspirou e desenvolveu convicções para participar, através do Grupo de Menoridade do Instituto Sedes Sapientiae, da elaboração dos subsídios para uma lei de garantia de direitos — o Estatuto da Criança e do Adolescente.

A saída da Febem por uma conjuntura política adversa (ano eleitoral e uso da instituição com finalidades "eleitoreiras") interrompe a participação em um projeto que a troca de governo irá desmontar.

Contudo, esses trabalhos permitiram maior clareza e convicção quanto à urgência de formação de pessoal para o trabalho na área. Isso foi possível através da coordenação do curso de aperfeiçoamento "Atendimento à Menoridade", no Instituto Sedes Sapientiae, destinado a profissionais de várias especialidades. E continuava me dedicando a isto na formação de psicólogos (supervisão de estágios) na graduação da Faculdade de Psicologia da PUC-SP.

A continuidade dos estudos em psicanálise, através das obras sociais de Freud e de autores como Jurandir F. Costa e E. Enriquez, indicava as pistas de desvendamento de situações da realidade — no caso, o tema era a violência em suas várias expressões: a guerra, o preconceito, o crime.

Na década de 90, passo a ministrar uma disciplina eletiva no 3º ano da faculdade, "Criança e adolescente em situação de risco", que formaliza o espaço desta discussão na formação dos alunos.

Ao longo de todos esses anos persiste uma condição privilegiada de poder realizar uma interlocução produtiva e gratificante entre o fazer e o pensar a partir da inserção como trabalhadora na universidade, no atendimento direto de adolescentes, na supervisão de equipes profissionais e projetos na área e a participação em uma rede cada vez mais ampliada de instituições envolvidas com os temas da infância e juventude.

O espaço de interlocução mais produtivo entre teoria e prática foi a supervisão de equipes multiprofissionais e dos estágios curriculares — formação profissional de psicólogos — que propiciou trocar o que sabia com profissionais de várias especialidades e com os alunos e conhecer, através deles, os programas e projetos de instituições governamentais, não-governamentais, religiosas e laicas nos quatro cantos da cidade de São Paulo: o atendimento direto de crianças e adolescentes em creches, centros de juventude, abrigos, projetos culturais, recreativos, esportivos, postos de Liberdade Assistida, Centros de Defesa de Direitos da Criança e do Adolescente (Cedeca), Associação de Mães de Adolescentes em Risco (Amar) e duas curtas experiências de supervisão em unidades de internamento de adolescentes em privação de liberdade — em 1998, na Unidade Educacional 18 no Complexo Imigrantes, considerada a "vitrine" da Febem (onde Rafa, personagem do capítulo 5 cumpriu sua medida), e em 2000, após a "grande rebelião da Imigrantes", em unidades do Complexo Tatuapé e junto aos adolescentes alocados na Cadeia Pública de Pinheiros, que foram transferidos para o presídio de Franco da Rocha, onde os alunos continuaram o estágio por um curto período, interrompido pela situação de violência a que estavam submetidos os adolescentes e que exigia dos estagiários, desta supervisora e da universidade um posicionamento de nenhuma conivência com a violência.

Supervisionar o trabalho semanal dos alunos em sua formação profissional (nos últimos 30 anos) e supervisionar equipes de trabalhadores da área propiciou acompanhar, pelos efeitos na criança e no adolescente, as transformações culturais e sociais nos padrões de educação, as transformações da estrutura e dinâmica familiares, a agudização na família de situações de crise social, econômica, que repercutiam nos cuidados e no cumprimento das funções parentais, os equívocos e confusões de novos padrões de conduta dos pais em relação aos filhos como, por exemplo, a perda de controle dos pais sobre seus filhos, a erotização da infância, as alterações nas faixas etárias usadas como referência para discriminar infância-adolescência-idade adulta, os prejuízos da vida institucional nos grandes abrigos, o difícil processo de municipalização das medidas socioeducativas de meio aberto, a carência de políticas públicas na área, as dificuldades de implementação do ECA.

Foi possível acompanhar também muitos e inúmeros trabalhos comprometidos com o interesse e a qualidade do atendimento à criança e ao adolescente: a transformação das creches de "lugar para a criança ficar e a mãe ir trabalhar" em equipamento educacional; a transformação do OSEM (Orientação Sócio Educativa do Menor) em Centro de Juventude e, depois, em Espaço Gente Jovem e, agora, em Núcleo Sócio Educativo; portanto, de um lugar para "tirar a criança da rua", em lugar onde se desenvolvem projetos educacionais e culturais que propiciam experiências significativas para a criança e o adolescente; foi possível acompanhar a desmontagem dos grandes internatos na área de abandonados e, nos últimos anos, a transferência para instituições particulares de todo o atendimento do sistema assistencial sob responsabilidade dos governos estadual e municipal; o significativo aumento de produção de conhecimento — pesquisas, estudos — na área; o incremento das organizações não-governamentais na área da infância e juventude e a tentativa sempre atualizada de estabelecimento de redes de parceria que visam a superar as sobreposições e "cobrir" os buracos do atendimento das políticas públicas, que se revelam de modo contundente na inexistência de políticas e programas para a juventude, particularmente para a faixa etária a partir dos 14 anos.

Na década de 90, na Clínica Psicológica do Instituto Sedes Sapientiae, participei da formação do Núcleo de Referência às Vítimas da Violência, onde atendia — em psicoterapia — os agressores e buscava a organização de uma rede de parcerias para o fluxo de atendimento de crianças, adolescentes e suas famílias, através do Fórum contra a Violência.

Uma área de atuação profissional que ocorreu paralelamente, nos últimos 20 anos, foi a clínica no consultório particular, iniciada como possibilidade de aprofundar os estudos e a pesquisa do conhecimento da constituição das subjetividades.

A pesquisa do caso individual é preciosa porque exige um grande grau de parcimônia nas generalizações e analogias, portanto algo de extrema utilidade para o trabalho social no qual sempre há o risco de não ver as diferenças, as singularidades pelo uso de categorias amplas e homogeneizadoras. Além do que, o contato com o sofrimento humano, com a diversidade na clínica da subjetividade nos remete a problematizar ininterruptamente nossas convicções teóricas, técnicas, existenciais.

Em 1999, na coordenação da Comissão da Criança, Adolescente e Família do Conselho Regional de Psicologia de São Paulo, o grande tema que mobilizou ações interinstitucionais — antes e após o episódio do Complexo Imigrantes (capítulo 6) — foram as condições de encarceramento dos adolescentes em privação de liberdade na Febem-SP: a elaboração de propostas de atendimento, o posicionamento quanto à nãoprivatização das unidades de internação, a campanha contra a redução da idade penal, contra a tortura na Febem-SP.

A avaliação dos 10 anos da promulgação do ECA, por instituições nacionais (Conanda) e internacionais (Unesco), demonstrou que a área do adolescente autor de ato infracional era aquela em que menos avanços ocorrera, e isso se revelava em São Paulo de modo contundente nas várias denúncias do atuante Ministério Público, das entidades da área de infância e juventude e de direitos humanos. A perplexidade frente à repetição das mesmas histórias de horror, a inoperância do sistema e o agravamento da situação foram decisivas na definição por este estudo: a necessidade de compreender e ter esperanças. Foi no programa de estudos pós-graduados em Serviço Social da PUC-SP que houve a acolhida que permitiu experimentar transitar por várias especialidades do conhecimento para além da minha formação de origem — a psicologia.

Na seqüência, tive uma experiência gratificante propiciada pela Fundação Abrinq, que foi escrever *As histórias de Ana e Ivan — boas experiências em liberdade assistida*, a partir de um extenso material produzido por entidades sociais que executam a medida e com vistas à municipalização das medidas socioeducativas de meio aberto. Um trabalho coletivo no qual é possível ancorar a esperança.

No início de 2005, em uma conjuntura política de enfrentamento de setores do governo com os trabalhadores envolvidos com as práticas de maus-tratos e tortura na instituição Febem (prisões e demissões), houve a esperança, mais uma vez, de erradicação da tortura na instituição, a extinção da Febem-SP e a construção de outra instituição jurídica, com descentralização administrativa, outro modelo arquitetônico e socioeducativo, com pessoal qualificado de acordo com o proposto pelo ECA e que superasse definitivamente os resquícios das práticas da ditadura militar que permanecem ali. O trânsito pelas entidades de atendimento e defesa de direitos da área da infância e juventude permitiu acompanhar de perto e participar de acontecimentos em que se vislumbrava isso...

De novo, uma ilusão... os meninos saíram dos telhados das unidades, a mídia já não está a postos, o modelo prisional prevalece. As mães (Amar) foram proibidas de entrar nas unidades. Os pais que visitam seus filhos presos dizem "não deu pra aproveitar a visita porque ele tá muito drogado". De novo, "a tranca e o couro" ou "tá tudo dominado".

Até quando?[15]

Para continuar a ler: a lógica da montagem

Este estudo se estrutura a partir das décadas — 1960 a 2005. Cada uma delas se organiza como um capítulo. A vida das pessoas, os acontecimentos não obedecem a esta cronologia. Nesse sentido, há uma certa arbitrariedade nesta lógica de montagem. Poderia haver outros critérios menos arbitrários e que permitiriam, ao mesmo tempo, desenhar os engendramentos que buscava capturar. Contudo, a cronologia não implica necessariamente linearidade. Além dos saltos, das "falhas" de conexões visíveis, de retrocessos, há a possibilidade de re-significar o antes pelo depois e, também, porque o futuro já estava lá.

As décadas — uma referência comum principalmente quando também passamos por elas — estão incrustadas em nossas memórias como molduras de vivências de acontecimentos públicos e privados. Isto implicará o leitor no percurso e ele poderá imaginar, pensar, investigar outros trânsitos, outras escavações.

A divisão por década permitiu acompanhar com maior nitidez o trânsito de um mesmo personagem pelo tempo — eles reaparecem em outros mesmos contextos do mundo, de suas vidas, do crime e da criminalidade: iguais diferentes enigmáticos.

A referência ao tempo cronológico permitiu fixar pontos/nós e "ver" os desenhos das transmutações como esboços e depois como riscos cada

---

15. O Fórum Nacional DCA divulgou, em 8/7/2005, um documento com este título sobre as condições intoleráveis de cumprimento da medida de internação pelos adolescentes em Porto Velho, Rondônia.

vez mais nítidos até aparecer o bordado. Um exemplo disso — embora não extensamente abordado neste estudo — é a transformação em uma das instituições sociais considerada, até aqui, óbvia em sua importância para garantir a sobrevivência física, psíquica e social da espécie humana: a família.

Em cada um dos capítulos, com exceção do capítulo 3, há dados biográficos de um personagem; dados institucionais ou de pesquisa considerados representativos do período, no viés da implicação da pesquisadora. Estes dados estão, o tempo todo, dialogando, tensionando o campo teórico, exigindo novos dados sobre acontecimentos do mundo, criando nós, requisitando múltiplos saberes e, portanto, muitos atalhos: novas escavações ficarão apenas sinalizadas.

A forma de escrever que melhor atendeu a essa tensão permanente entre o dado, o fato e a pergunta, a problematização ou o assinalamento da pista de decifração foi utilizar dois tipos de letra que revelam um e outro momento, ininterruptamente, ao longo do texto. E, também, há a memória que insiste em associar, revelar.

Nesta lógica de construção e reflexão, o capítulo "Vejo um museu de eternas novidades" se afasta, porque sua inflexão é sobre uma das expressões do terror, a tortura, e se aproxima, porque é este um modo que operamos no trato com parcela de nossos adolescentes e é sob esta condição que eles vivem — agora em silêncio.

Este percurso leva ao último capítulo: exercício de decifração; um esforço da vontade, da razão e dos sentimentos para produzir um conhecimento solidário sob a ética da responsabilidade com as novas gerações.

2
"Pra não dizer que não falei das flores"*
Década de 60

A década de 60 marca o século XX: ali se gestou a mais bela das revoluções sociais — a revolução da juventude. A revolução dos costumes, do sexo, dos hábitos, das roupas, da linguagem, das artes, do jeito de fazer revolução — deu cidadania política aos sentimentos, retomou a ocupação do espaço público. O símbolo da década de 60 é o ano de 1968. O protagonismo juvenil. Uma revolução sem mortos.

O internacionalismo desta revolução — os jovens circulam pelo mundo de calça jeans — e sua simultaneidade em vários pontos do planeta ainda estão por ser completamente explicados em suas determinações históricas e em sua dinâmica sociológica e política (Cardoso, 2001: 135). Alguns fatos situados em suas origens: em 1965-66 a Revolução Cultural na China na qual os "novos", os adolescentes de 13, 14 anos militaram na linha de frente, pararam as escolas por 10 anos (e depois foram para os "centros de reeducação"). Na Alemanha, jovens formados no movimento antiatômico, no final da década anterior. No Brasil, como diz Vladimir Palmeira, um dos líderes estudantis da época, "68 —

---
* Geraldo Vandré, 1968.

enquanto marco das mudanças radicais e mais gerais de comportamento — foi o rescaldo da luta pré-64" (2001: 117).

E esta rebelião ética e estética foi se alastrando, atravessou continentes — em mão dupla — e ainda está em movimento.

Muitas das questões atuais nasceram ou adquiriram visibilidade ali: o direito das minorias, a importância da causa feminina, a causa ecológica, a discussão da escola autoritária, a manipulação dos meios de comunicação de massa, a ética na política, a tentativa de conciliar o desejo e a política, a tolerância com a diferença, a irreverência, o uso lúdico do espaço público, o amor livre. "É proibido proibir", diz a música como eco da juventude (Ventura, 2001: 134).

Era mais uma revolução cultural do que uma vontade de tomar ou mudar o poder — afirmaram-se os direitos da subjetividade — e, com este caráter, ajudou a politizar grandes massas de estudantes pois os jovens eram modelos, ídolos dos adolescentes; foram feitas alianças com outros setores — os operários e estudantes na França e Itália (Hobsbawm, 1995). Os projetos coletivos, sem dirigentes, sem hierarquia, sem disciplina partidária. O coletivo que buscava caber a poesia, Eros, o **um**. "Quanto mais faço amor, mais quero fazer a revolução e quanto mais faço a revolução, mais quero fazer amor" — *slogan* nos muros de Paris em 1968 (Olgária Matos, 2001: 183). Ou, como diz a canção de 1967, "a mão que toca o violão se for preciso faz a guerra/mata o mundo, fere a terra/A voz que canta uma canção se for preciso canta um hino/louva a morte... Liberdade!" ("Viola Enluarada" de Marcos e Paulo Sérgio Valle).

A juventude como um sinalizador político e eficiente na expressão do descontentamento e da denúncia de problemas sociais importantes. Particularmente, os jovens universitários nas capitais dos vários países e sob o foco da mídia transformavam frases em *slogans*, filhos de classe média mais dificilmente eram objetos da tortura e extermínio (Hobsbawm, 1995). Em cada canto do mundo com suas peculiaridades decorrentes de circunstâncias históricas.

No Brasil, a juventude dos guerrilheiros do Araguaia, a morte do estudante no restaurante Calabouço no Rio de Janeiro, a mocidade dos desaparecidos, torturados, mostram que não foi assim.

A década de 1960 no Brasil condensa uma complexidade: a ditadura militar implementada em 1964, um movimento estudantil forte a partir de 1966-67, a mobilização de setores da sociedade civil (artistas, jornalistas, intelectuais, operários e a igreja católica progressista), o AI-5 (13/12/1968) e a ditadura mais dura, a censura de modo absoluto, os prêmios do Cinema Novo no Festival de Cannes, a criação do Centro Popular de Cultura (CPC)[1] de norte a sul do país, que teve como presidente em 1963 o poeta Ferreira Gullar, autor de "Poema Sujo"; a Campanha Nacional de Alfabetização pelo método Paulo Freire, uma missão dos estudantes, o romance "Quarup", a poesia... "Operário em Construção" de Vinícius de Moraes, a "Rosa do Povo" de Carlos Drummond de Andrade, "Canto de Amor Armado" de Thiago de Mello em 1965, "Morte e Vida Severina" de João Cabral de Melo Neto e encenada pelo Tuca/Teatro da Universidade Católica de São Paulo, "Roda Viva" de Chico Buarque, encenada no teatro Ruth Escobar, depredado após agressão armada aos atores por membros do CCC (Comando de Caça aos Comunistas), o seqüestro do embaixador dos EUA, Charles Burke Ebrick... a repressão política... a violência do Estado (ver Irene Cardoso, Walnice N. Galvão, Zuenir Ventura, Renato Tapajós, 2001).

Os militares no poder usavam o mito[2] da não-violência do brasileiro — construído pelas classes dominantes ao longo dos séculos e enraizado no cotidiano das relações sociais no qual cada um justifica suas violências como justa e legítima — para descaracterizar a violência como aquilo que se aloja no coração do poder e está na ordem da sujeição e da dominação; e a colocam como aquilo que está exclusivamente na ordem da violação das regras e do instituído; ou seja, a violência associada ao crime, a um gesto enlouquecido, à ação de "baderneiros", "subversivos" (Chaui, 1980).

---

1. Órgão da UNE (União Nacional dos Estudantes) fundado em 1962.

2. Marilena Chaui afirma: "um mito não é uma fantasia arbitrária. Se existe e se conserva é porque algo o sustenta e lhe dá força" (1980: 19).

Neste contexto, a emergência de condutas transgressoras ou nomeadas como tais é individualizada ou associada a grupos, há uma tentativa de despolitização da contestação, da resistência que é política. São consideradas respostas circunstanciais. Duas características importantes do mito da não-violência: ela é considerada **excepcional** e **acidental**, pois o povo brasileiro é pacífico.

Nesta concepção em que a violência é transitória e está fora do círculo do poder... a violência/contestação dos jovens estudantes é anômica e será contida quando fizerem "30 anos" ou pela violência da polícia política do Estado; a violência/criminalidade dos migrantes será contida quando se integrarem no universo urbano ou pela violência das forças policiais do Estado.[3]

Por exemplo, Madame Satã — João Francisco dos Santos — migrante do interior de Pernambuco, chega no bairro da Lapa, reduto da malandragem[4] no Rio de Janeiro, no início do século XX, trabalha como carregador de malas em uma pensão, vira moleque de rua, vive de expedientes e pequenos furtos, dormindo na rua, às vezes era preso e apanhava da polícia, tornou-se especialista no golpe do suadouro. Homossexual, negro, malandro, vivia batendo em policiais... virou filme (*Rainha Diaba*) e usado como ícone para tempos difíceis da repressão política[5]... um jeito irreverente de dizer o que não podia ser dito. Um bom bandido, metáfora de um tempo em que a criminalidade não era assustadora. A violência estava em outro lugar.

E, nos cruzamentos, simultaneamente, outra juventude percorria outros caminhos também em correria pelas ruas... as crianças e adolescentes "sem eira nem beira"...

---

3. Acerca da integração dos migrantes na cidade, o estudo de Eunice Durhan, *A caminho da cidade*, destaca o papel dos adolescentes na integração dos pais no mundo urbano.

4. Rogério Durst em seu livro sobre Madame Satã, diz: "a roda da malandragem abrigava uma boa variedade de tipos: o jogador, o vigarista, o cafetão, o valente, o sambista... O fundamental era seguir as regras, não explicitadas, mas conhecidas: valentia sem violência (sempre que possível), muita elegância e estilo, e sempre uma vida boa" (1985: 11-13).

5. O jornal *O Pasquim*, representante da imprensa irreverente e de resistência no período da ditadura militar, publica uma entrevista com Madame Satã.

O caso de Luiz, o "predador", o professor, o escritor

O Luiz — Luiz Alberto Mendes, o escritor — nasceu em abril de 1952 e cumpriu pena até 2004. Lançou o livro *Memórias de um sobrevivente*,[6] no qual relata, autobiograficamente, sua infância até a entrada no sistema penitenciário, com 18 anos. Neste percurso, passou pelas instituições destinadas a menores infratores no Estado de São Paulo, na década de 60. Luiz tem publicado artigos, desde outubro de 2001, na revista Trip. Seu livro tem tido sucesso de crítica pelo estilo e conteúdo;[7] e também de público, já está em sua segunda edição. Antes, no sistema penitenciário, onde esteve desde os 18 anos, Luiz era monitor da área de educação do programa de alfabetização da Funap — Fundação de Amparo ao Preso, órgão da Secretaria Estadual da Administração Penitenciária do Estado de São Paulo —; depois, deu aulas de história no Supletivo, nível 2.[8] Conheci Luiz em 1984, quando fui trabalhar na Penitenciária Masculina da Capital em um programa de orientação com presos que estavam se preparando para fazer exame vestibular. Luiz prestou exame para o curso de Direito da Puc-SP e foi aprovado. Iniciou o curso e, ao mesmo tempo, permanecia no "grupo de orientação" que passou a ocorrer na universidade. Os temas de reflexão do grupo eram as vivências na nova realidade, os conflitos da vida prisional e os padrões de conduta universitários, as pressões que viviam dentro do presídio para levar drogas e armas, a possibilidade de outros futuros. Luiz fugiu no segundo semestre letivo. Da prisão e da universidade. Cometeu novo e grave delito e passou por vários presídios do Estado.

Contar a história de uma pessoa é contar uma história, a História. É dizer do cotidiano, fatos insignificantes e grandes acontecimentos. É ir

---

6. Editado pela Companhia das Letras, São Paulo, em 2001.

7. A escritora Ana Miranda o inclui em artigo de crítica literária (*Folha de S.Paulo*, março/2002).

8. Há uma extensa matéria sobre o assunto e um texto escrito por Luiz sobre a origem do crime, na revista *Educação* de outubro/1999, pp. 52-66.

compondo um quadro, uma pintura às vezes borrada, às vezes mais nítida. E, serve para quê? Depende do leitor, do modo de olhar e, às vezes, serve para nada. O desafio de construir-desconstruir-reconstruir as histórias, que começa com a de Luiz, buscou safar-se do risco grave, imperdoável, de "buscar o criminoso antes do crime" como nos ensina Michel Foucault em várias de suas obras. São biografias olhadas como revelações cifradas que propõem o exercício de pensar o outro, o mundo, a si mesmo, para além da aparência dos fatos e da linearidade da história.

A trajetória de Luiz é enigmática. Tem uma história de terror do pai a quem teme e ao mesmo tempo irá desafiar com os delitos. Um apego à mãe, o que não o impede de magoá-la com sua conduta. É o relato de uma história de vitimação transgeracional: os lugares de vítima e de agressor são ocupados sucessivamente.[9] O pai e a mãe foram bastante espancados pelos pais como método educativo e disciplinar.

Os pais justificam a conduta de seus pais e para com Luiz. A mãe não consegue protegê-lo do pai. **O pai é alcoólatra e o espanca barbaramente. Muito pequeno já foge para a rua, prá brincar, mesmo sabendo que irá enfrentar as cintadas**[10] **do pai.** Ele ainda brinca. Brincar é um indicador importante da saúde mental da criança (Mannoni, 1985; Dolto, 1988; Winnicott, 1987). **Diz compreender que a mãe não possa defendê-lo da ira do pai.** Por que ela não pode defendê-lo? O que compreende?

Começa fugindo para o campo de futebol. Tem o amigo que o incita a pequenos furtos na feira. Concorda como um modo de ser aceito pela turma e protegido por este amigo. Vinga-se do pai. A vingança é uma revelação do ódio pelo pai. **Vai muito mal na escola, "as notas de aplicação sempre foram acima da média... as de comportamento, sempre abaixo"** (Mendes, 2001: 27). A vingança contra o pai

---

9. Pesquisas nacionais e internacionais comprovam isto. Ver publicações do Lacri — Laboratório da Criança — da Universidade de São Paulo.

10. Graciliano Ramos, no conto *A cinta*, relata sua experiência de vitimação física na infância.

retorna para ele — para atingir o pai produz para si um prejuízo. **Falsificava as notas para entregar ao pai e a assinatura do pai para a escola.** Mais um motivo para apanhar do pai, ser proibido de sair de casa, e mais um motivo para sair, e mais um motivo para apanhar e...

Com os amigos, "brincadeiras de criança": roubam pequenos animais para comer escondido. Brincadeiras de criança? **Rouba do pai enquanto o pai supõe que o tem sob controle.** Winnicott compreende o furto em casa — dinheiro, açúcar — como revelador de uma falta afetiva e, ao mesmo tempo, de solicitação de afeto... ali onde a conduta ocorre. **Comete algumas ousadias. O primeiro furto de uma loja: uma aposta** — fantasia/realidade. O pai denegrido o denigre e isto é compensado na busca de admiração dos colegas pelos feitos da esperteza. **Devolve o primeiro objeto roubado, pressionado pela mãe** (Mendes, 2001: 24).

No ginásio, a descoberta das meninas nas classes mistas, o carimbo de "compareceu" para poder cabular as aulas, a crença que precisava "subornar as meninas para sair com elas", pagar sorvetes, doces e... para isto precisava de dinheiro. A imagem de si denegrida pelo pai, e que o olhar da mãe não consegue resgatar, já se demonstra: se sente "menos" — a auto-imagem, a auto-estima — e usa muitos artifícios para se sentir "mais".

Luiz é expulso da escola particular que a tia materna paga. Frente à iminência de enfrentar a ira do pai, foge. Foge para a cidade. A cidade exerce um fascínio: a "liberdade", as luzes, o que nunca tinha visto no bairro da Casa Verde,[11] periferia da cidade de São Paulo. A possibilidade de outras estratégias de obtenção daquilo que deseja — o furto, o roubo: o sorvete, os doces. É interessante notar que usa com freqüência, associada ao desejo de ter coisas que não pode ter, a imagem dos doces (de boas confeitarias). Isto chama particularmente a atenção porque sua família é pobre — o pai é motorista de táxi e a mãe, costureira — mas não é excessivamente pobre. Ele deseja uma outra

---

11. O bairro da Casa Verde, segundo o Planejamento Urbano do Município de 1968, contava com cobertura de 51,3% de água; 81,1% de esgoto; 46% de pavimentação e 8,1% de coleta de lixo (Cebrap, 1975: 28).

"coisa": o quê? **Rouba os familiares — a avó, que o defendia do pai, e a tia, que pagava a escola particular...** uma pista: "olha o que está acontecendo comigo!". Os adultos não decodificam. Neste pedido de socorro "pelo avesso", vai estragando os lugares de ajuda, criando uma situação difícil para si. Receber afeto já começa a ser insuportável: a culpa pelo ódio do pai não deixa, não é merecedor.

Com 12 anos, começa a dormir na rua. O ano é 1964. A situação política do país — o golpe militar, as passeatas, a movimentação de rua — não resvala seu universo de correrias pelas ruas da cidade. **Na rua é atacado pela saudade da mãe que coexiste com o medo do pai. O frio. Adoece na rua. Não tem coragem de voltar para casa. É levado para o SAT — Serviço de Assistência e Triagem — no Quadrilátero do Tatuapé,[12] onde eram recolhidos os meninos de rua menores de 14 anos.** Quem cuidava eram os meninos abandonados mais velhos do Instituto Modelo, que também funcionava no mesmo Quadrilátero. **Envolve-se em uma tentativa de fuga e apanha dos meninos maiores, encarregados da vigilância, sob as vistas de funcionários que chantageiam para que não denuncie que foi espancado.**

O relato deste episódio parece fantasioso, isto é, contado com a impregnação de experiências anteriores — as surras do pai — e posteriores — a violência ou conivência dos funcionários da instituição. Mas, não importa se fictício ou não, porque tem sentido enquanto realidade subjetiva. Por que fantasia isto e não outra coisa? Diz de seu ódio que vai impregnando suas lembranças. **É devolvido em casa pelos técnicos do SAT.**

Arranja o primeiro emprego e é rapidamente promovido para o trabalho no escritório. "Adorava" o trabalho (Mendes, 2001: 41), **mas não gostava de entregar o salário para a mãe.** Este é um padrão de conduta familiar próprio deste período: na família de baixa renda, o salário dos filhos compõe o orçamento doméstico e os pais têm controle

---

12. O Quadrilátero do Tatuapé refere-se a um conjunto de unidades da área de abandonados e infratores, neste período. Atualmente, denomina-se Complexo Tatuapé, onde estão alocadas exclusivamente as unidades de internação dos adolescentes infratores.

(ou julgam ter) sobre o para quê se destina a cota que é devolvida ao filho.

Aprendeu a abrir o cofre do escritório e fazia pequenos furtos diários para comer doces, andar de táxi, ir à "boca do lixo", pagar "coisas" para o amigo. Diz julgar justo fazer isto e que não tinha a idéia do furto, mas de uma peraltice. Com essa idade — 12, 13 anos — já sabia o que era um furto e suas conseqüências.

Nesta etapa do desenvolvimento, os critérios morais mínimos — certo/errado, bom/mau — estão desenvolvidos.[13] Sua constituição iniciou-se na primeira infância com a moral da obediência, segundo Piaget[14] ou com a formação do superego, o aliado da cultura, segundo a psicanálise. Contudo, a capacidade de discriminar — aspecto intelectual — os conceitos de certo e errado não significa que irá se comportar de acordo com a pauta social. Outros fatores interferem na conduta moral além do fator cognitivo. Nesta circunstância, pode-se considerar que a fantasia era que fosse "esperto" (enganara o pai ao roubar dele enquanto estava bêbado e enganaria outros) e ninguém descobriria. Mas, ao mesmo tempo, se delata com o furto dos cigarros — faz de modo a ser descoberto. Por quê? — e é demitido por isto. Apanha do pai. A punição do pai o redime? — "acertou as contas" e tudo pode começar de novo? A repetição é um aprisionamento.

Arranja outro emprego para fazer serviço bancário. A única coisa boa é que o pai o respeita como trabalhador, mas não é o suficiente. Agora, "sente-se forte para enfrentar o pai na faca (...) no revólver" (Mendes, 2001: 46). Adolescente, diz: "a vontade de possuir as coisas expostas na vitrine já se instalava no meu espírito. Já gostava de roupas bonitas e da moda (...) eram os mágicos anos 60".

Um novo ator histórico faz sua irrupção em cena, e não se trata de uma classe social, mas sim de uma categoria de idade. "Os adolescentes

---

13. O desenvolvimento moral de adolescentes autores de ato infracional internos na Febem-SP foi estudado por Isa Guará (PUC-SP, 2000).

14. Jean Piaget construiu uma das mais importantes teorias do desenvolvimento humano. Seus estudos sobre a formação moral estão em *O julgamento moral da criança*, publicado em 1932.

e jovens, organizados nos colégios e universidades, constituem uma força política autônoma... arrastando consigo outras forças... é, portanto, um grande movimento democrático, libertário, igualitário, que exige mais direitos individuais e coletivos... e, também, tem uma aspiração hedonista e comunitária: um movimento dirigido contra o puritanismo da sociedade. Havia a idéia de que se a propriedade privada das empresas fosse abolida poderíamos fundar uma sociedade mais justa, mais racional, mais eficiente e mais humana. Era a ilusão da utopia da sociedade perfeita... sair do reino da necessidade e entrar no reino da liberdade..." (Weber, 2001: 22-23).

As roupas ganhavam enorme importância para a juventude... "queria usar calça boca-de-sino, jaqueta três quartos, camisa com gola olímpica...". O consumo daquilo que está diante de seus olhos e longe de suas posses. A questão econômica não está relacionada à pobreza, sobrevivência, mas aparece ligada aos limites impostos, pela origem de classe, do consumo de bens considerados vitais para o adolescente. Não é comer para sobreviver, é **ter para ter uma identidade**. Ou, como diz a letra da música, "a gente não quer só comida; a gente quer comida, diversão e arte".[15]

No trabalho, há um acaso para o qual se preparara aguardando a oportunidade: o acesso a muito dinheiro e, em vez de cumprir a tarefa, foge com o dinheiro, foge para outra cidade — Rio de Janeiro. Mostra para si mesmo e para os pares que é capaz. De quê? De "viver à própria sorte", segundo Winnicot (1987).

Seus ídolos: Roberto Carlos, Elvis Presley (como a mãe), o Bandido da Luz Vermelha, o Bando do Fusca e os primeiros assaltantes de banco que "começavam a aparecer", os quais admira pela ousadia. Retorna a São Paulo e vai direto para o bairro onde mora — a Casa Verde. A polícia o procura. Foge. Nas ruas da cidade encontra companheiros do SAT em fuga da polícia. "Para eles eu já era malandro

---

15. Trecho da música "Comida" de Arnaldo Antunes/Marcelo Fromer/Sérgio Brito do grupo de rock Titãs.

(e esse era um título que eu queria muito), sujeito esperto e ser respeitado. Adorei o jeito reverente como me tratavam! Gostei mesmo daquilo, deu-me enorme prazer! Quis fumar um baseado. Queria me mostrar mais malandro ainda, aproveitando a oportunidade para formar minha nova identidade de vez" (Mendes, 2001: 49). Neste momento, é possível ser capturado pela idéia que esta é a situação definidora na vida de Luiz. Contudo, a construção de sua história começou lá atrás, dentro de casa, no confronto com a violência de um pai denegrido; o submetimento, a cumplicidade da mãe com o pai e com a conduta do filho, as fugas, a necessidade de recuperar de algum modo (qualquer modo) alguma auto-estima e, agora, em plena adolescência, a questão é "quem sou eu?"... para ele, é aquilo que reconhece em si. Mas o futuro está em aberto... nenhum determinismo. A importância deste episódio é pelo reconhecimento dos iguais e **não** pela prática do grupo e, ao mesmo tempo, um aspecto implica o outro porque é pela malandragem, pela prática do delito que é reconhecido. O futuro está se construindo.

Neste momento ocorre o início de uma experiência importante que lhe dará novos horizontes — a Galeria Metrópole, Rolling Stones, muitos jovens com histórias semelhantes e de abandono da família que se prostituíam para "sobreviver" — sobreviver neste contexto significa viver independente da família, sem sua tutela e sem as obrigações, por exemplo, da escola. Não está associado estritamente à pobreza — novas drogas (xaropes misturados com bebida), a dança, a solidariedade entre eles, uma concepção de liberdade "no fundo era apenas uma vontade de liberdade, de não ouvir mais ninguém" (Mendes, 2001: 52). Não havia uma não-participação decidida no esquema social. Apenas vadiagem sem esperança.

Uma outra parcela da juventude tinha esperança e foi fazer maio de 68, passeatas, barricadas, filmes, música. A diferença entre os dois grupos: histórias de origem social, de usufruto de bens culturais, de escolaridade, histórias de gerações, da família, de convivências, de circunstâncias, a síntese pessoal... "Um ir-e-vir sem saber para onde... Até que a polícia os pegasse e os levasse para o Juizado de Menores.

De onde fugiam ou eram mandados para a casa de seus pais, de onde fugiriam novamente... Na família, a vida da maioria deles era de razoável para boa, em termos de conforto e comodidade. Principalmente das garotas, todas de origem burguesa. Mas, havia um fascínio pela liberdade... Estávamos em época de plena revolução social, sexual e comportamental, e *não sabíamos*" (grifo meu) (Mendes, 2001: 52-53). Os jovens protagonizavam esta revolução. Esta é a década em que surgem as primeiras expressões de uma das grandes revoluções sociais do século XX: a revolução da juventude que produz ruptura com padrões de conduta das gerações anteriores, e no controle dos mais velhos sobre a conduta dos jovens e adolescentes. Um clima cultural que atravessa o mundo. Uma parcela grande da juventude escolhe o caminho da contestação social com as grandes narrativas da liberdade, da democracia, da justiça social, dos interesses coletivos; outros escolhem o caminho da contestação do instituído no âmbito de seus interesses pessoais ou grupais. Luiz e seu bando são pegos por uma ronda policial, apanham e têm seu dinheiro levado.

Luiz vai morar com uma garota de programa que cuida dele, faz sexo, o obriga a roubar. Aparece na intimidade a agressividade de ambos — começam a "brincar" de guerra de travesseiros e terminam por se espancar, com freqüência. Luiz se assusta, principalmente com o que vê de si na cena. É a primeira vez (?!) que Luiz percebe não ter controle de sua agressividade. Começa a fugir da situação... reencontra o amigo que fugira do Juizado. Circula... Praça da República,[16] Praça Princesa Isabel. Aprende outras práticas — a goma: arrombar a porta dos fundos das casas quando os donos não estavam. "Dentro era mais farra do que roubo (...) éramos vândalos da pior espécie, aquela que destrói pelo prazer de destruir" (Mendes, 2001: 59). O vandalismo: a destruição lúdica? Para muitos adolescentes é difícil reconhecer o vandalismo como delito... como se fosse uma "brincadeira maldosa de criança" que revela e encobre...

---

16. Este local do centro da cidade é referência, ao longo das décadas, para os meninos e meninas que circulam pelas ruas da cidade.

Tinha dois ambientes: a molecada da rua, fugitivos de casa ou do Juizado, que zoava, maltratava os veados, saqueava lojas, eram superativos e brigavam muito entre si; e o pessoal da Galeria — mais adolescentes: sexo, drogas e rock. O ambiente na rua começou a ficar muito violento — nos arrombamentos das casas encontravam armas, a molecada se matava entre si e alguns eram mortos pela polícia. Preso (Mendes, 2001: 63), engana a polícia que é trabalhador. Solto, sabe, por um amigo, que, na Estação Rodoviária, é bom para roubar bolsas. Encontra outro amigo que já é "ladrão profissional": rouba para sustentar a família, mãe e irmãos menores, é o provedor da família. Este dado é pouco visível porque a moralização da conduta delinqüente impede considerar que seu produto possa ter outras finalidades que não as transgressoras. Contudo, é possível constatar que muitas crianças e adolescentes furtam e roubam para garantir a própria sobrevivência e da família. Algumas famílias dependem disto. Portanto, ao mesmo tempo em que a compreensão do delito associado exclusivamente à sobrevivência é um reducionismo de compreensão, há também a possibilidade de compreender a sua prática como estratégia de sobrevivência. O amigo é especialista em bater carteiras e não rouba pobre. A moral da malandragem. Ensina Luiz a distinguir ricos de pobres. Esta regra prevalecia em alguns grupos de meninos: "não roubar trabalhador", os meninos que roubavam trabalhador eram desconsiderados pela malandragem. Uma ética.

São presos e chantageados pelos policiais que tomam todo o dinheiro do roubo. Apanham e são soltos. Para ter lugar pra dormir aceita ir para a casa de um homossexual. Rouba o rapaz enquanto este dorme. Sua primeira experiência de tortura — 14 anos — acontece quando de sua prisão por este delito. Havia trocado os dólares roubados em um receptador que acoitava os meninos com a condição que estes vendessem todo o produto do roubo para ele. Não o delata. A descrição da tortura na delegacia, pau-de-arara (Mendes, 2001: 71-79), a lembrança que batiam como o pai... a lembrança dá a pista da existência do ódio, a sevícia sexual dos menores pelos presos adultos (Mendes, 2001: 80).

No plantão do SAT é respeitado pelos outros meninos pela moral que já adquirira na malandragem. Tenta fugir com um amigo, não consegue e apanha muito — chora chamando a mãe: uma lembrança, uma imagem transmutada — a mãe nunca o protegeu do pai, ficavam iguais na "fragilidade" frente à violência do pai. "Decidi esperar o meu destino".

Volta para casa. Arruma novamente emprego de *office-boy* para serviços bancários, apaixona-se pela chefa. **Repetição**: rouba o cofre dos patrões. Como na situação anterior, aprende a combinação. Compra roupas, viaja para Santos. Fica um tempo, dias, semanas. Na volta para São Paulo, muitos amigos estão presos no RPM (Recolhimento Provisório de Menores), alguns mortos pela polícia ou nas disputas entre eles (Mendes, 2001: 100).

Na rua, com saudades da mãe — um vínculo que permanece — vai visitá-la e sai antes que o pai volte.

Quer conhecer os assaltantes da Vila Brasilândia, através do amigo que se profissionalizara no crime e é chefe de família... É a primeira experiência de manipular muitas armas: 16 anos.

Volta a usar drogas e é preso. Não permanece na delegacia e é transferido no mesmo dia para o RPM. "Não conhecia, só ouvira falar do lugar. Agora ia saber ao vivo. Não estava ligando muito..." (Mendes, 2001: 109). Na recepção do RPM, localizada no prédio administrativo, Luiz ficou em uma jaula, "espécie de engradado".[17]

A Polícia Militar fazia o serviço administrativo — preenchimento de fichas — e vigilância. Muitos policiais só trabalhavam alcoolizados (Mendes, 2001: 128). Disciplina de quartel. Na sala de recreação, havia a TV a que todos assistiam sentados em bancos e mudos. Proibido falar. Filas, ordens através de palmas. A recepção dos meninos, no primeiro dia, era através de "bolos" e surra de fio de telefone. Os meninos eram divididos em dois alojamentos: "(...) no estágio A ficavam os meninos primários e que tinham cometido infrações conside-

---

17. Estas gaiolas/jaulas são encontradas em décadas posteriores.

radas leves. No B, já estavam os reincidentes ou aqueles com problemas penais mais sérios. Fui designado para o estágio A".

Luiz descreve sua recepção, como é torturado (Mendes, 2001: 114), a rotina: "(...) passamos a tarde no pátio, inativos e ociosos". Os espancamentos eram com borracha de pneu de caminhão. "O ato dos PMs era tão conscientemente criminoso, que procuravam bater apenas onde não ficassem marcas duradouras. As palmas das mãos e as plantas dos pés. Só quando a vítima não se submetia àquele tipo de tortura é que eles batiam às queimas. E tínhamos pavor das surras às queimas (...) Só hoje sei que é muito mais fácil suportar uma surra geral do que sofrer tortura". Quando batiam demais e deixavam marcas, escondiam da família no castigo — cela forte — e só saia quando as marcas sumiam.

Além da polícia, havia os mais velhos que abusavam dos mais novos reproduzindo as práticas de violência dos policiais. O lugar de vítima e de agressor sucessivamente ocupados. Principalmente, violência sexual. As roupas sujas e rasgadas. As muquiranas, a coceira. A denúncia da tortura para a mãe, que não acredita. As famílias tiveram por muito tempo uma representação social das instituições públicas destinadas às crianças e adolescentes pobres, mesmo no caso dos infratores, como educacionais — um colégio interno.

A conversa com a assistente social: uma esperança. O pedido para que a mãe o tire dali. Ao lado do grande galpão, ficava a triagem: "ali ficavam presos os menores tidos como perigosos. Os multirreincidentes, assaltantes, assassinos, casos rumorosos. Todos diziam que era como cadeia, com xadrez e tudo. O castigo, a cela forte, era lá. Quase todos os garotos do pátio que foram para o castigo voltaram desmoralizados. Haviam sido estuprados por lá. Conversei com alguns deles, e eles me pintaram a triagem como o inferno na Terra. Tremiam só de pensar em voltar lá, voltavam mansinhos, quase santos. O meu medo de ir para lá era enorme..." (Mendes, 2001: 128).

"(...) aos poucos, fui introjetando o ambiente violento, até modificar meu jeito um tanto meigo e infantil". A imagem de si: meigo e infantil. Passa a freqüentar uma oficina do Senai — marcenaria — e, depois, a horta do Quadrilátero do Tatuapé. Na horta disputa para produzir as melhores verduras. Apaixona-se pelo trabalho. Depois, vai aprender a profissão de pedreiro.

Após entrevista com o psicólogo é classificado de perigoso — quais foram os indicadores utilizados para esta classificação? O que o psicólogo compreendeu? — vai para a triagem aguardar a transferência para a Unidade de Mogi-Mirim, para onde são encaminhados os menores de máxima periculosidade. Na triagem, com freqüência, era vítima de violência e tentativa de abuso sexual pelos maiores — o mesmo ocorria com todos os pequenos.

Dos últimos doze colegas do RPM, antes de ir para Mogi, dez foram mortos pela polícia, um foi morto na Casa de Detenção e Luiz é o único sobrevivente (Mendes, 2001: 154).

Mogi-Mirim — a chegada: "subimos a escadaria em silêncio, passamos pela diretoria e seguimos para a *prisão* propriamente dita". A recepção: "Deram toalha, tomamos ducha gelada, rasparam nossa cabeça, nos *dedetizaram*, tomaram nossas roupas e deram dois uniformes (calça, camisa, calções e botas) a cada um..." Havia uma separação total entre grandes e médios — no pátio e dormitório.

Em 1909, a Lei 1.169 criou três institutos disciplinares no Estado de São Paulo. Um deles, a Escola de Reforma de Menores em Mogi-Mirim, foi autorizado em dezembro de 1924, destinado à faixa etária de 14 a 21 anos, condenados por vadiagem, mendicidade e capoeiragem. Em 1947, transforma-se em Instituto Feminino de Menores e abriga meninas de 7 a 18 anos. Em dezembro de 1957, transforma-se em Instituto Masculino de Menores de Mogi-Mirim. Em 1973 integra-se à Fundação Paulista de Promoção Social do Menor (Pró-Menor) como Unidade Educacional de Mogi-Mirim, UE-9, destinada a menores do sexo masculino de 14 a 18 anos considerados infratores estruturados. "**O Instituto de Menores de Mogi-Mirim é uma casa de reforma, onde a disciplina é rígida sob regime militar, em virtude de abrigar menores infratores de elevada periculosidade. O método mais utilizado é o da ocupação que pode** ser: escolar, profissional, agrícola, recreativa e religiosa etc. Há muitas competições esportivas, havendo até taças para os vencedores. São, no entanto, objeto de constante vigilância, pois sua agressividade é imprevisível. São sempre apreendidas armas improvisadas por eles mesmos. Adotam a tatuagem. Têm índole perversa, são desajustados profissionalmente e geralmente desprovidos de todo e qualquer sentimento moral ou religioso. Simulam conflitos, depredam, agridem funcionários, tudo com intuito de fuga. Tempos atrás, apenas 40% eram recuperados. Hoje, graças aos nossos sistemas reeducativos dos mais avançados, onde a terapia tem sido o ponto mais alto, bem como a instrução religiosa a cargo de capelães à semelhança do Exército, o índice de recuperação é de 70%. O restante, infelizmente, espera a maioridade para ingressar na senda do crime. Mais ou menos uma centena é o número de menores que em Mogi-Mirim cumprem medidas de pedagogia corretiva. A grande loucura existente no Instituto é a vida promíscua de diversos tipos de menores infratores. Sabemos como é difícil a reeducação desses menores ainda mais que 50% são débeis mentais".[18] (Santarcangelo em Rodrigues, 2001: 227)

Foucault em *Os anormais* explana sobre esta associação entre a anormalidade e o crime: os monstros morais. Uma concepção que vem do século XVIII, XIX e a medicina incorporou na tentativa de explicação das condutas imorais-anormais. Ela é encontrada na segunda metade do século XX (capítulo 3) quando se associa o delito com a debilidade mental, "os incorrigíveis" de Foucault.

"Os guardas eram 'caipiras' da região, falavam baixo. Ali havia o 'famoso proceder': conjunto de normas que regulavam as relações entre os meninos e eram mais fortes que as leis oficiais do Instituto e que nos governavam implacavelmente (...) uma das regras do proce-

---

18. Gutemberg A. Rodrigues, pesquisando o sistema de atendimento aos adolescentes infratores do Estado de São Paulo (1964 a 1979), localiza o texto de Maria Candida Santarcangelo, representante de um setor de técnicos (1969) que justificou a existência de Mogi-Mirim.

der é que cada um arcasse com as conseqüências de seus atos" (Mendes, 2001: 159).

A "banca" — referência constante dos adolescentes da Febem que têm vivência institucional, lembra a linguagem dos presos adultos do sistema penitenciário — era o grupo, quatro meninos, que dormiam próximos no dormitório — dois beliches e quatro armários.

"Os guardas vigiavam sem falar muito. Batiam palmas para tudo. As filas. Batiam com cassetetes de borracha dura dos policiais de rua ou com vara de pau curtida em óleo, eram especialistas em pontapés com os coturnos. Tinham uma crueldade requintada, só batiam nas juntas e na espinha, evitando a cabeça: não era para matar e nem aleijar, só para encher de medo, o que para eles significava disciplina. Não usavam a mão no corpo. Cada vez que pegavam alguém para bater, era para bater firme, uma, duas horas de surra contínua. Não havia ódio, raiva, parecia algo científico, sem emoção (...) Um bom torturador nunca é emotivo. Tortura desapaixonadamente. Cumpre ordens, é funcionário de uma máquina burocrática perversa.[19] Os soldados ultrapassavam a violência normal, eram metódicos. Havia um pico, um ponto de dor e sofrimento a ser infligido à vítima, o qual devia, ao mesmo tempo, dobrar o sujeito e transmitir exemplo saneador aos demais". Este é o fundamento do suplício (Foucault, 2001). "Depois o elemento — o uso desta palavra "elemento" nesta circunstância é significativo, pois se refere ao processo de despersonificação da vítima, de afastamento do observador/vítima e é também um termo do jargão policial — era jogado em uma tina contendo água quente e sal grosso. Dessa forma queimavam-se todas as feridas e cortes para não infeccionar (...) os que passaram por esta experiência diziam que essa era a pior parte (...) o corpo parecia pegar fogo, transformava-se em uma ferida só. Após este ritual de tortura, o sujeito era jogado na cafua. Por cinco ou seis dias era alimentado na boca por outro

---

19. Jurandir Freire Costa discute este aspecto no texto *Psiquiatria burocrática: duas ou três coisas que sei dela* (1991).

menor, que trabalhava na faxina. Depois quando já pudesse andar, era jogado na cela-forte por três, quatro meses" (Mendes, 2001: 161).

O trabalho: na lavoura da casa ou na lavoura da rua, remunerado. Na chegada, sempre iam para a lavoura da casa.

As fugas não davam certo — os soldados eram da região e conheciam o mato como a palma da mão. Sempre voltavam com o menino e esse vinha apanhando de onde fosse pego até o Instituto. "Era tradição da casa, desde sua fundação. Depois era conduzido ao fundo da cela-forte, e então é que começava o pau de verdade. Horas e horas de surra. Salmoura e cafua, e, no plantão seguinte dos guardas, podiam acontecer mais surras e violências. Quando eles paravam e deixavam o pobre infeliz na cela-forte, esse se sentia feliz da vida! A cela-forte, agora, era o paraíso, todo o desejo da alma dele. A degradação do humano. Então amargaria por quatro ou seis meses a solidão total" — em *Vigiar e punir*, Foucault conta que a origem do cárcere está nas celas monásticas; e um dos fundamentos do cárcere é o preso entrar em contato com a própria consciência — a solidão total — "sem ver gente e sem falar com ninguém, a não ser os PMs na hora da água ou da alimentação. E esses não falavam" (Mendes, 2001: 163). A violência é muda (Hanna Arendt).

Luiz, em todo o trabalho que se envolve, consegue um excelente desempenho, se destaca. É isto que persegue, o reconhecimento e, para isto, leva tudo como desafio aliado a uma vontade de conhecer e a facilidade de fazer e por "uma necessidade de fazer algo: como enxadeiro na lavoura da casa, na cozinha, como enxadeiro na lavoura da rua".

A visita da mãe confirma que ficará até os 18 anos. Muitos meninos eram transferidos aos 18 anos para a *Casa de Custódia e Tratamento de Taubaté*, onde podiam permanecer até os 21 anos com um laudo de periculosidade ou até que cessasse a periculosidade — isto poderia significar, em alguns casos, prisão perpétua pelo poder de modulação das penas do saber médico — **segundo avaliação psiquiátrica, ou ser transferidos para o sistema penitenciário.**

Luiz conta para a mãe que "o pior de estar preso é conviver com os próprios presos". É igual e diferente. Inclui-se e exclui-se. Para a mãe, mostra a diferença. "Sempre os mais fortes querendo abusar dos mais fracos e os mais espertos querendo usar os mais acanhados e por aí afora" (Mendes, 2001: 167). Os meninos se espetavam com estilete, se cortavam com gilete e fazia parte do "proceder" não deixar a "polícia" saber — refere-se aos funcionários.

"Os meninos tinham os próprios conceitos e um regime social secreto" para sobreviver (Mendes, 2001: 175). Os grupos se organizavam pelas idéias afins ou pelo mesmo bairro de origem. Havia preconceito social em relação aos branquinhos, vistos pelos outros como tendo algo a ver com o feminino, eram objeto de desejo e, portanto, sempre precisavam demonstrar mais valentia; os mulatos ou negrões tinham prestígio. Era preciso ser perigoso para ser respeitado. A inversão do preconceito é aparente. Os negros e mulatos continuam, dentro, como fora da instituição, sendo "o perigoso". As "sociedades" eram fortes, adversárias e as disputas eram acirradas. Os meninos de um mesmo grupo se defendiam e tinham uma relação solidária.[20]

Luiz passou a pertencer a um dos grupos, embora odiasse valentões (um dos meninos) mas ansiava subir de "classe" na estratificação social existente no Instituto e a "sociedade" que o convidou era uma das mais fortes e conceituadas do alojamento, "tipo classe alta" (Mendes, 2001: 179). "Até os guardas eram influenciados pela nossa cultura marginal e 'secreta'. Usavam nossas gírias e, muitas vezes, procediam conforme nossos valores". A identificação. Um processo de mão dupla: dos adolescentes com os agressores e dos adultos com a delinqüência dos internos. A impossibilidade da educação. "Realmente, não seria juntando uma multidão de meninos de rua, delinqüentes juvenis, em alojamento, alimentando-os, obrigando-os ao trabalho e sujeitando-os a uma rígida disciplina que se conseguiria educá-los" (Mendes, 2001: 181). A maioria dos adolescentes era da cidade de São

---

20. As "sociedades" de adolescentes, sua crueldade, é tema do romance *O senhor das moscas*, do Prêmio Nobel William Golding.

Paulo. Portanto, o trabalho ali, no campo, era só a ocupação do tempo, a docilização dos corpos e da vontade — a disciplina. Foucault descreve o cárcere como a instituição que melhor representa a sociedade disciplinar porque ali as várias instituições da sociedade estão concentradas.

Ao mesmo tempo, o ideal entre os meninos, cultivado nas conversas: "Nossos diálogos eram todos dirigidos para o crime" (Mendes, 2001: 181). "Não ouvi um só dizer que ao sair ia trabalhar" (Mendes, 2001: 182). "Era sair e pegar em armas. O assalto era a última palavra em termos de crime para nós... o ápice de nossa formação como malandros. Título por demais apreciado por nós. As armas eram o poder" (Mendes, 2001: 181). "Criava-se uma geração de predadores que iriam aterrorizar São Paulo" (Mendes, 2001: 182). "Estávamos abandonados à mercê de produzir uma cultura nossa e de nossos sicários (...) a cultura do oprimido que espera sua oportunidade de vingar-se (...) Nossa preocupação não era só o dinheiro. Nossa preocupação não era só o dinheiro (...) Era vingança, explosão de uma revolta contida e cultivada em longos anos de cativeiro, nas mãos de sádicos carrascos torturadores". O discurso se altera. Algo importante mudou dentro de si: nenhuma peraltice; agora, o reconhecimento do ódio: a revolta, a retaliação. Antes, disse para a mãe que o pior da instituição "era conviver com os próprios presos", agora diz que o pior são "os sádicos carrascos torturadores". Não há contradição. Há uma soma. Sobreposição. A violência leva sempre para o mesmo lugar: o aniquilamento.

Luiz se refere com freqüência à sua compleição física que sempre foi franzina (aquém de sua faixa etária) e é vista pelos colegas como desvantajada. "Queria ser alto e forte" (Mendes, 2001: 189), pois aprendera que a força e o porte influíam profundamente nas relações a que estava acostumado. Por isso precisa sempre mostrar força e se dispõe a tarefas que desenvolvam a força física e possam demonstrar que a tem. A busca contínua do destaque como compensação do denegrir do pai: que o pai fez/faz dele e que ele fez/faz do pai.

A imagem do pai é alimentada pela fala da mãe sobre o pai e sobre ela mesma nas visitas que faz ao filho e conta do pai bebendo, do trabalho na máquina de costura, do aluguel atrasado. Os motivos que o levaram a fugir de casa permanecem e se atualizam. Por que a mãe conta tudo isto para ele? Por que alimenta nele o ódio pelo pai? (Mendes, 2001: 190). Ela conta, na visita, que o marido bateu nela e mostra as marcas. Busca uma aliança de cumplicidade com o filho contra o pai. A relação com o pai é extremamente problemática e alimentada pela mãe. Dentro dele há amor e ódio pelo pai e, toda vez que reconhece em si o amor pelo pai é como se fosse a primeira vez (afirma isto). Culpabiliza o pai, santifica a mãe: um maniqueísmo alimentado pelas confidências da mãe. A extrema valorização da figura feminina, mãe, irmã, namorada e mesmo as funcionárias da instituição, se mantêm ao longo da sua história.

Embora sempre se sobressaia nas tarefas, não se mantém nelas por muito tempo: acaba a graça/curiosidade/novidade/desafio; age de acordo com a análise das vantagens; por exemplo, sai da cozinha, onde tinha muitas vantagens, era reconhecido pelos meninos e funcionários, para ir para lavoura de rua (um serviço pesado) por conta do salário e volta para a cozinha no verão quando o sol é muito forte.

Completa 18 anos em maio de 70 no Instituto. Tem medo de ser transferido para a Casa de Custódia e Tratamento de Taubaté. Vê-se (auto-imagem) como uma figura comum, sem nada em especial que chame a atenção quando sair, não carrega fisicamente nenhuma marca que o associe com a experiência que acaba de viver (o estigma, a marca do egresso). Vê-se como uma figura comum... jamais fizera tatuagens.

O processo de desinternação é lento e burocrático. "Meu pensamento era nunca mais roubar nem me meter em trapalhadas. Todas as idéias anteriores de revolta, assaltos, aventuras diante da possibilidade de ser livre, sumiram como por encanto. Sem encanto, é ele mesmo. Agora, a liberdade é um encantamento. Quando o encanto quebrar, as idéias podem voltar.

Agora era maior de idade. Se fosse preso, seria cadeia mesmo. Imaginava a cadeia como um RPM grandão e mais cruel... já ouvira conversas sobre a Casa de Detenção. Há também a referência ao Esquadrão da Morte. "Um bando de assassinos enquistados na polícia de São

Paulo" nas palavras de Ruy Mesquita na apresentação do livro de Hélio Bicudo,[21] procurador de Justiça do Estado, designado em 23/7/1970 para investigar a ação criminosa de setores da polícia de São Paulo que haviam tido importante participação na repressão política e, no final da década de 60, ampliava sua ação para o crime comum, envolvendo-se com ele.

E, ao mesmo tempo, "havia o lado aventureiro, que reclamava novas aventuras, coisas fortes. A vontade de fumar um baseado, tomar umas bolas, bebida alcoólica. As dúvidas sobre se eu suportaria a pressão de tais vontades eram enormes. Nem questionava muito, achava que agüentaria e pronto" (Mendes, 2001: 199).

Fica preso além dos 18 anos. Não sabe o que está acontecendo — a tramitação do processo, sobre o qual não tem nenhum controle. A instituição trabalha com o presente. Contraditoriamente afirma preocupar-se com o futuro mas não fornece ao ator deste destino os elementos para construí-lo; ou, então, fornece os elementos do cotidiano, da violência — a organização das rotinas — que alimenta um mundo das elucubrações, fantasias pessoais divergentes de outro futuro possível.

É transferido para São Paulo e aguarda no RPM, o pai ir buscá-lo. Em um dia que fica lá, reconhece as rotinas, o ambiente, a violência que continuam iguais. "Os anos se passaram, e tudo continuava igual".

Luiz sai em agosto de 70. "(...) a guerra do Vietnã estava em pleno curso, a guerrilha no Brasil começava a ser desmantelada pelos órgãos de repressão. O DOI-CODI era o palco dos horrores, o Esquadrão da Morte matava todo dia... o LP 'Let it be dos Beatles' era o sucesso internacional... Led Zeppelin e Rolling Stones... Tim Maia, Jorge Ben... "Uma angustiazinha dolorida começava a apontar, minha consciência era poço sem fundo, e minha moral seguia minhas vontades. Estava plástico, elástico, pronto a esticar e me moldar. Não haviam me ensinado a educar a vontade, e sim a reprimi-la". Educar, em um dos seus aspectos, significa criar condições para o outro pensar,

---

21. O livro *Meu depoimento sobre o Esquadrão da Morte* lançado em 1976.

elaborar, e a possibilidade de canalizar a vontade por outros recursos, para outras finalidades. Na repressão, os impulsos contidos podem irromper, a qualquer momento, sem controle. A frustração é intolerável. Uma possibilidade de expressão é a busca da satisfação sem **pensar** nas conseqüências. "**E agora ela estava solta no ar, ao sabor dos ventos**" (Mendes, 2001: 205).

Os fatos: o grupo de jovens (da rua de baixo), as meninas, o namoro, o sexo, o convite para as drogas (perde a inibição), o traficante para comprar a droga, as roupas, "a moda eram as calças de cintura alta, enormes boca-de-sino (...) sapatos de plataformas. Camisas de tecido sintético, brilhantes. Para quem possuísse mais capital, a onda era um conjunto de calça e jaqueta jeans Lee importado..." (Mendes, 2001: 220). "(...) queria/precisava ser disputado, amado (...) Queria que todas aquelas garotas me pertencessem e adorava quando a rapaziada me rodeava e ficava me puxando o saco. Queria ser disputado por eles todos, o mais procurado, o mais importante e o mais querido" (Mendes, 2001: 220). A repetição. Até a morte. Ou, a próxima prisão. A instituição, por mais aterrorizante, cumpre a função de conter-reprimir. Na coletividade, a vontade não é livre.

Não conseguia viver sem dinheiro... procurava os batedores de carteira na cidade para juntos cometerem furtos... é flagrado... delegacia — novamente, o relato dos presos torturados, um relato com menos emoção — ... Casa de Detenção... sai em um acordo com a polícia... mente para a mãe sobre sua ausência... "Sabia que era necessário mentir. Ninguém com mais de 30 anos podia entender minhas verdades, justificativa. Para mim, meus motivos justificavam os meios plenamente, e pronto. Precisava de capital para financiar a vida que gostava de levar, e todos meios eram lícitos e permitidos... Faz lembrar Jean Genet, criança abandonada, viveu em abrigos, ladrão, homossexual, drogado, passou por muitas prisões da Europa, apadrinhado de Jean-Paul Sartre, escritor de vasta obra e em um de seus livros diz: "o que vocês não sabem é que nós (os criminosos) não temos outra moral... não temos nenhuma moral", um excesso? "**Pensava assim, imaginando-me com toda a razão do mundo**" (Mendes, 2001: 226).

Em agosto de 1970, Luiz tinha 18 anos. Desde esta idade permaneceu no sistema penitenciário até 2004.

Na década de 60, a violência na sua expressão da criminalidade não é assustadora. Alguns crimes ganham repercussão e alguns cidadãos envolvidos com o crime viram personagens como "João Acácio Pereira da Costa, o Bandido da Luz Vermelha... um ladrão sofisticado. Competia em fama com o lendário criminoso italiano Gino Meneghetti, outro especialista em entrar nas casas paulistanas..." (Tavolaro, 2002: 61).

As crianças e adolescentes que perambulam pela cidade, iniciam-se na trajetória da criminalidade, confundem-se e são confundidos com os "abandonados moralmente" e "abandonados materialmente"[22].

Nesta década, o que assusta é a violência do Estado que se estende por todas as áreas da vida dos cidadãos. O medo reduz os territórios de resistência e liberdade onde é possível exercer a revolucionária capacidade de pensar.

A face mais cruel da violência do Estado é a tortura contra os cidadãos de seu próprio país realizada por outros cidadãos, funcionários do Estado. Os agentes da polícia política, da polícia criminal e das unidades prisionais — inclusive aquelas destinadas aos adolescentes infratores — transitam, circulam nas diferentes instituições com suas mesmas técnicas de horror e extermínio.

Para Hobsbawm, o mundo vivia a Era de Ouro — iniciada na década anterior e caracterizada pelo desenvolvimento econômico excepcional — e, em nosso país, vivíamos os "anos de chumbo".

---

22. Expressões usadas por Mario Altenfelder no discurso de criação da Funabem — Fundação Nacional do Bem-Estar do Menor — em 1/12/1964. Estas denominações foram usadas por Evaristo de Morais, na primeira década do século XX.

3
"Ousar saber, ousar fazer" em tempos difíceis
Década de 70

São Paulo 1975 — crescimento e pobreza.[1] A cidade que mais cresce na América Latina. A cidade síntese do Brasil (nona economia do mundo) apresenta um elevado nível de acumulação de riqueza (35,6% da renda interna em 1972), está na frente de todas as outras regiões do país quanto à industrialização, "centro de concentração do capitalismo brasileiro", 26 das maiores empresas do país localizam-se em sua região metropolitana e seus habitantes têm condições adversas de vida nos bairros de trabalhadores (as "cidades-dormitório"), que carecem de serviços urbanos básicos — transporte, água, luz, esgoto, escola, serviços de saúde. O pauperismo urbano não é uma situação de transição própria do fluxo migratório da "população rural atraída pelas luzes da cidade grande".[2] "O retrato das condições urbanas de existência

---

1. Este é o título de um livro desta década, elaborado pelos pesquisadores do Cebrap, por solicitação da Comissão de Justiça e Paz da Arquidiocese de São Paulo.

2. Janice Perlman, em *O mito da marginalidade*, pesquisa o fluxo migratório da população rural até chegar na 'cidade grande': São Paulo, Rio de Janeiro — o 'sul maravilha'. Constata o papel da migração no crescimento demográfico das regiões metropolitanas, mas não atribui só a este fator os problemas urbanos e as precárias condições de existência da população pobre.

em São Paulo expressa condições mais gerais da economia e da sociedade brasileiras (...) A peculiaridade de São Paulo talvez resida, principalmente, na exacerbação do contraste entre acumulação e pobreza" (Cebrap, 1975: 19).

São Paulo — pólo de resistência política e cultural ao autoritarismo dos militares no poder desde o golpe militar de 1964. A década de 70, um período sombrio de censura, de ensino de Educação Moral e Cívica nas escolas, de perseguições, exílios, prisões e tortura. O assassinato político de Wladimir Herzog (outubro de 1975) e Manoel Fiel Filho (janeiro de 1976) — um jornalista e um operário, ambos militantes das causas da liberdade que é cantada pela juventude, que faz o protagonismo da resistência "Você corta um verso, eu escrevo outro/você me prende vivo, eu escapo morto/De repente, olha eu de novo/perturbando a paz, exigindo o troco/... que medo você tem de nós... Você vem, me amarra, alguém vem, me solta/você vai na marra, ela um dia volta/..." ("Pesadelo" de Paulo César Pinheiro e Maurício Tapajós, 1972).

A primeira pesquisa sobre a criança, o adolescente na cidade de São Paulo

A pesquisa **A Criança, o adolescente, a cidade** foi o primeiro estudo sociológico sobre a "marginalidade e a reintegração social do menor"[3] na cidade de São Paulo; realizada pelo Cebrap — Centro Brasileiro de Análise e Planejamento —, um centro de estudo e pesquisa de reconhecida competência intelectual, que congregava, no período, intelectuais, professores e pesquisadores brasileiros de várias universidades.[4] O tema da pesquisa e sua realização por uma instituição de credibilidade científica são as justificativas para seu uso.

---

3. A terminologia é da publicação e da época.

4. A pesquisa foi solicitada pela presidência do Tribunal de Justiça do Estado de São Paulo, em 1970, para fornecer subsídios na busca de soluções dos problemas da área; foi realizada em 1971, publicada em 1972, com circulação restrita.

Os dados do Censo Demográfico de 1970 apontam na faixa etária de 0 a 19 anos a existência de 8.390.972 no Estado de São Paulo.

Os aspectos abrangidos na pesquisa foram: marginalidade social dos menores, abandono do menor e **menor infrator**, cobrindo o universo total de 12.122 menores em 117 instituições da cidade e de 21 municípios da Grande São Paulo, "que abrigam crianças e adolescentes, em regime de internato, na condição de abandonados e infratores" — 13 instituições públicas (2.516 menores) e 104 privadas (9.606 menores). Este número de menores de 0 a 19 anos — 12.122 — representava cerca de 0,001% da população nesta faixa etária.

No final do século XIX, os juristas olham para as crianças e adolescentes pobres da cidade e por não estarem sob a autoridade de seus pais e/ou tutores são chamados de abandonados. Na primeira década do século XX, o jurista Evaristo de Morais produz a definição das duas categorias: materialmente abandonados e moralmente abandonados. O conceito de **menor** estava surgindo.[5]

Os autores da pesquisa partem do pressuposto que a marginalização social[6] no meio urbano produz a marginalidade do menor abandonado e delinquente; e entendem que "a carência econômica (...) é o pano de fundo, no cenário em que ocorrem os comportamentos divergentes, as atitudes anti-sociais; ela (a carência econômica) em si é marginalizante. Todavia comportamentos agressivos, em relação à sociedade, também se manifestam, em qualquer de suas formas, nos estratos econômicos mais altos" (Cebrap, 1972: 33-34). Há um assinalamento quanto à presença de menores infratores e não-infratores que pertencem à classe média (p. 34). Um assinalamento que contradiz o senso comum da época.

---

5. O conceito de **menor** enquanto estigma de crianças e adolescentes brasileiros pobres é abordado por Mariza Corrêa (1982), que situa sua origem na década de 20, 30 do século XX. Boris Fausto situa sua construção no final do século anterior. Fernando Londoño Torres (1996) aborda a evolução do conceito.

6. As várias conceituações e a polêmica, da época, sobre o conceito estão organizadas no livro de Janice Perlman, *O mito da marginalidade*.

Os dados coletados — junto aos 12.122 menores em que se incluíam 633 portadores de conduta anti-social e, destes, 352 classificados como infratores — apontaram como causa imediata e mais freqüente da internação dos menores: a orfandade (4%); aspectos ligados à organização, dinâmica e dificuldades familiares[7]: **desorganização (13,6%); incapacidade econômica (13,1%); mãe solteira (4,7%); alcoolismo ou doença dos pais ou responsáveis (8,2%); maus-tratos (1,6%);** aspectos ligados à conduta do menor: **furto ou roubo (2,1%); exploração no trabalho, agressões e desordens (0,4%); fuga e abandono do lar (0,5%); alcoolismo (0,3%); consumo de drogas (0,3%); vadiagem e mendicância (0,4%)**. Na França, em 1977, Jean Chazal afirma que "perto de 2.500 vagabundos, menores de 18 anos, comparecem todos os anos diante dos juízes de infância, tendo a maior parte deles cometido fugas do domicílio familiar, fugas que, com muita freqüência, no que se refere às raparigas, se situam em um contexto de libertinagem ou de prostituição e que levam, por vezes, os rapazes à homossexualidade venal (...) Os jovens vagabundos põem os mesmos problemas etiológicos que os menores delinqüentes, pois a vagabundagem mesmo nos casos em que não implica a prática de atos delituosos é quase sempre uma antecâmara da delinqüência (...) não constituindo já a vagabundagem de menores um delito (...) conforme o decreto-lei de 30 de outubro de 1935" (Chazal, 1978: 9-10) — **homicídio (0,1%); sedução (0,1%); prostituição (0,5%); participação em quadrilhas (12 menores) e 11 menores, do sexo masculino, internados por homossexualismo passivo e um por ter sido seduzido.**

A apresentação dos dados demonstra que **não há** uma distinção entre motivos de internamento dos menores envolvidos com a prática de delitos dos demais. Há uma "continuidade" entre os dois grupos: abandonados e infratores revelando a concepção da época, "o menor em situação irregular", fundamento da criminalização do menor e de culpabilização da família. Uma idéia que ficará explícita no final desta déca-

---

7. Dos 12.122 menores, apenas 21,4% têm pai e mãe; 12% são filhos de pais desconhecidos; 11,5% estão registrados como abandonados. É desconhecido para 10,2% dos casos o paradeiro do pai, para 2,4% o da mãe e para 19,9%, o de ambos.

da, no Código de Menores de 1979. Uma conseqüência prática disto é o trânsito — transferência — dos menores abandonados para o circuito de infratores.

Os pais dos menores alegam como causas do internamento: problemas econômicos e sociais, agravados por doenças, ou atribuem o internamento à possibilidade de iniciar o filho(a) em uma profissão. Luiz, na década de 60, supunha ser este o motivo que tranqüilizava sua mãe quando ele estava preso. A instituição com uma função educacional. O Estado ou as instituições religiosas cumprindo supletivamente a função da família. Os colégios com regime de internato eram usados pelas famílias de todos os estratos socioeconômicos.

O pauperismo e a desorganização social são considerados pelos pesquisadores como motivações para o internamento dos menores, mas afirmam que só estes dois fatores não mantêm esta marginalidade. As causas da manutenção do fenômeno devem ser buscadas no estilo de vida da rua e na presença de adultos organizando as atividades criminosas que envolvem os menores particularmente no furto (a formação de quadrilhas) e na prostituição. Neste início de década, observam-se os primeiros grupos organizados de crianças e adolescentes realizando vendas (limões e flanelas) nos semáforos da cidade e era possível constatar[8] a presença de adultos no comando destes grupos, "o dono do ponto" que, na década de 80/90, denominou-se o "pai de rua". São denominadas condutas anti-sociais (e motivo de internamento): vadiagem, fuga, desordem, briga, alcoolismo, consumo de drogas, furto, assalto, "conto", sedução, prostituição, em grupos, quadrilhas ou isoladamente. Dos 352 menores computados como infratores: 40% praticavam o furto; e, das 159 meninas infratoras, 24,5% praticavam a prostituição.

Ao entrar no circuito de atendimento, através da **recepção e triagem**, o menor é visto e tratado como "criança problema" ou adolescente "anti-social".

---

8. Através de estágio curricular junto aos meninos trabalhadores de rua, realizado no Núcleo de Psicologia na Comunidade na Faculdade de Psicologia da PUC-SP.

A literatura na área nos mostra que a constituição da adolescência, no final do século XIX, como objeto de estudo se dá como sujeito **problema** (Aberastury e Knobel, 1981; Calligaris, 2000). Muitas vezes, os próprios pais, ou quem os entrega, já se incumbe de tipificá-los. As categorias usadas na recepção para classificá-los são: órfão, abandonado, carente, infrator. Os pesquisadores assinalam que isto define a vida, o futuro, os encaminhamentos institucionais e oportunidades do menor; e, com freqüência, o que é mais grave, esta recepção e triagem inicial é realizada por leigos. O Estado começa a assumir só a partir das primeiras décadas do século XX a responsabilidade pelas ações na área que antes sempre haviam sido realizadas pelas entidades religiosas e pela caridade popular no Brasil. Nesta década, permanece esta mentalidade caritativa e assistencialista no atendimento, o saber é do senso comum (Marcílio, 1997).

Os menores chegam às instituições encaminhados por diferentes pessoas e organizações. O seu encaminhamento é um fator indicativo de sua condição e de como será recebido e tratado pela instituição que o recebe. Os 22% dos menores internados em entidades privadas são encaminhados ou entregues pelos pais, e nas públicas, o encaminhamento pela própria família é de 0,12%. Esta diferença deve-se a que os infratores permanecem sob custódia do Estado; embora a pesquisa tenha encontrado 225 deles (a maioria do sexo feminino) em instituições privadas. Nem todas as entidades públicas ou particulares têm serviço de triagem. Muitas delas utilizam-se do serviço de triagem de outras instituições, particularmente dos serviços do Juizado de Menores e outros órgãos governamentais. Algumas instituições de internamento não realizam o serviço de triagem, limitando-se a acolher o menor e outras acreditam não ser necessário, sendo o único critério para a recepção, a existência de vagas.

A classificação, na maioria dos casos, era sumária: "Assim, dos 2.516 menores abrigados nas 13 entidades públicas, 61,8% foram dados como normais — é neste circuito que o menor infrator é atendido. E, dos 9.606 menores abrigados nas 104 entidades privadas, 72,8%

eram normais" (Cebrap, 1972: 71). A associação pobreza-desvio, conduta-doença. Importante salientar que dos infratores do sexo masculino internados em entidades particulares, **nenhum** foi considerado "normal". **Todos** foram enquadrados nas categorias oligofrênicos e doenças mentais diversas (Cebrap, 1972: 281). Este é um dado relevante da mentalidade dos trabalhadores da época: a patologização. Uma tentativa de lidar com o incompreensível. Como é possível tantos caberem em uma única categoria? Os pesquisadores, em nenhum momento, problematizam este dado da homogeneização dos adolescentes.

Dos 12.122 menores internados, 52,4% são do sexo masculino e 47,6% do sexo feminino. Quanto à idade, a maior incidência é na faixa etária de 14 a 17 anos, para ambos os sexos, no setor público.

No setor privado, a faixa etária predominante é de 7 a 10 anos, decrescendo nas faixas etárias seguintes; está relacionado a isto que as entidades particulares atendem preferencialmente os órfãos, abandonados e, também, ocorre a incorporação dos menores ao mercado de trabalho a partir dos 11 anos e mais a partir dos 14 anos.

Nas 117 entidades, estão internados 6.354 brancos, 3.120 pardos, 2.014 negros, 64 amarelos, 2 índios. Este é um dado que contradiz o senso comum na associação ligeira: raça/pobreza/negligência ou negro-pobre-abandonado/infrator.

Quanto à origem, 38% são da capital, 23% são do Interior do Estado, 12% de outros Estados e 14% sem definição de origem. Mais da metade (7.431) é urbana. Este dado pode ser melhor compreendido a partir das correntes migratórias que atravessam o país na época e, particularmente, o fluxo da zona rural para a zona urbana. Liliana E. Pezzin, em seu estudo *Criminalidade urbana e crise econômica: o caso de São Paulo*, afirma, referindo-se a esta década: "verificou-se uma proporção significativa de migrantes com salários inferiores ao mínimo (...) em posição desvantajosa em termos de ocupação, renda e participação no setor informal urbano, relativamente aos não-migrantes (...) a formação de verdadeiros anéis de pobreza, caracterizados por péssimas condições de habitação bem como a crescente favelização da periferia das grandes cidades brasileiras parecem confirmar a interação entre migração e pobreza. A decrescente qualidade de vida urbana, medida em termos de infra-estrutura de serviços públicos (água, esgoto, eletricidade), evidencia a precariedade na capacidade de atendimento das necessidades mais básicas da população. Este panorama (...) constitui (...) o pano de fundo adequado para o desenvolvimento do chamado caráter 'criminogênico' das cidades" (Pezzin, 1986: 40).

Quanto ao estado de saúde do universo total pesquisado: 70,5% são normais; 17,8% são oligofrênicos; 6,6% com doenças mentais diversas; 3,6% fisicamente deficientes e 1,5% sem resposta.

Do total de menores abrigados, 39,7% foram recolhidos na infância e 17,5% eram, antes do internamento, doentes mentais ou deficientes físicos, portanto nunca exerceram qualquer ocupação econômica. Somente 1,7% era estudante (!!!).

Quanto às ocupações dos menores que trabalham: sapateiro, marceneiro, trabalhadores na lavoura; destacam-se as empregadas domésticas (1,1%); as ocupações exercidas na rua (vendedor ambulante, engraxate, apanhador de papel, lavador de carro) envolviam apenas 0,7% da população internada. Os dados mais expressivos são quanto à mendicância (18 menores) e prostituição (104) (Cebrap, 1972: 88).

Ao abordar os adolescentes infratores (356),[9] os pesquisadores somam aqueles envolvidos com a contravenção (116) e outras condutas criminalizadas, como a prostituição e o abandono do lar (146) e indicam o total de 633. A pesquisa ora discrimina, ora agrupa estas "categorias", demonstrando claramente a dificuldade de compatibilizar as idéias correntes sobre criança problema, adolescente/conduta anti-social com a concepção da pesquisa que o menor marginalizado é produção social; assim como demonstra a dificuldade de compatibilização das categorias de conduta anti-social e infrator ao mesmo tempo em que tentam considerar a conceituação jurídica de infrator. A incongruência dos números revela isto.

---

9. 254 estão em entidades públicas e 102 em particulares.

A grande maioria dos infratores é do sexo masculino: 84,5%. Para as meninas, a prostituição é a primeira causa de internação — em nenhum momento os pesquisadores problematizam a concepção da prostituição como delito e a maioria destas meninas está em instituições particulares, em sua maioria religiosas — e dos meninos são o furto e o roubo. Segundo os pesquisadores, estes atos se confundem no mundo da marginalidade e ambos estão associados à necessidade de assegurarem a própria sobrevivência.

Os autores colocam como determinação destas condutas o aspecto econômico. Esta visão de determinismo econômico era bastante predominante na área, o que já se configurava um avanço em relação à visão policial. O que variava é que alguns setores atribuíam isto a aspectos estruturais e conjunturais da sociedade — a distribuição desigual das riquezas — e outros à índole e falta de iniciativas dos que nasciam pobres e não tinham uma paternidade responsável ou socializavam seus filhos em uma cultura divergente, criminogênica; portanto, ocorria uma culpabilização da família e da própria criança e adolescente por sua conduta. Ou então se corria o risco do outro extremo: a psicologização.

Sobre o estado de saúde dos infratores é importante notar os dados da patologia da conduta: para o sexo masculino (335), 31% são normais, 14,9% são oligofrênicos, 53,4% são "afetados por outras manifestações patológicas mentais" e 0,7% tem defeito físico. No caso das meninas infratoras (289), 55% são normais, 19% são oligofrênicas, 23,8% portadoras de outras doenças mentais e 2,2% deficientes físicas. Este dado espantoso diz mais da mentalidade da época do que da população de menores: a teoria dos tipos de Lombroso, a idéia do delito como distúrbio psicopatológico, o conceito de psicopatia (...) herança de uma concepção de séculos anteriores sobre a anormalidade, o monstro (Foucault, 2001: 69-73) que o saber médico vai cientificizando, alimentando a representação social que "vê" a criança e o adolescente pobre como portadores de distúrbios ou como vítimas da família.

Os dados sobre saúde são bastante significativos. Os índices referentes a oligofrênicos e portadores de distúrbios mentais dos menores internados são bastante altos. No caso das entidades particulares, nenhum menino do sexo masculino infrator é considerado **normal**. Embora não tenha sido possível localizar dados referentes a estes indicadores na população total nesta faixa etária, na cidade de São Paulo, é importante considerar que os baixos rendimentos escolares (a escola como agência socializadora e de integração no mundo urbano através de conteúdos culturais, para estas crianças e adolescentes migrantes de primeira ou segunda geração), os hábitos dos migrantes (Durhan, 1978), em comparação com as normas e médias da cultura hegemônica, levam a considerar **anormal** o que é **diferente**. Em 1971, é publicada uma pesquisa (Patto, 1977) que elenca as características da criança deficiente cultural: 1. falta de concentração na tarefa escolar, 2. evasão escolar, 3. desenvolvimento cognitivo lento, 4. medo do fracasso, 5. linguagem pobre, funcionalmente analfabetas, 6. hábito de não terminar as tarefas, 7. hábitos de trabalho pobres, 8. comportamento impulsivo ou passivo, 9. barulhentas ou apáticas, 10. fuga nas gangues, 11. destrutividade, 12. desrespeito pela lei e pelo direito dos outros, 13. ausência de boas maneiras, 14. emocionalmente perturbadas. E, propõe, "a educação compensatória preventiva tem por objetivo impedir que o ambiente em que a criança se desenvolve produza as conseqüências negativas que costuma produzir. Neste sentido, a educação pré-primária seria utilizada como um 'antídoto' às influências nefastas dos ambientes pobres de estimulação cognitiva" (1977: 51). Esta era uma posição representativa de um conjunto de pesquisadores e estudiosos da época que operava o conceito de privação cultural, carência cultural e tinha como finalidade contribuir para a erradicação do analfabetismo (35% na zona urbana e 65% na zona rural, segundo o Ministério da Educação, ou 63% e 94%, segundo a Cruzada Nacional de Alfabetização, na década de 60), a diminuição nos índices de repetência e evasão escolar. Para o adolescente infrator se acresce a tendência de psicologizar a conduta, ou seja, colocar "dentro" do indivíduo as causas de sua conduta e patologizá-la; deste modo não se considera a produção das condições objetivas de vida, para além da família, como determinantes de sua conduta.

Os pesquisadores do Cebrap afirmam: "ressalta a grande incidência de infratores do sexo masculino, com diversas síndromes de doenças mentais. Isto indica que a alienação compromete elementos estruturais da personalidade, bem como o contexto social em que esta se insere" (Cebrap, 1972: 95) e com esta afirmação, em uma pesquisa científica, contribuem para naturalizar um dado que irá adquirir importância no trato do tema e para a vida de cada um dos adolescentes. É interessante notar que neste momento os pesquisadores se esquecem que haviam afirmado anteriormente, no capítulo "Bom senso ou critérios científicos?" (p. 65), que, na recepção e triagem, os menores eram avaliados, classificados por trabalhadores sem a qualificação necessária. E o "bom senso" do título encobre que o senso comum está contaminado por representações sociais que comprometem o juízo crítico e a avaliação do menor.

Quanto aos pais, estes menores "não contam com eles". **Para 50% dos infratores, os pais são desconhecidos ou seu paradeiro é desconhecido.**

Quanto às instituições, **das 117[10] entidades pesquisadas, há uma desproporção entre públicas (13) e privadas (104); 49 leigas e 55 religiosas que se distribuem em 34 católicas, dez espíritas, nove protestantes, uma israelita, uma umbandista.** Na história da assistência ao menor no Brasil há, desde o século XVI, a presença significativa de instituições religiosas.

Neste conjunto, três entidades são destinadas exclusivamente a infratores, sete atendem infratores e não-infratores e as demais são destinadas aos abandonados e carentes.

Quanto ao número de internados: 80 entidades abrigam até 100 menores, quatro têm vagas para mais de 500 e uma (religiosa) atende 1 mil internos. Os grandes internatos. O último destinado a crianças de 0 a 7 anos — Unidade de Triagem Sampaio Viana da Febem-SP — que chegou a abrigar 600 crianças na década de 80, foi desmontado em 1997.

---

10. Várias destas instituições permanecem em atividade (Cebrap: 263-271).

Nestas instituições predomina o ambiente monossexual, somente 36 entidades atendem população mista.

Embora apenas dez entidades atendam infratores, outras 74 instituições funcionam em regime de internamento e as restantes em regime de semi-internato. O modelo da instituição total no sentido que Erwinn Goffman caracteriza não só os manicômios, as prisões e os conventos: a ausência de comunicação entre o mundo intra e extra-institucional, a tentativa de reproduzir na instituição as várias agências socializadoras para dar conta de todas as necessidades do institucionalizado — educação, saúde, profissionalização etc. — e a homogeneização do padrão de conduta por conta da adequação às regras de funcionamento institucional, o não-reconhecimento da individualidade.

A triagem do sistema público de atendimento na área do menor merece por parte dos pesquisadores um estudo mais detalhado. São caracterizados aqueles equipamentos para onde eram encaminhados os menores com conduta anti-social e infratores. São eles:

COF — Centro de Observação Feminino — destinado a 150 adolescentes do sexo feminino de 14 a 18 anos, "com problemas de conduta e prática de infração". "Na prática, são encaminhadas por vadiagem, mendicância, prostituição, furto, roubo" (Cebrap, 1972: 117). São encaminhadas através do Juizado de Menores ou do Serviço de Internamento de Menores do Interior (Simi). O tempo médio de permanência é longo (não especificam o tempo) e, "portanto, acaba assumindo a função de uma obra de permanência". A população real da instituição inclui crianças e adolescentes não-infratores.

Entre 1960 e 1969, de 700 casos estudados, 69% eram reincidentes, 28,71% eram primários; há adolescentes com 20 ou mais passagens.

SAT — Serviço de Abrigo e Triagem — com capacidade para 600 meninos com "problemas leves de conduta" e recebe também abandonados e carentes. É destinado a menores de 14 anos, embora, 205 deles, no período da coleta de dados, apresentem idade superior. Os menores são encaminhados pelo Juizado da capital, do plantão do DAM (Divisão de Atendimento ao Menor) e do Simi (Interior).

ADOLESCÊNCIA-VIOLÊNCIA: DESPERDÍCIO DE VIDAS

Embora sua função seja o estudo de caso para encaminhamento, o menino fica ali até 1 ou 2 anos por falta de vagas nas entidades de permanência. Não há proposta de atendimento. Não há escola, nem lazer. Só um grupo de homossexuais tem atividade porque ajudam na lavanderia. As únicas obrigações impostas são os horários de rotina (acordar... recolher-se). Tem 39 técnicos, cujo desempenho é burocrático a serviço do Poder Judiciário: fazer relatórios e informar processos. Uma parte significativa dos meninos não sabe por que está internada. Luiz passou inúmeras vezes por este setor.

RPM — Recolhimento Provisório de Menores — foi neste setor que Luiz permaneceu na década de 60 antes de ser encaminhado para a unidade de Mogi-Mirim. Em 1971 (coleta de dados da pesquisa), a população é de 232 menores infratores do sexo masculino com problemas graves de conduta. O tempo de permanência é variável e são encaminhados para o Presídio[11] de Mogi-Mirim, Casa de Custódia de Taubaté[12] ou outras entidades. Alguns se dedicam à atividade de oficina e outros, de alta periculosidade, "dividem o tempo entre a cela e o pátio".

Os vigilantes, com exceção dos estágios[13] A e E, são soldados da Polícia Militar, "despreparados para a função" (p. 121). "Emprega-se o castigo físico (...) o clima é tenso (...) há fuga coletiva (...) ataques contra a PM e contra os próprios menores" (p. 121). Tem 50 técnicos cujo desempenho é afetado pelo clima em que se dá o contato com os menores.

As conclusões[14] da pesquisa são elucidativas:

- "as triagens, além de não cumprirem sua função, constituem um ponto de estrangulamento no fluxo do sistema de interven-

---

11. Esta é linguagem utilizada pelos pesquisadores.
12. A Casa de Custódia e Tratamento de Taubaté destinava-se à população carcerária adulta considerada inimputável ou semi-imputável, com as características do hospital e do presídio.
13. Os **estágios** referem-se a locais diferentes em que os adolescentes permanecem, agrupados conforme critérios institucionais. O equivalente, hoje, às **unidades** de permanência".
14. Vale a pena a transcrição literal considerando a atualidade das conclusões, 30 anos depois!!

ção do Poder Judiciário em favor dos menores". Um assinalamento da dificuldade de integração Judiciário-Executivo;

- "a intervenção, que se destina a complementar ou substituir a ação socializadora dos pais ou responsáveis, age no sentido inverso, na medida em que acentua a socialização divergente, fornecendo um ambiente 'ótimo' para os desvios de comportamento, ou aprendizagem de subcultura divergente. A 'escola do crime'";
- "a presença marcante de adultos despreparados para o trabalho reeducativo de menores marginalizados gera um ambiente de violência e revolta, em total desacordo com o objeto primeiro do processo de proteção do menor". Luiz apontava isso na década anterior; e se repete a cada década em um processo de cronificação;
- "a triagem pressupõe a existência de um sistema de captação e encaminhamento (...) A falta de entidades que recebam os menores triados bloqueia o fluxo e obriga a triagem a acumular outras funções, baixando sua eficiência". A superlotação que será diagnosticada ao longo de décadas;
- "na forma em que as triagens vêm funcionando (...) acentuam os problemas dos menores; (...) passam meses e anos de sua infância e adolescência num ambiente desfavorável, para serem, em seguida, devolvidos à sociedade em condições ainda menos propícias de adaptação à vida extra-institucional". Em 2001, o Ministério Público divulga fotos da triagem (UIP — Unidade de Internamento Provisório) em que os adolescentes dormiam "de lado" no chão do refeitório da unidade.

Os pesquisadores demonstram grande preocupação com este aspecto do atendimento e na discussão do diagnóstico propõem um fluxo mais racional (p. 127). A própria ruptura do texto demonstra a mobilização dos pesquisadores frente à gravidade da situação.

A ação das entidades pretende ser educativa. Para isto têm dois objetivos: a) a socialização para os que estão privados da família que se constitui em uma ação preventiva que evitará a ressocialização; b) a ressocialização para aqueles menores cujos hábitos, idéias, valores são diferentes dos padrões de comportamento da sociedade mais ampla e precisam ser reconstruídos...

Contudo, as práticas se resumem à ênfase no abrigo e proteção dos menores. A educação permanece ausente, o que poderia indicar que a ressocialização do menor faz-se ao sabor de fatos inteiramente circunstanciais (...) um dos objetivos indicados (é) "punir menores" em flagrante desacordo com o próprio Código de Menores. A referência é ao Código Mello Matos de 1929, em vigência.

O regime disciplinar se caracteriza pelo autoritarismo: "foram observados os efeitos de 'bolos' e palmatórias (...) as entrevistas demonstram que um grande número de dirigentes (...) não está convenientemente preparado para educar os menores a eles confiados" (p. 153).

É considerado indisciplina: desrespeito aos superiores (63,2% das entidades), brigas e agressões (59%), perturbação das atividades de ensino (51%), perturbação da ordem, do silêncio (49,6%), quebra das atividades esportivas e de lazer (36,7%) notas baixas (33,3%), homossexualismo (26,5%) e alcoolismo (9,4%).

Quanto aos castigos, os mais sérios e dignos de atenção são o castigo físico, a redução de alimento, a reclusão e expulsão da entidade.

A primeira unidade da Febem-SP

É neste contexto que surge a Unidade Educacional-15, a primeira unidade da Febem-SP, na segunda metade da década de 70, planejada por uma equipe de técnicos competentes — muitos permanecem ao longo do tempo até agora (2005) na área da infância e juventude —, que vislumbrava o futuro, buscava um conhecimento científico que superasse o senso comum e as concepções assistencialistas e repressivas no trato com estes adolescentes. Isto se explicitava na substituição do termo menor por aluno, na proposta de funcionamento institucional que implementasse a prática educacional e, particularmente, a busca de não patologizar a conduta do adolescente infrator. Esta unidade atendeu muito poucos (dois ou três) adolescentes em estado de sofrimento psíquico, o que contrasta com os dados da época, documentados na pesquisa do Cebrap, de considerar o adolescente autor de ato infracional portador de graves distúrbios psíquicos como uma tentativa de compreender.

A Unidade Desembargador Theodomiro Dias (UE-15) foi a primeira unidade destinada a menores infratores da Febem na cidade de São Paulo.[15]

Foi instalada no antigo Pavilhão Central do Quadrilátero do Tatuapé, reformado para este fim e inaugurada em outubro de 1977.

Esta unidade foi planejada por um conjunto de técnicos de vários setores da recém-inaugurada Febem-SP (1975) que reorganizou o fluxo recepção-triagem-unidades educacionais buscando "garantir a eficiência de atendimento... em se tratando de uma primeira unidade de atendimento ao menor infrator instalada na cidade de São Paulo, com enfoque interdisciplinar".

Esta mesma equipe[16] de planejamento acompanhou, durante os primeiros meses, a implementação da unidade, fornecendo retaguarda técnica (supervisão) e um processo de avaliação contínua do cotidiano institucional.

A unidade destinava-se a 120 menores do sexo masculino, na faixa etária de 14 a 18 anos, com prioridade para internação entre 16 e 18 anos, com nível intelectual normal, "sem comprometimento psiquiátrico definido" (critérios de elegibilidade), procedentes das Unidades de Triagem 3 e 4.

---

15. A Febem, como diretriz da Funabem, foi instalada em 1975 no Estado de São Paulo em substituição à Pró-Menor. Seu presidente, Mario Altenfelder, posteriormente, assumiu a Secretaria da Promoção Social do Estado de São Paulo, sendo o presidente da Febem, neste período, o dr. João Benedito de Azevedo Marques.

16. Faziam parte desta equipe de planejamento e supervisão: a assistente social Maria Ignes Bierrenbach (presidente da Febem-SP na década de 80), o pedagogo Júlio Lancelloti (mentor da Pastoral do Menor em São Paulo) entre outros profissionais.

Para estabelecer o perfil da população a ser atendida — uma condição para o planejamento —, foram realizados estudos sobre as condições arquitetônicas da unidade, o diagnóstico do fluxo de entrada nas Unidades de Triagem 3 e 4, nos meses de janeiro a junho de 1977, considerando a idade, escolaridade e os critérios de elegibilidade da unidade. Também foi considerada a rede de retaguarda (as demais unidades de permanência) do fluxo de menores infratores.[17]

Os princípios operacionais foram definidos a partir da "Política Nacional do Bem-Estar do Menor, cuja fonte são preceitos universais" — estes preceitos são a Declaração dos Direitos da Criança que Alfredo Buzaid, ministro da Justiça, relembra no I Encontro Nacional de Secretários Estaduais e Diretores de Serviços de Menores, em 29 de outubro de 1971, quando cita o discurso do presidente Médici na Funabem, no ano anterior: "Meu governo tem a consciência de que o problema da criança, longe de ser tão apenas assistencial, entende todo o processo de transformação cultural, sedimentado nos valores maiores de civilização em que o exercício de uma política de bem-estar do menor se desdobra nas áreas de saúde e da educação, da segurança social e da habitação, do trabalho, do amor, da compreensão. Só dessa forma abrangente e preventiva podemos vencer o abandono, a crueldade e a corrupção de menores", e se configuravam como:

- a compreensão do infrator como menor marginalizado produto da "socialização divergente, encarada como um processo

---

17. A UE-9 (Mogi-Mirim) para menores de 14 a 18 anos, com problemas de conduta anti-social, estruturados na prática de infrações graves ou médias, que necessitassem de obra fechada; a UE-17 (Ribeirão Preto), para 14 a 18 anos, em via de estruturação ou estruturados que não apresentam periculosidade. A UE-21 (Quadrilátero do Tatuapé) destinada a menores de 14 a 18 anos, com problemas leves de conduta. A UE-4 (Batatais), para menores com problemas familiares e conduta anti-social em grau leve, nível mental normal. Para a UE-11 (Iaras), os de nível mental normal com pequenas infrações. Para a UE-10 (Itapetininga), aqueles com rebaixamento mental e problemas sociais que geraram pequenas infrações. A UE-5 (Guarujá) para menores com problemas leves de conduta, boa potencialidade e maturidade para viver em obra aberta. Além desta retaguarda, havia o Serviço de Liberdade Vigiada, no qual são colocados "alguns menores". As Unidades 21, 4, 11, 10 eram unidades destinadas a abandonados e, são retaguarda do fluxo de infratores. Isto demonstra os dados da pesquisa do Cebrap (ininteligível) sobre unidades que atendem abandonados e infratores.

social complexo e integrado"; uma tentativa de não culpabilizar a família, o meio de origem e de convivência;

- a reintegração social implicando ressocialização, ou seja, "reorganização e reorientação de valores culturais e padrões de comportamento, atitudes e expectativas..."; a família e o meio de origem propiciando uma socialização divergente;

- o enfoque educacional não se restringindo à escolarização formal — um debate desta década em que se buscava a legitimidade da educação popular;

- a ação preventiva e terapêutica realizando-se no cotidiano e somando-se à ênfase educacional; um avanço de concepção teórica, um desafio técnico;

- a importância do consenso da equipe quanto às diretrizes de trabalho;

- as atividades da rotina planejada devem ser interdependentes; a tentativa de romper com a dicotomia técnicos e não-técnicos;

- a não-prevalência de nenhuma área profissional, assim como a nenhuma delas deve ser atribuída a tarefa de "contenção" do menor; na época, isto significava romper com a hegemonia do saber médico e com o poder dos encarregados da disciplina — os "encarregados de turno": um personagem que atravessa décadas e chega até hoje;

- a disciplina como fruto da filosofia do trabalho e embasada nas premissas de respeito à dignidade do ser humano; a tentativa de erradicar a violência;

- a agressividade do menor não ser encarada como um problema de ordem pessoal (...) mas dirigida à autoridade e à instituição; a busca de profissionalização e qualificação para o trabalho;

- a educação sexual compreendida como componente da formação integral do menor; isto significava tão somente não negar a sexualidade;

- o paternalismo como uma postura contra-indicada;
- a imagem da unidade como fruto do trabalho de todos;
- o menor não se sentir estimulado ou castigado por ser encaminhado à unidade;
- pesquisar o universo dos menores para realizar um trabalho adequado às suas necessidades; ... conhecer. Romper com o senso comum, com concepções científicas ultrapassadas;
- importância do universo vocabular do menor para uma comunicação efetiva — a linguagem como via de acesso aos processos psicológicos.

O objetivo geral: "favorecer o desenvolvimento do menor (...) para sua reintegração social", concretizava-se nos objetivos específicos: sensibilizar o menor, família e funcionários para participar na unidade; conscientizar da importância do desempenho adequado do papel de cada elemento da unidade, inclusive o menor, como agente terapêutico; os supostos desta concepção estavam na idéia circulante na época, que começava a chegar no Brasil, sobre comunidade terapêutica, em que todos os membros da instituição têm uma função terapêutica, em que inclusive a população a que se destina a instituição, no caso adolescente, são co-terapeutas; **criar um ambiente terapêutico** — Winnicot (1987), na Inglaterra, desde a 2ª Guerra Mundial, atendia crianças e adolescentes delinqüentes a partir do pressuposto de que a conduta de transgressão implica a organização terapêutica do cotidiano —; **minimizar os efeitos prejudiciais da institucionalização**, revelando uma crítica aos efeitos da instituição total; **envolver menor e família no plano de tratamento** — a família aparece como um elemento importante do atendimento do adolescente, necessariamente implicada e necessitando também de uma retaguarda (art. 6º da Lei 4.513 de 1/12/1964, que criou a Funabem); **estender a atuação da equipe após a desinternação** — o acompanhamento pós-institucional que busca garantir ou evitar a reincidência; **aperfeiçoar o sistema de comunicação; mobilizar e otimizar os recursos internos e externos necessários** — o uso dos recursos externos marca a tentativa de ruptura com o modelo de instituição total.

Os indicadores de avaliação eram prioritariamente: participação e reintegração — a não-reincidência do menor.

A metodologia de trabalho pressupõe equipe interdisciplinar, sem privilégio de área profissional — havia o predomínio da área médica e, mais especificamente, da psiquiatria, ilustrado nos dados da pesquisa do Cebrap em 1971 —, incluindo os setores não-técnicos que atuam no atendimento direto dos menores, na sua inter-relação com a comunidade — menor, família, funcionários e grupos sociais com os quais o menor interage.

A sistemática de integração das diversas áreas profissionais é reveladora do ambiente institucional que se pretendia instalar na unidade: cada profissional se aproximará do menor isoladamente e/ou em grupo, utilizando o instrumental específico de sua área de atuação; a equipe deve participar da programação de toda a unidade; todas as áreas devem se manter informadas sobre o menor desde suas expectativas quando da entrada na unidade até o seu desligamento; cada área deve estar preparada para um confronto com manifestações críticas das situações-problema; os profissionais não-técnicos deverão ser treinados e supervisionados pela equipe técnica; estabelecer um mecanismo de fluxo de informação; prever "momentos de encontro" entre diversas áreas profissionais e entre estas e os internos (sem prevalência de área, com integração de informação, análise conjunta das perspectivas de atuação); toda a equipe deve ter acesso e participar das atividades de ensino formal (salas de aula e sondagem de aptidão); a equipe deve buscar o consenso teórico-prático para manter uma linha coerente de postura face ao menor; a observação da realidade não deve se basear no senso comum mas fundamentar-se em critérios técnico-científicos. Com este modelo buscava-se superar algumas dificuldades institucionais ou de práticas instituídas na área: a dicotomia técnicos e não-técnicos, uma fonte de conflitos institucionais reveladora da oposição: saber (técnicos) e fazer (não-técnicos).

Um outro aspecto que se buscava inovar era referente ao trabalho do técnico restrito ao atendimento individual, elaboração de relatórios e laudos para o Poder Judiciário, ou seja, um trabalho "a serviço do juiz" e não do adolescente, na medida que propunha sua atuação no ambiente institucional e a função de formação dos demais trabalhadores. Para isso era necessário superar uma mentalidade arraigada de "subserviência ao Poder Judiciário", um traço característico dos profissionais da área.

Os setores e recursos humanos previstos eram: o diretor, o encarregado técnico e o administrativo que compunham a direção; o setor de educação (um coordenador pedagógico, um orientador educacional e professores para o curso supletivo nível 1; o setor de educação física, esporte, recreação e cultura (professor de educação física e instrutores de jogos e recreação); profissionalização (orientador profissional, professores de artes industriais para oficinas de sondagens de aptidão); psicologia (dois psicólogos clínicos e um psicólogo educacional); saúde (médico psiquiatra e médico clínico, auxiliar de enfermagem); serviço social (três assistentes sociais); pessoal administrativo (no qual se incluem os 28 inspetores de alunos[18] e três encarregados de turno). No total, o quadro de pessoal previa 80 funcionários. A equipe técnica cobria o horário das 7 h às 22 h na unidade.

Na UE-15, os meninos que avançavam na escolaridade, passavam a freqüentar a escola pública do bairro — acompanhados pela orientadora pedagógica e pela psicóloga educacional — e a colocação no trabalho privilegiava aquelas ocupações que o menino poderia manter quando desinternado; muitos inspetores de alunos eram estudantes universitários e, posteriormente, foram promovidos e permaneceram muitos anos na Febem (alguns reaparecerão em décadas posteriores).

O almoço de domingo era uma estratégia para trazer as famílias para a visita dos alunos; as saídas de final de semana a partir da avalia-

---

18. Responsáveis pela vigilância interna, acompanhamento do aluno nas atividades de rotina e no acompanhamento externo quando necessário (obter documentos, por exemplo).

ção da conduta institucional de cada aluno por cada um dos setores resultavam de intermináveis e produtivas reuniões às sextas-feiras, quando se trocavam informações sobre cada um dos internos, e, a partir de avaliações discrepantes, buscava-se um consenso de concepção de trabalho; a tendência sempre problematizada de psiquiatrizar a indisciplina; a resistência em encaminhar os menores para a retaguarda psiquiátrica existente;[19] o número expressivo de meninos recebidos que eram oriundos do circuito de abandonados por conta de condutas próprias da faixa etária.

Posteriormente ("quase" dois anos) e a partir do momento em que a supervisão e avaliação da divisão técnica da Febem deixam de ocorrer, muda a direção da unidade e começam as "transferências noturnas" daqueles "que davam mais trabalho na casa" para a unidade de Mogi-Mirim, pelo novo diretor. Ubirajara Franklin de Oliveira, 18 anos, analfabeto, com grande influência no pátio foi transferido amarrado, em uma viatura da unidade. A equipe técnica permanecera até as 22:00 h na unidade como forma de impedir a transferência, mas Bira foi transferido durante a madrugada para Mogi-Mirim. Luiz não estava mais lá. Estava na Penitenciária Masculina da Capital.

Uma atividade representativa do funcionamento da UE-15 era o "Boa Noite", realizada pelo encarregado técnico da unidade — um sociólogo metódico cuja função era a coordenação da equipe técnica, a implementação do planejamento, seu acompanhamento e avaliação no cotidiano.

Todos os meninos da casa participavam desta atividade. Os trabalhadores da unidade, particularmente os inspetores, tinham muita curiosidade sobre o que acontecia, era dito ali. Depois de algum tempo, ele convidou alguns técnicos para participar — como observadores e relatores.

---

19. Na época, havia o hospital psiquiátrico em Sorocaba e o Hospital Vera Cruz, em São Paulo, onde os menores encaminhados pela Febem permaneciam em "jaulas" nos fundos do prédio.

Portanto, o relato a seguir é do "Boa Noite" que ocorreu em 23 de novembro de 1977. O relato será transcrito tal qual documentado (redigido) na ocasião pela psicóloga educacional:

1. Colocações do encarregado técnico a respeito de:

- como se sente no grupo em função do tempo de permanência dos alunos mais antigos. Na unidade, os internos eram referidos como "alunos"; embora o termo dominante para se referir a eles fosse menor. Contudo, já era evidente a conotação preconceituosa atribuída ao termo menor. Chamar de "aluno" marca a intenção de romper com isso e engendrar uma prática verdadeiramente educacional junto a eles. O equivalente de "alunos" era a referência dos mesmos à unidade como "colégio", embora outros se refiram como prisão. É o momento da transição ali: buscava-se uma ruptura no instituído quanto ao trato do interno;
- regimento interno a ser implementado e **antes** apresentado para os alunos. Um indício de prática participativa;
- avisos: grupo de decoração para o Natal (recebimento do plano; formação do grupo para show do Natal).

2. Pedido dos menores

- reunião na sexta-feira (25/11) à noite entre os alunos (todos) sem participação de qualquer funcionário;
- decisão: permitida pela coordenação. Esta reunião ocorreu e... eles não planejaram uma rebelião!!!

3. Tema do dia: *Por que os alunos fogem da casa?* As respostas dos alunos foram:

- porque não gosta da casa; não se acostuma; não gosta do ambiente; porque o inspetor bate no aluno; o inspetor "murra" sem motivos; tem de "pagar o pau" para o inspetor; com as pequenas coisas que o inspetor faz a gente vai ficando revoltado. Às vezes é porque ele não vai com a cara do menor. Não tem diálogo. Simão, David, Vicente, Roberto (tirando o Domingos), todos da noite são "sangue ruim". O pior é o Simão, o mais "cavalo"; os inspetores não sabem trocar idéia, discutir sem partir para briga; fala gritando... a gente fica nervoso. São todos estúpidos (noite); violência física é contra a lei. Os alunos sinalizam algo grave que ocorre e permanece como implícito no funcionamento institucional. Muitos trabalhadores eram vigilantes quanto a este aspecto; contudo, eram freqüentes os relatos de agressões no período noturno. Não acho certo que alguém que não é meu pai ou minha mãe me bata; porque quer ver o mundão. Não quer ver o sol quadrado; quer liberdade; todo homem tem direito de ter liberdade, de ir onde a cabeça dele quer (Mauro — este era um dos três meninos de classe média que havia na unidade: pais comerciantes na Vila Mariana. Por ocasião do delito estudava em escola particular); porque o menino se revolta; não consegue se adaptar na casa; o pessoal que foge mais é da UT-3. Na UT-3 é mais fechado. Chega aqui tem mais liberdade. Na UT-4, a gente podia sair. Na UT-3, dizem que aqui (UE-15) é uma "boiada". Sai para trabalhar. Chega aqui e fica um tempo sem fazer nada: foge (está se referindo ao período inicial de um mês que o menino passa na casa, para que a equipe o conheça, defina os encaminhamentos — saúde, escola, oficina etc. — e aprenda as regras da casa); fuga é normal em qualquer colégio — vale a pena ressaltar o uso da palavra "colégio" para a unidade; a gente tá aqui porque quer, se não quisesse a gente fugia — esta é uma referência, também, ao aspecto físico da unidade que não era impeditivo de fuga; os que ficaram aqui é porque quiseram ficar. Estamos querendo alguma coisa de vocês. Queremos uma profissão. Este querer é determinado pelas condições objetivas de vida ou pela tendência de dar a resposta correta pela suposição da expectativa do técnico?; queremos ter um lugar para fazer as coisas com nossas próprias mãos.

Como as fugas na UE-15 eram bastante freqüentes, a cada situação de retorno do adolescente (espontaneamente ou através de encaminhamento pela triagem ou por apreensão em função do mandado de busca do Poder Judiciário), eram feitas entrevistas com o objetivo de compreender o que ocorria no nível individual e de orientação. As entrevistas eram feitas pelo setor de psicologia. A seguir entrevista tal qual documentada pelo próprio entrevistador, na época.

Entrevista com o aluno A. T.[20]

Data: 4 de junho de 1978

Motivo: fuga na saída do fim de semana (dia 30 de abril) com retorno às 19 h, em 1º de junho.

O aluno alega motivos pouco elaborados para esta saída, mostrando-se muito influenciável e com pouca maturidade. Diz que precisava ir para casa, pois já está trabalhando, parecendo esquecer como funcionam as saídas.

Não se atém muito ao que aconteceu, preocupando-se se poderá sair no próximo final de semana, que não é fim de semana de saída. Não tem claro que esta fuga pode prejudicá-lo na próxima saída. Insiste em dizer que precisa sair, principalmente porque tem uma festa para ir, não conseguindo perceber os limites existentes, nem avaliar suas atitudes.

Orientação: dirigida à dificuldade de internalização de limites e normas de conduta, principalmente através de mostrar-lhe as conseqüências negativas que podem surgir; e que é fundamental para a vivência em grupo, a aceitação e compreensão de normas estabelecidas, que, quando rejeitadas, podem comprometer seu desenvolvimento e adequação social. Tentativa de fazer com que ele mesmo chegue à conclusão que com a fuga, já utilizou sua saída e não tem direito à próxima.

Assinado: XXX/psicóloga   Ciente: encarregado técnico

---

20. Quando da elaboração do relatório deste adolescente com vistas à desinternação, a assistente social fez uma visita domiciliar e assinalou, na discussão do caso, a dificuldade da desinternação porque o adolescente teria como único local para dormir uma mesa e, ao mesmo tempo, se encantou com a mãe que plantava flores na porta do "barraco".

Em 6 de junho de 1978, o encarregado técnico faz o relatório do levantamento sobre "Motivos que levam à fuga dos alunos da UE-15".

1. Área da Educação (coordenador pedagógico e orientador pedagógico)

Tipo de tratamento da casa (o primeiro mês que, para o aluno, é de difícil compreensão); alunos da UT-3 (primários) sendo que os "mais estruturados" parecem mais preocupados com as fugas e suas conseqüências e não fogem, e os "primários", encontrando ambiente mais aberto aqui, procuram logo fugir (a preocupação de complicar-se é mais remota); no mês de maio houve fatores circunstanciais: falta de funcionários (transferências, afastamentos etc.); faltas em serviço — principalmente inspetoria; falta de atividades motivada pela falta de funcionários; o tipo de trabalho geral da casa: o menor não entende a dinâmica.

Quanto às dificuldades de o aluno entender o tratamento da casa, principalmente no primeiro mês, devem-se muito às expectativas que o menor tem em relação a UE-15. Outras unidades transmitem a ele imagens desta unidade que, no começo, não se mostram nada verdadeiras (unidade aberta para onde ele vem para estudar, fazer cursos na comunidade, trabalhar, sair sempre para a família e, tudo isso, imediatamente). Aqui, custa-lhe entender as razões do primeiro mês de permanência na casa sem as saídas. O fato de ter que conquistá-las também o assusta.

Outras causas: alunos da UT-4, já em regime não muito fechado (têm saídas), e esperam encontrar aqui uma abertura muito maior (por ser **educacional**, como dizem os alunos) e automática.

Parece necessário uma maior atenção ao período de entrada do menor e uma outra forma de transmitir a ele a estrutura da casa.

2. Área de Psicologia (Psicologia Clínica e Educacional)

Os seguintes fatores podem ser arrolados como responsáveis, determinantes das **fugas**:

Ausência de liberdade física, na unidade, o que é reforçado por seu aspecto físico (espaço reduzido, pouca mobilidade dentro deste espaço, portões internos trancados, muros altos). A instituição é percebida, pelos alunos, como prisão (verbalização dos alunos); percepção do ambiente como ameaçador, tanto em relação ao grupo de alunos (as minissociedades, a política do pátio, a pressão e coerção física dos mais "fortes" sobre os mais fracos) como em relação aos funcionários (ameaças de transferências, de surras etc.), segundo relato dos alunos; não-clareza a respeito das conseqüências da fuga em termos de processo jurídico, de vida futura e estabilidade social necessária para viver lá fora (ele precisa de documentos, por exemplo). Estes dados, embora constantemente trabalhados com eles, não são internalizados em função de sua resistência a informações que lhe causem maior frustração e ansiedade; não-adaptação ao grupo social da casa em função de características pessoais (história de vida, tipo de infração ou ausência dela, procedência geográfica — Interior); ligações e compromissos com grupos sociais extra-institucionais e que continuam sendo referência; tentativa de reencontrar a família particularmente daqueles transferidos do circuito de abandonados; conflito pessoal em função de ter como referência um grupo de conduta anti-social (com suas regras, valores etc.) e passar a desenvolver certos padrões de comportamento valorizados pela instituição (sociedade), o que, dependendo da intensidade do conflito, pode levar à fuga como tentativa de superar este conflito. Françoise Dolto, psicanalista francesa, que por mais de 50 anos trabalhou com crianças e adolescentes com dificuldades, afirma que a fuga é uma tentativa de resolver um estado de tensão, "fugir daquilo que se tornou insuportável e que para um adolescente é impossível enfrentar" (1990: 248); ausência de um projeto de vida e, quando ele existe, a vida institucional não faz parte dele.

3. Área do Serviço Social

O maior número de fugas é de alunos com problemas de relacionamento com outros alunos. E isto vem das outras unidades de triagens, onde o regime é mais severo e fechado e, lá, o aluno procura ficar "na boa", para não sofrer maiores conseqüências.

Outro problema percebido é o fato de os alunos terem informação desta casa, como uma unidade "aberta" e só aqui sabem que têm que passar por um período de experiência (30 dias sem sair desacompanhado). Vendo os alunos mais antigos saírem e muitas vezes "instigando-os", acabam fugindo.

Vemos, ainda, que alguns alunos fogem porque muitas vezes seus reais problemas não são compreendidos no momento certo ou são conduzidos de forma errada ou inadequada.

A fuga — neste período, nesta unidade e para estes adolescentes — era um investimento individual. Embora vários adolescentes referissem os mesmos motivos para justificar a fuga, ela nunca ocorreu a partir da organização de um grupo ou como um motim ou rebelião. Havia casos individuais e freqüentes que eram tratados como tais. O relato documental tem a finalidade de demonstrar como é possível — porque já ocorreu — lidar com o tema com certa delicadeza (as entrevistas individuais no retorno), que se denuncia inclusive no modo eufemístico de referir-se a ela, a fuga denominada de 'saída não-autorizada' quando havia o retorno espontâneo do adolescente. Havia uma idéia embrionária que ali era o lugar privilegiado para aparecer a transgressão, para que fosse possível intervir, considerando que a questão do adolescente infrator era, também, a dificuldade de conformidade às regras. Ele estava ali para "lidarmos" com isto. O maior esforço era compreender. Sempre. Neste sentido, o levantamento junto aos técnicos dos motivos que atribuem às fugas demonstra este esforço. E o levantamento aponta para as questões institucionais do circuito de infratores da Febem (as diferenças entre as propostas de atendimento nas várias unidades), para aspectos próprios da privação de liberdade particularmente para os adolescentes, para aspectos da implementação do projeto, que supunha a articulação com os equipamentos do bairro (escola, trabalho, saída para a família e saída de lazer), para a prática de violência difícil de ser detectada de setores dos trabalhadores, para a urgência do adolescente (o futuro/um mês demora muito tempo), para o desejo da liberdade e sinaliza uma contradição... a proposta para o menino construir um projeto de vida de ruptura com a prática de delitos implica o valor da liberdade, seu exercício.

Antes do final da década, a equipe de trabalhadores comprometida com o projeto original de atendimento da UE-15 não resiste à ausência de retaguarda política institucional e os setores mais reacionários assumem o cotidiano da instituição.

A década de 70 é marcada pelo autoritarismo, pela tentativa de controle dos cidadãos: corações e mentes. As diretrizes da Política de Segurança Nacional buscavam estender seus tentáculos para todas as áreas da vida dos cidadãos e das instituições. As diretrizes da Funabem — Fundação Nacional do Bem-Estar do Menor — fundada no primeiro ano do golpe militar, se incluíam nesta perspectiva de controle da pobreza: as famílias pobres e seus filhos, todos em situação irregular.

Neste sentido, havia ainda a indiferenciação entre crianças e adolescentes em situação de abandono e infratores. A pesquisa do Cebrap do início da década demonstra isto na própria dificuldade de organização e sistematização dos dados, porque reveladora da mentalidade capturada pela pesquisa.

No início da década estávamos sob a vigência do primeiro Código de Menores — o Código de Menores Mello Matos de 1927 — e só em 1979 haveria o Novo Código de Menores (Lei 6.697 de 19/10/1979), que também não considera a distinção entre abandonados e infratores. Estão todos em situação irregular (art. 2º, incisos I, II, III, IV, V, VI) — os carentes economicamente, os abandonados, os vitimizados, os que estão em perigo moral, os órfãos, aqueles com desvio de conduta e o autor de ato infracional.

Menor passa a ser não só uma referência jurídica mas, como afirma Alyrio Cavallieri, em seu livro *O direito do menor*, "toda a vez que se faz referência ao menor está-se referindo ao menor abandonado, menor delinqüente (...) em uma situação irregular"; ou seja, destina-se, exclusivamente, às crianças e adolescentes pobres. Como diz o jurista, um dos autores do código de 1979, "diz-se o 'meu filho', 'o meu garoto', jamais 'o meu menor'" (1978).

Nesta década...

O medo da juventude era da polícia política.

O medo dos pobres e particularmente daqueles envolvidos com a criminalidade era do Esquadrão da Morte.

Luiz cometera delitos graves e estava na Penitenciária Masculina da Capital. Estudava.

4

"Há muito perigoso bandido que é muito bom pai, bom filho, bom amigo de seus amigos" Década de 80

O caso de Sérgio, jogador de futebol, o "Blindado"

Sérgio nasceu em Santos em 18 de dezembro de 1965. Luiz tinha 13 anos e estava correndo da polícia pelas ruas da cidade de São Paulo. Seus pais eram legalmente casados. Como os pais do Luiz. O mesmo sobrenome do pai. Um sobrenome que Sérgio fazia sempre questão da grafia correta. **Alcides Sérgio Delazari**. Nunca omitiu o nome, em nenhuma circunstância. O nome do pai. A lei?

Mudou-se para Campinas, na infância, morava no Jardim Campos Elíseos — casa própria de dois cômodos com luz e água encanada. Desde que o pai morreu, de um ataque cardíaco, quando Sérgio tinha 11 ou 12 anos, a mãe sustentava a casa como empregada doméstica. Ela e Sérgio. Uma relação silenciosa. O pai era uma ausência sempre presente, no nome.

Havia uma irmã sete anos mais velha, casada, independente, nunca referida. Sabe-se que existe. Em sua última internação mais longa, visitou-o apenas uma vez, uma visita rápida, de nada para conversar.

Foi com uma criança no colo. Sérgio a apresentou e só. O cunhado merecia menos comentários, evasivos e negativos. Por quê?

Estudou até a 5ª série (1978), na Escola Estadual de 1º Grau Padre José dos Santos, em Campinas, quando agrediu o professor. Foi expulso da escola, em abril, com 12 anos. Um pouco antes o pai havia morrido. É nesta idade que Luiz foge de casa pela primeira vez. Um dado empírico do acompanhamento de muitos adolescentes em circunstâncias semelhantes, faz constatar que a saída da escola — expulso ou evadido — é um marco na trajetória dos meninos. Um momento significativo de ruptura com a história anterior. A escola nesta década é a continuidade ou alternativa ao controle moral que os pais exercem sobre a criança, adolescente e quando isto se perde resta ao adolescente, como referência, o grupo de pertencimento, os pares. A ruptura com a escola faz lembrar que esta é, em alguns casos, a solução da situação dilemática que muitos adolescentes vivem em torno de ser "decente" ou ser "malandro". Maria Lúcia V. Violante — ao investigar a formação de identidade de infratores internos em unidades da Febem-SP, na década de 70, inclusive coletando dados na UE-15 — sintetiza isto no nome de seu livro *O dilema do decente malandro*. E, para Sérgio, havia um outro acontecimento anterior supostamente importante: a morte do pai. Em muitas biografias e em muitas famílias, a função paterna colocada na figura masculina diz respeito ao controle social pela autoridade — o mediador da cultura. **Quando volta para a escola, muitos anos depois (1985), em um curso supletivo considerado bom e exigente — Supletivo Santa Inês na cidade de São Paulo —, Sérgio tem um desempenho intelectual excelente com boas notas e nenhum problema de disciplina.**

Posteriormente, se sabe, que após a expulsão da escola, tem alguns empregos; no supermercado, como empacotador, por três meses, como servente de pedreiro durante oito meses e afirma ter saído porque não era registrado em carteira profissional.

Só é possível reconstruir sua história, entre os 12 e 15 anos, a partir de indícios, pistas que virão posteriormente.

Com 15 anos (25 de agosto de 1981), é preso em Pereira Barreto com mais dois companheiros — um menor e outro maior, conhecidos da polícia da cidade —, por roubo de carro, furto e armado com um revólver. As vítimas deram depoimentos, os objetos — inclusive as armas roubadas — foram encontrados e os interrogatórios foram extensos com cada um dos três, inclusive com Sérgio.

Onde ficou até 8 de janeiro de 1982 quando o juiz da comarca dá a sentença? Na cadeia? Nenhuma informação...

Nesta data, o juiz de Direito da Comarca de Pereira Barreto declara em sua sentença "(...) os sindicados revelam acentuada **tendência para o mal**" — o mal é algo associado à natureza humana, algo a que qualquer um é vulnerável. "No entanto, como os pobres são vistos como mais próximos da natureza e da necessidade e mais distantes da razão e do comportamento racional que as outras pessoas, e como estão fisicamente mais próximos dos espaços do crime, conseqüentemente são tidos também como outro grupo que corre o risco de ser infectado pelo mal" (Caldeira, 2000: 90-91) — "enveredando-se para a senda do crime. Confessaram a autoria das infrações penais ao serem autuados em flagrante. As retratações parciais em juízo não enfraquecem o valor daquela peça inaugural... Aliás, notável que, em juízo, Alcides atribui a si e a mais outros indivíduos de nome E. R. e J. C. S. a autoria das infrações penais — uma estratégia ou pressão dos companheiros ou um modo de ser? —, certamente pensando inocentar J. e E. (parceiros presos juntos)... No tocante a Alcides Sérgio Delazari, embora (...) transpareça não ser tão envolvido no mundo do crime como E. e não ter a tendência agressiva deste, a verdade é que já se contagiou pela companhia de indivíduos perniciosos". O juiz no lugar de quem sabe sobre o ator do ato. Sabe a verdade sobre o contágio, a doença. "Registre-se que Alcides Sérgio Delazari confessou em juízo a autoria dos furtos e dos disparos contra (...) Sérgio conta apenas com 16 anos, daí ser presumível não ter a experiência tão vasta na vida proscrita pela lei. Mesmo assim, é patente seu desvio de conduta (...) Em face do exposto, **determino** a internação dos menores...

e Alcides Sérgio Delazari". Embora seja determinada a sua internação, verifica-se nos autos certa complacência, certa tendência à benevolência na compreensão do envolvimento de Sérgio, por parte do juiz. Por quê?

Não há dados no prontuário institucional de Sérgio sobre esta internação e pode-se afirmar, pelas informações posteriores do órgão executor (Febem-SP) ao Poder Judiciário, que ela não ocorreu assim como nenhuma outra medida sob responsabilidade de execução do Estado. Todos os procedimentos relativos ao adolescente infrator eram de responsabilidade do Estado. Nesta década, os menores não permaneciam em instituições particulares. Um acontecimento freqüente era permanecerem em delegacias de polícia e o órgão executor da medida não ser notificado. Onde ele permaneceu?

Em 5 de março de 1982, em depoimento à polícia afirma estar em liberdade assistida. Não há nenhum documento ou dado de acompanhamento quanto ao cumprimento desta medida. Chama a atenção porque o juiz da comarca de Pereira Barreto, em janeiro deste ano, havia determinado a internação e Sérgio, em 5 de março, afirma estar cumprindo liberdade assistida. O que ocorreu? Neste depoimento, afirmou também que tinha uma "amásia" e uma filha de 1 ano e 2 meses na cidade de Sumarezinho.

Este depoimento ocorreu porque, junto com outros dois jovens — um maior e outro menor, ambos considerados de "alta periculosidade" — comete outros assaltos portando um revólver Taurus, roubo de vários carros em Sertãozinho, Itu, Barretos — roubaram um carro para ir à Festa do Peão Boiadeiro em Barretos, o carro fundiu o motor, roubaram outro. É preso, não oferece resistência.[1]

É mandado para a unidade de triagem da Febem (UT-3) na cidade de São Paulo, em 17 de junho de 1982. O diagnóstico interprofissional é realizado em agosto, propondo sua transferência para a UE-17, em Ribeirão Preto.

---

1. Termo de Declaração prestada em 5/3/1982 na Delegacia de Polícia do Serviço Especial de Menores de Campinas.

Neste relatório, a mãe informa "a outra filha é casada, independente... o relacionamento familiar — ela e Sérgio — é harmonioso... a genitora *nega* a afirmação que o filho tenha uma companheira e um filho de 1 ano e 2 meses... há cerca de dois anos vem vivendo uma vida ociosa, envolvendo-se com elementos marginais, agindo igual a eles... não pernoitava em sua casa mentindo que iria para a casa da companheira, porém ficava com os amigos em mocós após praticarem delitos". Com o relato da mãe são possíveis indícios de um pedaço da história dos 12 aos 15 anos. Sérgio mentia para a mãe. Por quê? Para poupá-la? Ela sabia a verdade e afirma o relacionamento afetuoso.

O estudo de caso assinala que Sérgio é "primário" na Febem, portanto, a determinação de internamento do juiz de Pereira Barreto, 8 de janeiro de 1981, não foi cumprida ou foi substituída pela liberdade assistida, conforme afirmara na Delegacia de Campinas... um mistério. Neste parecer, os técnicos afirmam "Sérgio é dissimulador, tenta omitir fatos de sua vida pregressa com medo de comprometer-se ainda mais. No entanto, assume a prática que consta dos autos, embora com muita cautela". Não diz nada além daquilo que é perguntado e muitas vezes não diz.

Quanto à vida infracional, o relatório institucional aponta que seus companheiros de delito (E. S. M. e J. I. N.) são de "alta periculosidade" e com passagens anteriores por esta unidade de triagem. Neste episódio e no anterior, Sérgio é visto de modo mais complacente do que seus companheiros. Ele estava se iniciando com os demais na trajetória do delito? Ou um modo de se comportar adequado que o favorece? A complacência foi um insumo para não romper com a trajetória da prática de delito?

É transferido para a Unidade Educacional em Ribeirão Preto em 15 de outubro de 1982.

Quatro meses depois (17/2/1983), o juiz de menores encaminha ofício ao diretor da unidade de Ribeirão Preto "solicitando providências no sentido de informar a este juízo sobre a conveniência de ser o menor (processo n. 204/82) (...) liberado, em virtude de solicitação da mãe, alegando que o referido menor tem bom comportamento, inclusive readaptação social promissora".

Com a demora do informe técnico da unidade, o juiz reitera, em 11 de março, o pedido de "o menor (...) ser liberado em virtude da solicitação feita pela mãe...". Esta situação era freqüente: a mãe, o pai ou um responsável ir direto ao juiz solicitar alguma providência em relação ao filho, principalmente quando os casos eram do Interior do Estado e o juiz o "intermediário" entre a família e a instituição localizada longe do local de origem do adolescente. Os filhos pressionavam os pais quanto a esta providência. Nenhuma pressão de Sérgio era visível. Ele pressionava? Ou era a tolerância da mãe com os delitos do filho? Ou...?

Em 6 de abril, segue o relatório técnico da unidade para o juiz onde a família é caracterizada como "ilegalmente constituída, desmembrada há seis anos devido ao falecimento do genitor, por problemas cardíacos" — importante notar que a família chefiada por mulher (mãe viúva) tem a conotação de ilegal: uma falta de cuidado do técnico ou a revelação de uma concepção de "família pobre que produz infratores"? Em qualquer dos casos, como considerar com seriedade os demais dados e apreciações sobre o adolescente? —, a irmã tem quatro filhos, a mãe demonstrou, durante toda sua permanência ali, interesse de tê-lo de volta ao lar. Está com problemas de saúde e vê no filho "um apoio". Chama a atenção, no parecer de todos os setores — serviço social, psicologia, psiquiatria, pedagogia, profissionalização — dois aspectos: a conduta de Sérgio absolutamente adequada na instituição quanto às regras, relação com os adultos e colegas; e seu bom desempenho em todas as atividades — escolarização, marcenaria, jardinagem etc. —, sempre avaliado como ótimo e excelente. Impossível não lembrar de Luiz: o desempenho ótimo e excelente. Neste momento, Luiz já conseguira os certificados de ensino fundamental e médio, preparava-se para o vestibular e lia Gramsci,[2] na Penitenciária Masculina da capital.

---

2. Antonio Gramsci, filósofo italiano, vítima do fascismo e escreveu parte de sua obra no cárcere.

O parecer é pela desinternação, considerando os aspectos acima, e acrescenta "(...) elabora planos de mudança de conduta (...) não há evidência de qualquer processo mórbido atual. Trata-se de menor cuja adaptação à instituição se fez de forma adequada, o que facilitou incorporação de padrões de conduta socialmente aceitos". A conduta institucional sendo usada como preditora do comportamento extra-institucional. Um equívoco: nos casos em que o adolescente tem uma conduta institucional inadequada é visto como não tendo controle dos impulsos e não tendo internalizado normas de convivência social ou, quando é extremamente adequado, é visto como o oposto daquilo, atende à expectativa dos agentes institucionais e consegue benefícios com isto. A psicanálise nos ensina a considerar a aparência e ir além dela. "Atualmente, questiona o seu passado infracional, prontificando-se a canalizar seu potencial para atividades produtivas". A palavra do desejo: a liberdade faz dizer aquilo que é a expectativa do outro ouvir. Não resta outra alternativa do que dizer. É quase um jogo. O técnico precisa acreditar no que houve — está ali o valor de seu trabalho — e o adolescente precisa ser convincente. "Por sua vez a genitora está disposta a recebê-lo e dar continuidade à sua reeducação. Face ao exposto, sugerimos sua desinternação, mediante termo de responsabilidade para a mãe".

Em 16 de maio de 1983 é desinternado, entregue ao responsável — a mãe.

No dia 26 de outubro, Sérgio saiu de Campinas com mais três companheiros — dois menores e um adulto — e foram até uma cidade do interior de São Paulo. Todos armados para assaltar uma casa que "tinha muitas jóias". Havia um jovem na casa que saiu atirando com uma espingarda. Sérgio tomou-lhe a espingarda e o matou com três tiros. O jovem assassinado era filho de um "patrono" da cidade. Foi caçado pela polícia e preso durante a viagem de volta de trem. Na audiência, no fórum, a população tentou invadir e linchá-lo. A polícia impediu (Teixeira, 1996).

O crime ocorreu dois meses antes de Sérgio completar 18 anos. O juiz solicita à Febem todos os documentos e informes sobre ele.

Foi julgado pelo Código de Menores. Na sentença (27/4/1984), o juiz determinou internação "(...) mesmo depois de ter completado 18 anos, se ainda apresentar periculosidade verificada em exames de cessação, ainda continuará recolhido, pois a medida de segurança que lhe é aplicada, é de caráter indeterminado, pois se trata de defesa social e (...) ao completar 21 anos, sem que tenha declarada a cessação da medida, passará à jurisdição do juízo incumbido das Execuções Penais, sendo removido para outro estabelecimento, que seria de adultos". E, finalmente, "determino a manutenção em custódia de Alcides Sérgio Delazari, conhecido por Serjão, de forma própria a elementos de alta periculosidade".

Entre a data do crime e sua entrada no circuito de infratores da Febem-SP, ele passou sete meses em uma cadeia do Interior de São Paulo... "Enquanto não se conseguir local adequado, junto ao Juizado de Menores da Capital, permanecerá em cela própria, separada dos maiores, à disposição da Justiça Criminal, na cadeia da comarca de...".

O juiz da comarca solicita a vaga para a Febem em 2 de maio e, em 28 de maio, Sérgio é entregue na unidade de recepção da Febem,[3] na cidade de São Paulo, escoltado por dois investigadores e, neste mesmo dia, é transferido para a UT-3.

Em junho é encaminhado, para o juiz, o exame de verificação de periculosidade do psiquiatra da unidade, no qual conclui: "persiste a periculosidade devendo o jovem adulto[4] ser encaminhado ao Instituto Provisório de Reeducação e Tratamento de Sorocaba, onde receberá tratamento adequado".

Em 17 de julho, dá entrada na unidade de Sorocaba[5].

---

3. Neste período, o fluxo de encaminhamento na Febem-SP era: UR (Unidade de Recepção) — UT (Unidade de Triagem, dividida por sexo) — UE (Unidade Educacional). As unidades educacionais estavam localizadas no Quadrilátero do Tatuapé. Em certos períodos funcionou uma unidade destinada a infratores na Raposo Tavares (km 19,5) e as unidades fora da cidade de São Paulo eram: Ribeirão Preto e Sorocaba.

4. O jovem adulto referia-se à faixa etária de 18 a 21 anos.

5. No início de 1979, a UE-9 (Mogi-Mirim) é desativada em conseqüência de inúmeras rebeliões; os internos foram encaminhados para o Presídio de Sorocaba (Rodrigues, 2001: 35). Este pre-

Em 10 de janeiro de 1985, a diretora da Unidade Educacional Experimental de Sorocaba — nos vários documentos da época, esta unidade é referida com nomes diferentes. A mudança aleatória dos nomes dos equipamentos da Febem-SP que permanecem com a mesma função era freqüente — comunica ao juiz que Sérgio será transferido para uma unidade em São Paulo juntamente com os demais internos, e justifica que "tal medida, tomada em caráter de urgência, fez-se necessária face ao convívio nocivo e de inviável continuidade entre nossos alunos e os detentos da Cadeia Pública de Sorocaba, enviados para a citada Unidade da Febem,[6] face à rebelião ocorrida naquele órgão da Secretaria da Segurança Pública" (ofício SET/UEES n. 004/85).

Neste ano (1985), Luiz passou no vestibular da Faculdade de Direito da PUC-SP.

Sérgio ficou, com todos os demais internos transferidos e a equipe de funcionários, alojado provisoriamente na UT-3 que, pelas características físicas da unidade, propiciava uma maior contenção: dormitórios-cela (um padrão de construção proposto pela Funabem conforme planta que divulgou em 1972) e um padrão de conduta dos inspetores que guardava resquícios das práticas repressivas e violentas de períodos anteriores.[7]

Nestas circunstâncias, foi fundada a UE-20, destinada a jovens adultos, inicialmente para atender os internos transferidos de Sorocaba. Os inspetores de alunos e a diretora vieram junto com os adolescentes e jovens. Muitos dos inspetores haviam sido trabalhado-

---

sídio tinha presos adultos do sistema penitenciário e um setor onde se alojaram os adolescentes de Mogi; posteriormente, fez parte do fluxo de retaguarda de encaminhamentos da Febem-SP, particularmente para os denominados jovens adultos ou portadores de "alta periculosidade".

6. Neste período, a presidência da Febem-SP fez empenho político no sentido de estabelecer a responsabilidade sobre os menores infratores exclusivamente no âmbito da Febem-SP; até então havia uma circulação — encaminhamento de menores — entre Febem e unidades do sistema penitenciário, inclusive para a Casa de Custódia e Tratamento de Taubaté.

7. Na Febem-SP coexistiam propostas educacionais e práticas repressivas. Esta unidade (UT-3) foi um local de resistência às inovações que as gestões de Maria Cecília Zillioto e Maria Ignês Bierrenbach buscaram implementar no atendimento aos adolescentes infratores.

res rurais. Os "caipiras" de quem Luiz falava, que conheciam a região "como a palma da mão" e saía para caçá-los quando fugiam de Mogi-Mirim. Mogi já não existia mais, fora queimada em uma violenta rebelião dos adolescentes. Era necessário compor a equipe técnica... instalar a unidade enquanto organização do espaço físico e acomodação de todos: funcionários e internos.

Neste período de instalação e transferência dos jovens para a nova unidade, fui indicada pelos trabalhadores para coordenar a equipe a ser formada.

Foi em janeiro de 1985 que conheci Sérgio.

Ele estava preso há um ano e três meses, sendo que há oito meses no presídio de Sorocaba. Os internos provocaram uma rebelião nesse presídio para conseguir a transferência para uma unidade da cidade de São Paulo. Sérgio não participou do movimento ou "não apareceu".

Na nova unidade, Sérgio rapidamente se destaca pelo padrão de relação bastante, extremamente, adequado com os adultos e, também, *aparentemente*, com os colegas. Não é possível descrever com clareza — nenhuma certeza — qual era o padrão de relacionamento e a qualidade de seus vínculos com os colegas. É bastante atencioso, educado, gentil na linguagem e na postura. Seu quarto-cela é sempre limpo, arrumado. Sua higiene pessoal e cuidados com a aparência são hábitos. É solícito quanto a tarefas, não cria dificuldades quanto à observância das regras do cotidiano institucional, quando discorda de algo argumenta e pondera incansavelmente. Tem grande liderança sobre os internos. Eles o obedeciam. Uma liderança silenciosa. De onde vinha? Onde se sustentava? Respeito ou temor?

Ainda com relação à liderança, aliada à sua capacidade intelectual utilizada inclusive para contestar, houve uma situação bastante significativa de enfrentamento institucional. Um dos internos (Clóvis) era bastante segregado pelos demais — tinha os utensílios de comer em separado pelos próprios internos, não podia sentar-se à mesa de refeições com os demais, dormia em quarto separado e dependia de um acompanhante vigilante (inspetor) durante todo o tempo que se locomovia na unidade porque os demais internos insistiam em usá-lo sexualmente. O motivo era o delito cometido pelo interno: estupro de crianças. Em determinado momento do funcionamento da unidade — quando o conjunto dos trabalhadores se percebia coeso e fortalecido — resolvemos que Clóvis passaria a fazer as refeições com os demais. Neste momento, Sérgio organizou e liderou uma greve de fome dos internos, mais ou menos 20. No segundo dia, os internos saíram da greve de fome desmoralizados porque haviam comido escondido durante a noite e Sérgio permaneceu. Só saiu da greve, no terceiro dia, quando, depois de "muita conversa", foram negociados alguns pontos, entre os quais Clóvis nunca se sentaria em sua mesa às refeições. Este enfrentamento e o encaminhamento satisfatório foi possível porque Sérgio tinha uma forte ligação afetiva com as mulheres trabalhadoras da unidade, a transferência subjetiva de uma relação emocional significativa, estável e duradoura com a mãe. A mãe era uma presença ausente. Seu número de telefone sempre estava à mão. Falavam pouco. Suas visitas eram raras. Mas ela sempre estava presente. Esta situação em que a postura de Sérgio poderia ser compreendida como ameaçadora à ordem e à disciplina interna, foi trabalhada no sentido de uma canalização positiva e educativa de seus potenciais.

Destaca-se nas atividades que faz — se propõe a atividades pelas quais tem algum interesse e algum ganho. Luiz estava sempre disponível para tarefas que o ocupassem, ao mesmo tempo podia "escolher" porque seu desempenho o destacava. Em relação aos demais internos, Sérgio tem um leque maior de interesses e se dispõe a atividades que aos demais não interessam, por exemplo, alfaiataria (conserto de roupas dos demais internos). Rapidamente conquista a simpatia de todos os novos funcionários, inclusive de fora da unidade, do gabinete da presidência da Febem. Produz um encantamento em todos. Seduz. Seduz?

Destacou-se também no futebol. Ao contrário de Luiz, que precisou criar estratégias para driblar a desvantagem de sua estatura e aspecto físico, Sérgio tinha aspecto físico privilegiado, alto e forte. Destacava-se no conjunto dos internos. Um time do Interior, da segunda divisão, convidou-o para ir jogar. Um assessor da presidência da Febem (Emir Sader) tenta viabilizar isto. Foi então que mandamos o primeiro relatório técnico para o juiz solicitando liberdade assistida com uma declaração de interesse do Esporte Clube XV de Novembro, de Piracicaba.

Alguns destaques deste relatório: "(...) tem um nível intelectual que o diferencia positivamente (...) demonstra capacidade e concentração, responsabilidade, capacidade de organizar-se pessoalmente para o trabalho e coordenar o trabalho de outros internos (...) demonstra flexibilidade frente a orientações (...) reconhece seus limites pessoais (...) consegue se organizar na ausência de controles externos, pois estes estão, psicologicamente, internalizados e norteiam sua conduta (...) no sentido de se preparar para a integração social há que se destacar seu empenho em retirar as várias (dezessete) tatuagens". Tal era a expectativa de todos para que isto desse certo — uma perspectiva de futuro — que foi designado um dos inspetores de alunos para levar pessoalmente o relatório até a cidade do Interior.

A mãe analfabeta também "escreveu" uma carta para o juiz acerca da oportunidade para o filho. Ditou para a filha escrever: pedindo uma chance para o filho.

O juiz não responde. Encaminhamos outro relatório mais extenso e detalhado. Sérgio já estava com 19 anos e 7 meses. Enfatizou-se que nos episódios de fuga de internos — inclusive com uso de violência e uma tentativa de homicídio de funcionário — em 13 de março, 6 de maio, 9 de junho, registrado em Boletim de Ocorrência, Sérgio não se envolveu, não manifestou interesse em fugir e foi um colaborador importante para restabelecer o clima de convivência na unidade. Estava acompanhando os procedimentos quanto ao clube e aguardava, com tranqüilidade, os prazos (longos!), demonstrando tolerância (...) uma conduta aparentemente incompreensível porque compreendia o esforço de todos e que o limite era colocado pelo Poder Judiciário

— a lei. Demonstrava tolerância à situação de frustração. Algo suportável porque a experiência da troca afetiva ali na instituição era significativa. O afeto era assegurador. Era isto?

Nas reuniões de grupo de internos atuava no sentido não mais de monopolizar, mas de conduzir sua capacidade de liderança para fins coletivos e não individuais. E, como já havia perdido a vaga no time de futebol, propúnhamos liberdade assistida com colocação em emprego regular no Quadrilátero do Tatuapé, acompanhamento regular pela equipe da casa, continuidade das cirurgias plásticas de retirada das 17 tatuagens pois havia feito sete cirurgias e faltavam quatro.

O juiz pede um exame de cessação de periculosidade, encaminhado na seqüência, em 31 de julho de 1985, elaborado pelo psiquiatra da casa — um profissional que tinha uma visão crítica da elaboração de laudos de cessação de periculosidade exclusivamente pela psiquiatria — que conclui: "Do ponto de vista médico-legal-psiquiátrico, damos por cessada sua periculosidade". Havia uma convicção. O diagnóstico e o prognóstico. O presente e o futuro. A dificuldade de as ciências do homem saberem sobre o futuro.

Neste momento, já havia uma grande movimentação de políticos — deputados estaduais — da região onde ocorreu o delito, no sentido de pressionar a presidência da Febem, através do presidente da Assembléia Legislativa de São Paulo, para que Sérgio permanecesse preso. Ficou inteligível a demora na manifestação do juiz e também uma frase que havia escrito quando da sentença de Sérgio posto que seus procedimentos deveriam seguir o Código de Menores, considerado brando e "(...) faz com que a visão do Judiciário fique comprometida nesta comunidade". A família da vítima continuava atenta aos movimentos do processo e pressionava politicamente a todo o momento em que houvesse a possibilidade de Sérgio sair do internamento.

O juiz nega a solicitação de liberdade assistida, afirmando que Sérgio deverá permanecer internado até os 21 anos e pedindo outro exame de cessação de periculosidade. É constituído um advogado que entra com *habeas corpus* no Tribunal de Justiça do Estado de São Paulo, o qual é negado.

Luiz fugia da penitenciária e da universidade no 2° semestre de 1985.

No final de 1985, a equipe técnica e a direção da unidade assumiram, junto com a assessoria da presidência, a responsabilidade de autorizar Sérgio a freqüentar o curso supletivo e trabalhar fora do Quadrilátero do Tatuapé, no departamento pessoal de uma madeireira. O trabalho junto a ele no âmbito institucional esgotara suas possibilidades. Era acompanhado pela assistente-social da casa, era bastante valorizado pelo empregador, cumpria rigorosamente os horários da casa e rotinas definidas para ele. Estava namorando uma mulher muito mais velha que assegurava um padrão de vida e de consumo que lhe era satisfatório. Ele sempre se interessou por mulheres mais velhas.

Em 7 de abril de 1986, inclusive porque estavam ocorrendo várias mudanças nos cargos dirigentes — da presidência e da direção da unidade —, o GDT (Gabinete da Diretoria Técnica) da Febem autorizou formalmente sua "saída com acompanhamento externo". Era necessário "regularizar" sua situação, inclusive para não prejudicá-lo. Sem autorização do juiz e ausente da unidade poderia haver um comunicado ao Poder Judiciário como fuga.

Teve uma oferta de emprego com melhor remuneração em um escritório contábil, em fevereiro de 1986, o empregador conhecia sua situação judicial; mantinha uma relação de confiança com a chefia, era responsável pelo numerário da empresa.

De acordo com a proposta geral de trabalho com os internos, em que se propunha uma desinternação responsável com colocação empregatícia, acompanhamento técnico de serviço social e psicologia e colocação subsidiada em pensão pelo período de três meses, Sérgio também se beneficiou disto e passou a morar em um apartamento com mais uma pessoa a partir de março de 1986. Luiz estava de volta no sistema penitenciário após um delito grave no qual se envolvera em

Santos. **Além do acompanhamento profissional, procurava espontaneamente os técnicos da casa e outros funcionários com quem tinha uma ligação afetiva importante.** Nunca nos ocorreu que pudesse fugir. A relação de confiança era significativa. Sua situação do ponto de vista judicial era irregular.

No final de 1986, é feito um pedido de habeas corpus (nº 55.161-3/2) no Tribunal de Justiça do Estado de São Paulo. Em janeiro de 1987, o juiz determina sua transferência para a Vara das Execuções Penais. Em maio de 1987, o Tribunal requisita à Febem, informes sobre Sérgio. A equipe multiprofissional faz um extenso relatório em que todo este processo é descrito e documentado.

Posteriormente, é requisitado um exame de cessação de periculosidade no Imesc (Instituto de Medicina Social e Criminologia), órgão da Secretaria da Justiça do Estado de São Paulo. Neste momento, não trabalhávamos mais na instituição; contudo, um assessor da presidência da época, uma psicóloga e eu o acompanhamos. Houve um estranhamento por parte da equipe técnica do instituto quanto à nossa presença como acompanhantes. Nunca tivemos acesso a estes laudos.

Entrou-se com um pedido de *habeas corpus* no Supremo Tribunal Federal para evitar sua transferência para o sistema penitenciário. Sua liberdade legal foi concedida pelo STF quando Sérgio tinha 23 anos. Ele nunca foi buscar o documento legal que comprova isto. Por quê?

Sérgio casou-se com uma mulher chamada Santa, foi ser gerente de uma lanchonete, teve um filho e morava em uma casa de dois cômodos no fundo da casa dos sogros, no bairro do Imirim, periferia da cidade de São Paulo — fui visitá-lo e conhecer seu filho.

Alguns anos depois — em meados da década de 90 — lendo o jornal *Folha de S.Paulo*, vejo seu nome — Alcides Sérgio Delazari — em uma notícia sobre rebelião na Penitenciária de Campinas. Ele era identificado como líder. A notícia informava que estava preso por assalto a carro-forte, carro *blindado* (transporte de valores) nas estradas do interior de São Paulo. Os advogados da área das execuções penais informam que este é um crime cruel porque, para realizar o assalto, ou seja, parar o carro-forte na estrada, é necessário metralhar a frente do veículo, o que implica necessariamente o assassinato do motorista.

No final de 1999, os jornais da época noticiam que Alcides Sérgio Delazari lidera a rebelião do Anexo da Casa de Custódia de Taubaté, onde quatro presos são enforcados. Há indícios de que, neste período, funda-se o PCC — Primeiro Comando da Capital, organização criminosa.

Em 19 de fevereiro de 2001, o noticiário SPTV, da Globo, sobre a terrível rebelião do Sistema Penitenciário Paulista no dia anterior, mostra as fotos dos líderes do PCC — organização criminosa que comandou a rebelião simultaneamente em 29 presídios com 93 mil presos — e lá estava a foto e o nome correto do Sérgio, agora *"Blindado"*. A revista Época, de 26 de fevereiro de 2002, publicou uma reportagem sobre o episódio e lá está a foto de Sérgio e seu nome, com a grafia correta, apresentado como o principal interlocutor do chefe do PCC, assassinado em fevereiro de 2002.

Emir Sader, ao saber do cargo de Sérgio na organização criminosa, escreve uma crônica[8] em que sintetiza: "**a sociedade perdeu um bom jovem, o futebol um bom goleiro, o crime ganhou um bom dirigente**".

Em 2001, Sérgio, o "Blindado", está no Presídio de Presidente Venceslau, no Interior do Estado. Em 2002, está no Presídio de Iaras, nesta ciranda de presos pelas penitenciárias do país, monitorada pelo Ministério da Justiça. Em um domingo, 3 de março de 2002, após a visita, Sérgio foi assassinado. Foi degolado, seu corpo arrastado para o pátio onde o prisioneiro que assumiu o crime deu mais duas estiletadas em seu peito.

---

8. Na revista *Caros Amigos*, 2001.

O atendimento a jovens adultos na Febem-SP. UE-20

Esta é a unidade na qual Sérgio permaneceu. Este documento foi redigido em outubro de 1985, pela equipe técnica da unidade, quando o trabalho estava em curso, para ser apresentado para a equipe técnica do Imesc, órgão da Secretaria da Justiça, por solicitação de seu coordenador, Dr. Sergio Adorno. Está transcrito tal qual o documento original (mimeografado), manteve-se a linguagem e a forma.

O presente relato pretende descrever uma proposta de trabalho que foi elaborada e está sendo implementada, avaliada continuamente e redefinida pelo conjunto de trabalhadores desta unidade. Esta proposta pretende articular idéias mais gerais de mudança — numa concepção crítica da instituição, sociedade, código de menores etc. — com as pequenas práticas do cotidiano.

Inúmeras dúvidas perpassam o desenvolvimento do trabalho e existem várias questões a serem analisadas, avaliadas, respondidas tendo como referência a implementação de uma proposta eficiente no atendimento ao jovem, no sentido de restituir-lhe o direito à cidadania e ele atuar este direito em sua plenitude.

A UE-20 é uma unidade de alta contenção para jovens adultos — 18 a 21 anos — considerados portadores de periculosidade social, em alguns casos sentenciados até 21 anos. O conceito de periculosidade social tinha como referência para o Poder Judiciário os conceitos da psiquiatria; no fluxo de encaminhamento da Febem, o conceito era decodificado como a prática de delitos graves e reiterados (homicídio, latrocínio e assalto a banco); e, para a equipe técnica da unidade, o enfoque era multidisciplinar. O psiquiatra da unidade contribuía para uma compreensão crítica do conceito. Era freqüente receber o jovem com o prontuário em que na primeira página vinha um carimbo que atravessava a folha: **"réu perigoso"**. Ele chegava, na maioria das vezes, algemado e com instrução para que em todas as saídas externas da unidade, fosse algemado.

O internamento é justificado por um parecer técnico interprofissional[9] que caracteriza as vivências anteriores do jovem e sua dinâmica psíquica associado a um parecer do Poder Judiciário. É nesta inter-relação que surge o atributo e o estigma da periculosidade social, numa concepção tradicional, próxima ou equivalente ao conceito de psicopatia.

Nesta concepção, muitos jovens têm atribuído às características próprias da adolescência ou da adolescência terminal — labilidade afetiva, heteroagressividade, impulsividade —, a qualidade de patológicas. É da ótica da infração cometida que se "olha" o jovem. A superação desta concepção está relacionada a uma abordagem multidisciplinar da questão da periculosidade, no evidenciamento de seus aspectos ideológicos e na abordagem do jovem em todos os aspectos constitutivos de sua identidade pessoal e social, onde o delito se inclui. E, ao mesmo tempo, em inúmeros casos, a radicalidade em olhar o adolescente em todos os seus aspectos, "se esquece" do delito, o motivo pelo qual está preso.

Histórico

Quando de sua instalação neste prédio — o prédio localizava-se no Quadrilátero (atual Complexo) do Tatuapé e ainda permanece em uso —, com a atual equipe de trabalho, em 31 de janeiro de 1985, a UE-20 não tinha um plano de atuação definido, a não ser experiências profissionais, propostas e intenções na cabeça dos diferentes trabalhadores — alguns inspetores, monitores, um dentista, a diretora e treze alunos vieram de Sorocaba;[10] a encarregada técnica

---

9. Este parecer técnico que justifica o encaminhamento para a UE-20 é elaborado pela equipe técnica de uma unidade de triagem e, em alguns casos, vem acompanhado também pelo parecer da equipe do Poder Judiciário.

10. Os jovens estavam na Unidade Experimental de Sorocaba, localizada no presídio da cidade. A presidência da Febem buscou junto à Secretaria da Justiça a transferência dos menores que estavam no sistema carcerário para a instituição destinada a eles. Isto foi agilizado em função de uma rebelião naquele presídio no final de 1984. O grupo de Sorocaba ficou provisoriamente

assumiu em 31 de janeiro e a equipe técnica foi formada aos poucos. Estas propostas foram sendo conferidas com o desenvolver do trabalho, que se organizou inicialmente pelos aspectos de instalação e manutenção do espaço físico e elaboração das normas de convivência e do sistema punitivo. Todos, alunos e funcionários, exerceram as atividades necessárias para a instalação e funcionamento da casa. Isto contribuiu para o estabelecimento de laços de solidariedade. Por outro lado, ficava cada vez mais evidente a necessidade de definir as funções dos especialistas e setores. A convivência cooperativa não poderia ser um objetivo final, mas a condição para se implementar um trabalho produtivo e eficiente com os internos. Estas circunstâncias de implantação da UE facilitaram bastante a elaboração de planos mais reais e viáveis de atuação, segundo a concepção de uma equipe de trabalhadores, onde se incluíam todos os técnicos, jovens, recém-formados, estudiosos e pesquisadores do tema que trabalhavam apaixonadamente e muito. Auxiliava bastante a retaguarda política do gabinete da presidência para as inovações técnicas.

Outro dado importante é que, por problemas administrativos, as oficinas profissionalizantes ainda estão sendo implantadas, e mesmo a divisão do salão de atividades só foi feita há um mês, o que impediu a concretização efetiva da proposta educacional da unidade.

O espaço físico

Esta unidade tem capacidade para 40 internos; funciona em instalações que sugerem, a todo o momento, a contenção: a inexistência de janelas — e, portanto de iluminação natural e ventilação adequada —, o espaço restrito de circulação, limitado por portas de ferro sempre trancadas, os muros altos, configuram o isolamento do mundo extra-institucional, embora não garantam a segurança de internos e funcionários. Era tal a dificuldade de ventilação interna que, em certa

---

alojado na UT-3 (Unidade de Triagem 3) em função da segurança e, posteriormente, foi para o prédio da UE-20.

ocasião, foi feito um levantamento das doenças respiratórias dos funcionários para ser encaminhado ao GDT — Gabinete de Diretoria Técnica —, com vistas a uma solução. Não havia, também, nenhum aposento com iluminação natural.

Os internos

- 51 jovens adultos — rapazes com idade entre 18 e 21 anos, diagnosticados como portadores de periculosidade social — passaram por esta unidade, no período de 31 de janeiro a outubro de 1985.
- Deste total: 19 fugiram — 3 foram recapturados —; 1 foi transferido para o circuito de execuções penais, após fuga e retorno espontâneo, por haver cometido ato infracional com 18 anos completos; 25 foram desinternados — destes, temos conhecimento de duas reincidências, 16 deles estão trabalhando e dos demais não temos informações —; 7 encontram-se internados atualmente: são autores de infrações graves e reiteradas — estupros, latrocínio, homicídio, articulação com quadrilhas.

Esta clientela é, em sua maioria, do Interior do Estado ou da Grande São Paulo. Diversas famílias migraram para São Paulo em busca de melhores condições de vida. O relacionamento nestas famílias — em geral, numerosas — é descrito pelos internos como conflitivo, em especial na relação com o pai, tido como elemento marginal da constelação familiar. Parte dos internos não vive com seus pais e alguns deles têm companheira e filhos. Percebe-se que a família do jovem tem uma estrutura e uma dinâmica diferentes da família considerada "padrão" pela sociedade. Muitas famílias chefiadas por mulheres. Mãe com filhos de vários companheiros. Em geral, os pais e demais familiares não se constituem em efetivo apoio aos jovens.

Com relação à experiência profissional, a maior parte dos internos não tem — nunca teve — vínculo empregatício. O trabalho se caracteriza pela eventualidade e falta de estabilidade.

Os alunos evadidos passaram, em sua maioria, por um período de institucionalização — delegacia-cadeia-outras unidades da Febem — mais longo do que aqueles que aguardaram ou aguardam sua desinternação. Estes provêm de famílias com melhores recursos e atingiram um nível de escolarização mais elevado. Seu percurso infracional é mais extenso e diversificado. Uma mudança no perfil dos adolescentes — jovens-adultos — autores de ato infracional grave se anunciava: escolaridade e nível socioeconômico.

Os trabalhadores

Os trabalhadores da unidade caracterizam-se principalmente pela heterogeneidade de nível cultural e posicionamento ideológico. Entendem de modo diferenciado o adolescente e a instituição e identificam-se diferentemente com cada um dos jovens do que com uma "população de jovens adultos". Seu compromisso com estes jovens surge antes e além do compromisso com a instituição. Têm em comum um interesse pelo aprimoramento profissional e, em função das características da unidade, quando de sua instalação — mudança de cidade, permanência provisória em outra unidade, condições físicas e materiais precárias, indicação de encarregada técnica e posterior diretora pelo conjunto dos trabalhadores —, desenvolveram laços de solidariedade que constituem, ainda hoje, o ponto de partida para o trabalho comum.

A equipe técnica é formada por encarregado técnico, médico psiquiatra, dentista, psicólogo e assistente social. No dia-a-dia da UE constatou-se a necessidade do trabalho de terapia ocupacional — há uma terapeuta ocupacional voluntária; e, com a promoção do pedagogo a encarregado técnico, ficou evidente a necessidade também deste profissional. Apesar de não previstos no quadro de pessoal da unidade, fica patente a importância destes dois técnicos para um melhor desenvolvimento das propostas educacional e terapêutica.

O pressuposto geral do trabalho

Tendo como referência as Diretrizes Educacionais da Febem-SP — cuja síntese, elaborada na época, era: "o adolescente deve ser sujeito da História" — o trabalho tem uma dimensão política, educacional e terapêutica. Neste período estava se gestando, na área da infância e da juventude, idéias que iriam construir o Estatuto da Criança e do Adolescente.

A dimensão política — Há uma dimensão mais ampla, macrossocial, que determina nosso trabalho — e exige uma ação que extrapola os muros da instituição. Essa referência deve estar sempre presente no planejamento, execução e avaliação das nossas ações; a dimensão política colocada no interior da própria instituição é reprodutora dos sistemas de poder estabelecido — visíveis na questão da hierarquia, da centralização das informações e da tomada de decisões; do peso atribuído ao saber dos técnicos. Este poder está presente nas relações entre os funcionários e entre eles e os alunos. Sabemos que quem opera a ação institucional no dia-a-dia são todos os agentes institucionais, e que devemos estar, portanto, atentos e críticos sobre a forma como vimos exercendo este poder institucional.

A dimensão educacional — é o eixo da organização das práticas e rotinas. A instituição controla os internos 24 horas por dia. Podemos educar o corpo, a vontade, podemos recodificar sua existência.[11] Este poder nos assusta. A educação para a docilidade ou a educação para a descoberta de um projeto de vida, que os limites sociais definem como estreitos e medíocres, ou uma educação para o quê? Definir a proposta educacional implica uma concepção clara de educação — sociedade-instituição-clientela, e para nós tudo isto está em discussão permanente, no sentido de estabelecer uma postura hegemônica. Uma postura que sempre encontrava para sua execução os limites do cárcere, a instituição total.

---

11. Referência às idéias de Foucault que constam de seu livro *Vigiar e punir*.

A dimensão terapêutica — a questão da delinqüência, se tem seu principal determinante e sua resolução na organização político-econômico-social, não se explica somente desde essa ótica. É importante pensar a dimensão psicossocial que se constrói no trajeto da vida do interno, como co-atuante na definição de sua história infracional. Uma percentagem dos internos apresenta, inclusive, comprometimentos na estruturação de sua personalidade — não há associação entre doença mental e crime — agravados, em alguns poucos casos (quatro), por traços de deficiência mental. Assim, as "intervenções terapêuticas", que visem ao desenvolvimento de uma maior capacidade de simbolização e elaboração de sua história de vida, são fundamentais e buscamos que ocorram em todos os âmbitos de vivência institucional do interno: no cotidiano, nas conversas informais e em situações mais formalizadas — atendimento terapêutico pela psicóloga, psiquiatra e terapeuta-ocupacional, conforme avaliada a adequação deste atendimento para o interno, em discussão de caso.

Estas três dimensões se interpenetram e uma só tem sentido referenciada à outra. Operacionalizam-se por diversos princípios que norteiam o trabalho.

Os princípios norteadores do trabalho

A liberdade — num lugar tão fechado como a UE-20, esta palavra, este conceito está realmente presente em todas as relações. Nenhum projeto pedagógico vale a liberdade. Nenhum projeto pedagógico vale a liberdade. E esta contradição nos atravessa a todos, mesmo quando deixamos a concepção abstrata de liberdade para a definirmos como prática social responsável. Somos guardiões dos jovens e falamos com eles sobre liberdade. O que significa preparar para a liberdade? É orientá-lo no sentido de uma prática extra-institucional compatível com leis e normas sociais? É estimulá-lo a uma participação crítica da sociedade? Qual a possibilidade disto?

A superação dos fundamentos que determinam a configuração do cárcere — a UE-20, por suas características físicas e também pela sua fundamentação jurídica, corre o risco permanente de configurar-se como uma instituição total, como um sistema disciplinar exaustivo, exercendo uma ação ininterrupta sobre o interno, através do isolamento ou do controle rigoroso sobre as relações que o jovem estabelece; do trabalho — como princípio da ordem e regularidade —; e da "normalização" do interno — através da imposição de um modelo de "regeneração". A unidade corre o risco de se caracterizar como instituição de repressão e controle — da palavra, do ato, da vontade —, um sistema regulador, que determina o que é socialmente aceitável e o que é proibido.

Visando a superar este risco — havia vários equívocos: a instituição era total, ela se configurava como um sistema disciplinar exaustivo. Este era o dado de realidade insuperável. O controle das rotinas, circulação do interno na unidade buscava ser absoluto e quando não ocorria era buscada a eficiência dos trabalhadores que tentavam transformar esta vigilância em um vínculo com outra qualidade que encobria mas não retirava o caráter da vigilância. Esta era uma exigência colocada pela privação da liberdade — a liberdade um valor a ser cultivado como princípio (e... como exercício? A prática é o lócus onde ela se realiza). Ao mesmo tempo, havia o risco das fugas, dos enquadramentos e, portanto, a vigilância estava associada à segurança dos trabalhadores e dos próprios internos que corriam risco de morte em função do delito (homicídio de policial, por exemplo). Em muitos momentos foi possível unicamente assegurar a dignidade dos jovens internos — que é também o risco de transformar o aluno em um elemento passivo, de anular sua identidade; e, visando aproximar a prática institucional do discurso que a fundamenta e a sustenta, vimos tentando:

- abrir cada vez mais espaços para o contato do interno com a vida extra-institucional; as discussões com a assessoria da presidência da Febem sobre o uso de algemas por determinação do juiz, eram intermináveis;
- conceber o trabalho como forma de resgate da capacidade criativa do interno e não como "ocupação"; a possibilidade de participar na coletividade;

- não estabelecer modelos a serem adotados no que se refere à "regeneração", evitando uma perspectiva moralizante — o que é bom para a sociedade, visando a uma postura mais ética — o que é bom para o jovem. E os conflitos dos trabalhadores quando os delitos eram graves (por exemplo, o estupro de crianças).

A multidisciplinaridade como forma de trabalho — podemos pensar que em um trabalho institucional, a concepção de multidisciplinaridade ganha outra dimensão, que tenta superar a idéia de que ela é importante por si, porque conjuga maior número de diferentes profissionais para atuar em um mesmo problema, no qual o sujeito seria avaliado por diferentes especialidades (mantendo-se a fragmentação); e garantir que a multidisciplinaridade deve trabalhar no sentido de conjugar contribuições específicas para a conformação de um campo de análise e intervenção **transdisciplinar**, isto é, na medida em que atuamos com um fenômeno que é decorrente de uma multiplicidade de fatores e determinantes, no qual a conjugação destes determinantes cria um fenômeno diferente, novo, deveríamos pensar se a intervenção necessária a essa realidade não pressupõe a conjugação de diversas teorias, tipos de intervenção para a produção de efeitos neste campo de trabalho.

Esta tarefa é um desafio a ser enfrentado e que começa a ser desenvolvida ainda muitas vezes dentro da concepção mais tradicional de multidisciplinaridade.

A abordagem grupal e individual como complementares e não-excludentes — a abordagem se desenvolve em ocasiões mais formalizadas — atendimento pelos diversos especialistas — e, paralelamente a isto, também ocorre em todas as práticas institucionais; as conversas informais, com funcionários — principalmente, monitores e inspetores que estão em contato mais direto com os jovens — e alunos ou grupos de alunos. As práticas educacionais e terapêuticas perpassam todas as relações; a convivência é, também, uma proposta educacional — e isto se remete, inclusive, à manutenção da identidade de cada um dos internos.

A não-planificação do cotidiano apenas pela abordagem científica — o cotidiano como o lugar onde ocorre a vida, a surpresa e, ao mesmo tempo, como o espaço privilegiado da intervenção educacional e terapêutica. O fundamento desta concepção está em Agnes Heller, que considera o cotidiano como "o lugar onde se constrói a história" (1972: 20). A psicanálise também auxiliava na leitura do cotidiano: suas tensões, nós, lacunas e para termos uma distância que nos permitisse ter o cotidiano como objeto de reflexão, a equipe técnica contratou um supervisor[12] especialista em análise institucional.

É preocupação desta unidade garantir uma abordagem científica tanto na compreensão do fenômeno com que se trabalha quanto na forma de intervenção junto ao mesmo. Neste sentido, busca-se organizar os programas, atividades, o cotidiano com base em alguns pressupostos teóricos. No entanto, não só em função da complexidade mesma desse fenômeno — com seus inúmeros determinantes políticos, sociais, econômicos e culturais — mas, em função das diferenças de postura, de compreensão existentes no próprio conjunto de trabalhadores, e em função da própria imprevisibilidade das diferentes situações com as quais nos defrontamos, o cotidiano acaba se constituindo um campo de experimentação constante, sendo imprescindível que essa experimentação passe posteriormente por critérios de avaliação e de teorização necessários à realimentação da própria prática, subsidiando assim futuras intervenções mais clarificadas do ponto de vista teórico e de seus efeitos.

Objetivos

- Desenvolver, com os jovens, condição para a elaboração de um projeto de vida que considere as conseqüências do tipo de inserção social que escolhe. Portanto:
  - inexistência de um padrão do que é recuperação; isto revelava a própria crítica dos trabalhadores ao modelo instituído de funcionamento social;

---

12. O supervisor contratado foi Gregório Barenblitt, psicanalista argentino.

- não tratar a questão da delinqüência desde uma perspectiva moralizante; superar o senso comum;
- tentativa de não-penalização da conduta institucional, isto é, da rebeldia, do inconformismo, da reivindicação.
* Oferecer condições mínimas e concretas para o início de outro estilo de vida pós-institucional: trabalho, estabelecimento de novos vínculos e associações.
* Recuperar o significado da **palavra** como instrumento de comunicação com o outro, da conquista individual e coletiva, como canalização adequada da agressividade do jovem.
* A palavra, a voz, como poder de configurar um espaço coletivo dos jovens e trabalhadores.
* Estabelecer um espaço coletivo de trabalho com funcionários, independente de setores, que assegure o planejamento, execução e avaliação dos programas desenvolvidos na busca de construir uma postura e proposta educacional hegemônica. As formas organizativas — reuniões intersetores, reuniões gerais, assembléia geral mensal — de funcionamento institucional demonstraram ser eficientes na tentativa de estabelecer um padrão mais homogêneo de conduta entre todos os trabalhadores — do porteiro ao diretor.
* Desenvolver a capacidade produtiva e criativa dos internos em oposição à prática destrutiva e de expropriação que caracteriza o estilo de vida.
* Desenvolver idéia do trabalho como realização pessoal e coletiva, como forma de inserção social crítica, como estratégia fundamental de resgatar a identidade com sua origem social. Uma das descobertas que começou a se gestar neste período e se consolidou em trabalho posterior foi que a matriz de identidade é uma matriz cultural, o que implicava a superação de uma concepção psicologizante.
* Desenvolver o sentido do grupo — o coletivo — como continente do encaminhamento de conflitos, reivindicações, solu-

ções de dificuldades para os trabalhadores e para os jovens. O desenvolvimento deste modo de operar nas intervenções do cotidiano tinha como finalidade construir uma convicção de que o coletivo é uma esfera participativa imprescindível na vida social e esta convicção é uma condição para assimilar outras habilidades, valores, representações sociais que facilitam a integração social; e, ao mesmo tempo, ter a experiência de padrões mais cooperativos, solidários e produtivos de convivência em oposição às experiências predominantes de competição, rivalidade, destrutividade.

- Estar atento e questionar a relação de poder que se estabelece, na trama do cotidiano, entre interno-interno, funcionário-funcionário e entre funcionário-interno.

- Desenvolver um atendimento terapêutico intensivo — psiquiatria, psicologia, terapia ocupacional — com os casos "críticos". Não se configurava como psicoterapia e não eram, necessariamente, atendimentos individuais.

- Abordar o cotidiano, as relações informais como terapêuticas. Na UE-15 havia o embrião desta concepção.

- Conceber toda e qualquer atividade e programa como passível de contribuição de diferentes especialistas e setores de trabalhadores. Tentativa de superar a definição mais tradicional de especialidade que ocorre pela reserva de atividades.

Estratégias e programas

Com internos:
- a recepção do jovem, feita por diferentes setores da casa e que envolve o conhecimento da rotina, disciplina, o exame médico imediato e o atendimento pelos diferentes setores na primeira semana de permanência e o encaminhamento para as

atividades obrigatórias segundo interesses e habilidades. Este programa de recepção, que permitia conhecer, de diferentes pontos de vista — médico, social e psicológico — o adolescente que chegava, e também permitia a ele conhecer o ambiente institucional — mostrou-se importante e necessário;

- trabalho obrigatório e remunerado — prestação de serviços: rouparia, alfaiataria, limpeza da área de convivência, jardinagem, cerâmica, biblioteca e serviços de terceiros;
- escolarização obrigatória: alfabetização ou supletivo e educação física. A alfabetização ocorria na unidade. Havia um interesse real dos poucos analfabetos ou semi-alfabetizados em aprender. A educação física ou atividades recreativas esportivas eram extremamente importantes considerando as características de desenvolvimento físico dos internos e o espaço exíguo de circulação. Era um recurso em situações de tensão entre os jovens na unidade. Na UE-15, tinha uma finalidade de adestramento, e realizada à noite para que os adolescentes dormissem "melhor" (não se masturbassem);
- documentação;
- tratamento médico e odontológico — possibilidade de retirada das tatuagens. A maioria tinha tatuagens de "cadeia": caveiras, cruzes, "mãe";
- programa de desinternação:
    — localização de emprego e moradia
    — colocação e acompanhamento pós-institucional em todos os aspectos
    — envolvimento da inspetoria, monitoria e demais setores da unidade
    — pagamento do local de moradia nos três primeiros meses
    — cota de passes
    — enxoval mínimo;

- grupo operativo com internos, centrado no cotidiano institucional — semanal (sextas-feiras). Havia uma ênfase nas atividades e situações de convivência que buscassem estabelecer padrões de conduta produtivos no coletivo institucional;
- reunião geral da unidade — trabalhadores e internos — mensal —, na qual se elaboram e se reavaliam as normas de convivência e o sistema punitivo;
- atendimentos individuais ou grupais pelos diferentes setores técnicos e/ou integrado entre setores, segundo definição do plano de tratamento específico conforme estudo de caso.

Com funcionários:
- grupos operativos para discussão dos aspectos relativos ao trabalho: relações com internos, demais funcionários, com a instituição, visando a desenvolver maior autonomia e produção do grupo — semanais;
- com inspetores — encontro coordenado pela psicóloga;
- com serventes — encontro coordenado pela psicóloga;
- com monitores — encontro coordenado pelo encarregado técnico (formação em pedagogia);
- com encarregado de turno — encontro coordenado pelo encarregado técnico;
- reunião semanal de equipe técnica;
- reunião semanal de estudo de caso com representantes da equipe técnica, monitoria e inspetoria;
- reunião entre setores — com representantes dos diferentes setores da unidade para avaliação das dificuldades do trabalho, estabelecimento de metas, programas — quinzenal;
- assembléia geral dos trabalhadores da unidade — mensal. A ênfase em reuniões objetivava a capacitação em serviço, a formação de consenso, a democratização das relações.

Com famílias:

- visitas domiciliares;

- orientação quando do comparecimento da família à unidade ou quando é solicitada para tal finalidade. A família não era uma prioridade no trabalho. Nenhuma ênfase. Havia uma distância. Um dado empírico a ser visto com cuidado é que os jovens que voltavam para a família reincidiam mais rapidamente do que aqueles que iam para a pensão ou para outro local de moradia.

Avaliação

Consideramos um fator fundamental no desenvolvimento do trabalho a unidade ser pequena, isto é, ter capacidade reduzida de internos — 40. Isto possibilita um atendimento intensivo com cada um, no sentido de satisfação das necessidades individuais de abordagem e tratamento.

Por outro lado, observamos, no trabalho, necessidades de respostas que a teoria científica não nos provê, bem como a atividade de pensar "o fazer" corre o risco de ser tragada pelo ativismo do cotidiano, pelas inúmeras providências.

As questões que mais se evidenciam no sentido de construirmos respostas urgentes são:

- a sexualidade do jovem na instituição; as práticas homossexuais, com ou sem coação;

- as origens culturais do jovem, o resgate de suas raízes culturais; a matriz da identidade;

- a religiosidade em seus múltiplos aspectos e em especial a "identificação" com a figura do diabo; uma questão mais psicológica do que religiosa, como apontou padre Agostinho de Oliveira;

- uma proposta de alfabetização compatível com os princípios do trabalho e características da clientela; a importância de não infantilizá-los. O analfabetismo vivido como humilhação;

- a "contaminação" do trabalhador; os motivos pelos quais o trabalhador "escolhe" este trabalho: as identificações e projeções;

- a penalização da conduta — o não-educar para a conformidade à instituição, mas para a vida extra-institucional; portanto, o risco permanente de punir o comportamento reivindicativo e então usar o poder de modular a "pena" para dar ou não a liberdade, tendo a conduta institucional como critério; um risco permanente;

- superar o risco da prática empirista na abordagem do fenômeno da delinqüência; estudar, pesquisar;

- o saber trabalhar o momento delicado de conflitos e angústias que alguns jovens vivenciam quando se deparam com a possibilidade das alternativas — ser decente ou ser malandro — na construção de um projeto de vida; rupturas, perdas, desorganização pessoal e de suas referências de identidade;

- as limitações com as quais nos defrontamos quando se constata que a instituição, a vivência institucional está prejudicando o jovem; e aí há um limite que nos transcende, está relacionado com o Poder Judiciário;

- as dificuldades de romper, frente ao Poder Judiciário, com sentenças baseadas em pareceres técnicos anteriores que configuram um mau prognóstico para o jovem;

- o "despreparo" do jovem para um estilo de vida mais adequado às leis da cultura: o desconhecimento da cidade, o desconhecimento e não-uso das instituições da comunidade, as dificuldades de planejamento pessoal;

- a dependência da instituição (unidade/Febem), tanto mais presente quanto mais longo o período de institucionalização, principalmente naqueles que foram internados como abandonados:[13] a dificuldade de romper os vínculos afetivos;

- a necessidade de rever a proposta de profissionalização: cursos rápidos, em adequação ao mercado de trabalho e às características do jovem;
- a necessidade de criar condições para que o jovem estabeleça vínculos extra-institucionais, novas associações, para que rompa com os grupos de referências anteriores, mas não viva a condição de abandono e solidão.

E, finalmente...

Como torná-lo sujeito da História se estamos, ainda, tentando com ele reconstituir sua própria história pessoal?

Esta é uma referência clara às diretrizes educacionais da Febem, nas gestões de Maria Cecília Zillioto e Maria Ignês Bierrenbach, em que se propunha que o adolescente fosse sujeito da História. Na prática, esta diretriz exigia que pensássemos os "passos" para chegar até lá. Descobrimos, na prática, que o primeiro passo ou a condição para caminhar nesta direção é que o adolescente se aproprie de sua própria história pessoal — que começa pela constelação familiar, que muitos não conhecem!

Eric Hobsbawm afirma que a década de 80 marca o fim da Era de Ouro do século XX, que se caracterizou por um grande progresso em todas as áreas, embora desigualmente em muitos lugares do mundo. No Brasil, esta década foi considerada "perdida" do ponto de vista econômico; no entanto, do ponto de vista social e político, foi extremamente relevante: vivemos a anistia, a volta do irmão do Henfil, a "tran-

---

13. Ainda era comum a transferência de adolescentes, em função da conduta institucional, do circuito de abandonados para o de infratores. Na UE-20, o caso mais significativo foi de Osmair, internado na Febem com 6 anos, passou por várias unidades de abandonados e de infratores e foi transferido para a UE-20 (alta contenção) por condutas inadequadas (confronto com autoridade). Osmair desenvolveu dificuldades emocionais graves cujo sintoma era o autoflagelo. Um dia, após sua desinternação, retornou ao portão da unidade, queria voltar...

sição democrática", as diretas-já, novos partidos políticos, a organização dos trabalhadores, a assembléia constituinte, a elaboração de uma nova Constituição.

E, os setores mais avançados da sociedade que atuavam na área da infância e juventude se mobilizaram para a construção de um novo instrumento jurídico garantidor dos direitos de cidadania para todas as crianças e adolescentes brasileiros, o ECA — Estatuto da Criança e do Adolescente.

Nesta conjuntura política são produzidas novas formas de pensar a prática social no campo da saúde, da educação, do atendimento à infância e juventude, que vivem as diferentes condições de vulnerabilidade. Neste sentido, o relato da intervenção realizada em meados desta década revela uma proposta de aceitar o desafio de pensar e realizar outras práticas junto ao adolescente e jovem autor de ato infracional. A implementação da proposta mostrou que isto era possível se a equipe de trabalhadores concilia clareza política, competência técnica e reflexão permanente sobre os aspectos pessoais que sustentam a prática de cada um neste trabalho exaustivo junto a adolescentes e jovens privados de liberdade, que viveram a violência como vítimas e a atualizam como agentes de violência.

A história de Sérgio em seu percurso biográfico e particularmente na trajetória pela instituição Febem acaba por revelar, ao mesmo tempo, o paradoxo deste desafio: a potência e a impotência. A realização do saber até o limite de cada um dos personagens-técnicos-cidadãos. A dificuldade de compreender. Não é possível nem ao menos dizer com alguma convicção quem é Sérgio se suportamos a angústia de não saber. Agora, não mais.

5

"Um minuto de silêncio pelos estudantes que morreram (...) um minuto de silêncio pelos estudantes que os mataram"*
Década de 90

O caso de Rafa, a classe média vai à Febem

Abril de 1997. Os pais de Rafa são casados há 24 anos. Ambos têm 45 anos. São funcionários públicos estaduais, na área da assistência social, no interior do Estado de São Paulo. A renda de ambos é em torno de quinze salários mínimos. Optaram por ter apenas um filho "devido às várias mudanças de residência por causa do trabalho",[1] justificam. São da cidade de São Paulo, moraram em uma cidade grande do Interior, onde Rafa nasceu, passaram por outra, e há

---

* Retirado do romance *Doze* de Nick McDonell (2004: 9). A frase, na íntegra é: "Levantemos todos e façamos um minuto de silêncio pelos estudantes que morreram. E façamos um minuto de silêncio pelos estudantes que os mataram".

1. Todos os dados do caso Rafa foram retirados do prontuário da Febem-SP, cedido pelo presidente com vistas a estudo por um grupo da área de saúde mental sobre psicoterapias para adolescentes em privação de liberdade, em janeiro de 1999.

11 anos estão nesta cidade. O pai tem curso universitário, a família "tem bom nível socioeconômico e cultural".

Rafa "...não apresenta problemas sérios de comportamento. Tem bom relacionamento com os amigos, não é pessoa agressiva e mantém um bom grupo de amizades. Nunca teve envolvimento com drogas e não tem vício algum. Apresenta ótimas notas na escola; ele próprio (Rafa) escolheu o curso que está freqüentando e está na expectativa das aulas mais práticas que iniciam no próximo ano". Esta é a apresentação de Rafa feita pelo pai. É o filho que ele conhece.

O adolescente — Rafa — tem 15 anos, em 1997. Está no 1º ano do Curso Técnico de 2º grau de Processamento de Dados, em escola particular — sempre freqüentou escolas particulares — com bom rendimento, não trabalha.

Neste momento, o primeiro, em que se busca a compreensão do adolescente, a mãe não fala. Ela está "sedada". É o pai quem diz.

O pai continua: "ele sempre foi um filho responsável e estudioso. Apresentou alguma alteração no comportamento durante a 8ª série (ano anterior), com queda de rendimento em duas matérias, mas conseguiu ser promovido. A mudança de escola foi positiva, pois tem demonstrado maior interesse no curso que vem freqüentando".

Este pai não consegue compreender o que ocorreu no dia 23 de abril. Rafa "sempre se comportou normalmente, tem vários amigos, é bom aluno e bom filho. É afetivo com os pais, mas se aproxima mais de sua mãe".

A escuta deste pai é feita pela psicóloga da Vara da Infância e Juventude.[2] Ela também ouve Rafa que diz ter sofrido agressão da polícia quando entrou na cadeia no dia anterior e diz ter comentado o fato com o pai e o advogado... Reclama do ambiente carcerário: "foi terrível passar a noite toda acordado com os presos falando no meu ouvido e ameaçando"; a respeito do relacionamento com os pais diz

---

2. Instância do sistema de justiça que substitui, a partir do ECA, o antigo Juizado de Menores.

"conversamos bastante", sobre o delito conversou com o pai e "ele não se conformou com o que eu fiz" e "eu também não acreditei que pudesse fazer isto; na televisão é uma coisa e com a gente é outra". Ele também não compreende: "na televisão é uma coisa e com a gente é outra". Será que Rafa está nos sinalizando algo sobre os efeitos midiáticos na formação das novas gerações que ainda não se compreende? Ou ele está falando de uma dificuldade de discriminar realidade e fantasia? Será o "sinal", sintoma de uma disfuncionalidade importante?

O técnico faz as entrevistas e aplica teste de inteligência, testes gráficos e projetivos de personalidade; tentativas de compreender. O estudo psicológico fala de um adolescente "(...) com conflitos de identidade — quais conflitos? De quais aspectos da identidade? A adolescência é marcada, em uma concepção psicológica, por conflitos. Quem sou eu? Isto não diferencia o adolescente. O que pode diferenciá-lo é dizer dos conteúdos dos conflitos que revelam o lugar e o modo como está no mundo e na relação consigo mesmo. O conflito além de ser um aspecto constitutivo do viver humano, que se exacerba em determinados momentos da vida, não caracteriza um estado de anormalidade ou de patologia (...) dificuldades com relação ao corpo — segundo vários estudiosos da adolescência (Aberastury, 1981; Outeiral, 1998), as dificuldades com o próprio corpo e com a imagem corporal são características da adolescência, considerando as intensas modificações típicas deste momento — a perda do corpo infantil. É importante lembrar que, nos debates sobre a adolescência, algo com que todos os autores e abordagens concordam é sobre o seu início, ou seja, ela se inicia com as intensas modificações orgânicas (puberdade) — (...) não aceita o meio em que vive — a família, os amigos? — (...) manifesta desejo de ajudar, colaborar com a família para ajudá-la a sair da pobreza — de qual pobreza o adolescente fala? O rendimento familiar (quinze salários mínimos) o situa bem acima da linha da pobreza. Ou ele se refere ao ganho como incompatível com o desejo de consumo de objetos, ícones de pertencimento a um grupo, uma tribo, e impossíveis de serem todos consumidos porque passam velozmente diante dos olhos; ou... — (...) é extremamente inteligente — impossível não lembrar de Luiz e de Sérgio

— não se sente amado em sua família, sente-se um estrangeiro... sente necessidade de pertencer à sua 'tribo' — qual tribo? Ele se refere à sua identidade: uma pista — (...) é pessoa que possui estrutura de personalidade basicamente neurótica, com núcleos psicóticos, *como qualquer pessoa normal...*" (o grifo é meu). A generalidade da informação não elucida nenhum aspecto da história do adolescente. Permanece enigmático.

Uma indicação que se repete é que o adolescente se beneficiaria de um processo psicoterápico e que os pais necessitam, também, de um apoio psicológico neste "momento difícil". É raro encontrar esta preocupação com a família do agressor — embora muitos casos pudessem se beneficiar deste atendimento, particularmente no que tange a dar uma retaguarda para a família reassumir novamente o convívio com o filho adolescente. Neste caso, é possível hipotetizar que o nível socioeconômico da família mobiliza uma identificação dos técnicos que trabalham com o caso pela proximidade de origem e pertinência social. A proximidade excessiva, a identificação também impede de ver, compreender. É importante destacar que a vítima e sua família "desaparecem" do discurso de todos, inclusive do promotor. A família de Rafa se impõe na cena pelo olhar dos técnicos. Estamos diante de um fenômeno que não é mais possível encobrir: os filhos da classe média envolvidos com a Justiça.

Um episódio que, também em 1997, suscitou interesse e repercussão na mídia por conta de envolver um adolescente e três jovens de classe média foi o caso Galdino, índio pataxó queimado em Brasília.

O relatório psicológico, a ser encaminhado para o promotor e juiz, conclui solicitando que seja feita uma avaliação psiquiátrica. A dificuldade em compreender. O psiquiatra solicita que sejam feitos uma tomografia e um exame neurológico para que possa dar o parecer. É solicitado a "CT de crânio"[3] para o diagnóstico. Este diagnóstico nunca é feito ou não está documentado.

---

3. Tomografia computadorizada.

Os pais buscam, através de sua rede de relações na Secretaria de Estado, que Rafa seja transferido para uma instituição própria a adolescentes em outra cidade. Há um não-dito e tampouco documentado sobre o motivo da transferência para outra localidade enquanto aguarda a sentença do juiz — é possível supor que esteja relacionado com o tipo de delito... com a segurança pessoal do adolescente ... com a tentativa de não haver uma exposição da família e do adolescente.

O juiz, desde o primeiro momento, havia determinado "(...) internação provisória na Febem, diligenciando-se a sua pronta transferência... Nesse ínterim, permanecerá aguardando a transferência na delegacia local, em dependências separadas dos demais detentos, sob vigilância e imediata responsabilidade de autoridade policial". Os técnicos do fórum também se mobilizam para transferi-lo provisoriamente para outra cidade. Não é possível a transferência e o motivo alegado pelo juiz da outra comarca é a regionalização do atendimento.

Em 27 de maio de 1997, o juiz da 2ª Vara Criminal da Infância e Juventude da comarca onde reside a família determina sua internação como medida socioeducativa considerando que se havia cumprido todos os procedimentos legais — representação, internação provisória, apresentação e oitiva do adolescente (inclusive pelos técnicos da Vara), declaração dos responsáveis, oportunidade de defesa em audiência, complementação da prova oral (testemunhas), debates, análise da prova pelo promotor — a vítima aparece nos laudos cadavéricos — quanto à apuração dos fatos ocorridos em 23 de abril em que o adolescente "discutiu com..., por causa da referência dela à sua namorada ('vagabunda'), e acabou arrancando-lhe as vestes, introduzindo-lhe o dedo na vagina, para, afinal, golpeá-la, primeiro com um canivete, depois com uma faca de cozinha, produzindo nela os ferimentos descritos no laudo do corpo de delito, dos quais sobreveio a morte da vítima".

Na fundamentação da sentença, o juiz afirma: "(...) trata-se de atos infracionais graves, consistentes em atentado violento ao pudor e no homicídio de (...)".

A vítima era prima de Rafa, tinha 13 anos, era sua confidente, morava há três meses na cidade, "uma pessoa de quem gostava muito".

O juiz descaracteriza o atentado violento ao pudor "(...) por falta de prova da libidinosidade no ato praticado por... (pois) questionado a respeito do que sentia quando arrancou as vestes da prima e enfiou-lhe o dedo na vagina, ele respondeu que não tinha nenhum desejo sexual; sentia só raiva. Isso encontra suporte e explica os inúmeros golpes de armas brancas, desfechados na seqüência". Os assinalamentos dos psicólogos quanto às dificuldades do adolescente com seu próprio corpo desaparecem a partir do momento em que o juiz descaracteriza o ato como libidinoso. O juiz conclui, afirmando que, no cumprimento da medida socioeducativa, "deverá receber tratamento psicológico, além das avaliações neurológicas e da tomografia que lhe foram prescritas".

No dia 6 de junho, Rafa chega na UAI (Unidade de Atendimento Inicial) — porta de entrada do circuito de infratores da Febem, localizada na cidade de São Paulo — e é imediatamente encaminhado para a UAP-6 (Unidade de Atendimento Provisório). Em atendimento, com técnico de plantão, "é orientado a manter sigilo do ato infracional para não ser discriminado e prejudicado pelos demais internos". A técnica de plantão no atendimento inicial registra na ficha de entrada que "durante toda a entrevista (Rafa) quer saber de seus privilégios. Demonstra egoísmo (!!)"... No mesmo dia, como medida cautelar **(segurança pessoal)**, é transferido para uma das unidades do Complexo Imigrantes. A unidade para a qual foi transferido havia sido recém-implantada e para lá eram, segundo o diretor, encaminhados os meninos de classe média que entravam no circuito de infratores da Febem-SP. Esta unidade era considerada a "vitrine" da instituição: destacava-se positivamente no conjunto das unidades pela proposta educacional elaborada e implementada pelo próprio diretor, que propunha para os adolescentes o cumprimento da medida socioeducativa em "estágios" que se caracterizavam pela passagem por três casas, progressivamente, o que significava maior autonomia e maior inserção na comunidade. Posteriormente, este diretor foi dirigir o Complexo Tatuapé e esta unidade foi transferida para o prédio do SOS Brás onde, em 2002, funciona a UIP (Unidade de Internação Provisória), e nunca mais se ouviu falar dela.

Em 4 de julho, a unidade solicita ao juiz da comarca autorização para o adolescente participar das atividades educacionais, culturais, recreacionais, religiosas, fora da unidade, como parte de sua proposta de trabalho. O juiz não responde ao primeiro, mas responde ao segundo ofício da unidade, concordando, desde que acompanhado por monitores e técnicos da mesma.

Em setembro, o juiz do DEIJ (Departamento de Execuções da Infância e Juventude), que acompanha a execução das medidas socioeducativas na área de infratores no Estado de São Paulo, solicita relatório técnico que é encaminhado no mês seguinte, no qual se destacam "(...) tem bom relacionamento com os funcionários e demais internos — assim como Luiz e Sérgio, a conduta institucional é extremamente adequada —, não apresentando qualquer atitude que o desabone até o momento (...) vem participando do curso profissionalizante na Estação Experimental da Lapa, de Iniciação à Informática, na parte da manhã — o local do curso, na zona oeste da cidade, é bastante distante da unidade que ficava na Rodovia dos Imigrantes, localizada na zona sul. Estas oficinas são freqüentadas também por adolescentes e adultos do bairro — e curso de reparador de eletrodomésticos, junto ao Centro de Formação José Gomes, ligado à prefeitura desta cidade, no período da tarde, empenhando-se em alcançar bons resultados, revelando interesse e dedicação (...) faz psicoterapia semanal através de convênio com a Faculdade de Saúde Pública (...) Com relação aos familiares, (...) realizam visitas assíduas nos dias estipulados, demonstrando atenção e predisposição em auxiliar o adolescente no que for necessário (...) esta família participa da atividade mensal proposta pela unidade de 'Confraternização dos Familiares'".

Em novembro, a unidade solicita ao juiz que Rafa seja autorizado a passar os finais de semana com a família, o que acaba ocorrendo. Nunca há problemas nos retornos. No final de ano, permanece com os pais no período de festas. O ano é 1997.

A unidade encaminha novo relatório, em fevereiro de 1998, solicitando que a medida de internamento seja transformada em liberdade assistida, fundamentando que há o respaldo familiar e, inclusive, a mãe, promovida no trabalho, irá morar em (...) onde a família pretende comprar casa própria e residir, com Rafa, no sentido de facilitar "sua reinserção na vida social". É reafirmada sua boa conduta institucional, a continuidade de seu tratamento psicoterápico semanal e concluindo: "Excelência, os motivos que levaram (...) (Rafa) a infracionar até o momento são de **difícil detecção**, — o motivo do crime pode ser algo que fica no lugar do não-capturável, do indizível, daquilo que ainda não é palavra — pois no período que está aqui internado observamos seu comportamento e desenvolvimento empiricamente, *suas atitudes e ações não sugerem condutas agressivas ou violentas, nada que justifique, até o momento, comportamento ou psicopatologia que comprometem o convívio social*" (o grifo é meu). É difícil compreender. Drauzio Varella, médico e estudioso do cárcere, relata em um artigo de jornal:[4] "A revisão dos estudos científicos já publicados permite identificar três fatores principais na formação das personalidades com maior inclinação ao comportamento violento: 1) crianças que apanharam, foram abusadas sexualmente, humilhadas ou desprezadas nos primeiros anos de vida; 2) adolescência vivida em famílias que não lhes transmitiram valores sociais altruísticos, formação moral e não lhes impuseram limites de disciplina; 3) associação com grupos de jovens portadores de comportamento anti-social... Só teremos tranqüilidade nas ruas quando entendermos que ela depende do envolvimento de cada um de nós na educação das crianças nascidas na periferia do tecido social". A citação é oportuna porque o autor é uma referência na mídia e, portanto, seu artigo sintetiza um ponto de vista científico que é disseminado formando opinião pública. E, neste artigo, mais uma vez: a associação criminalidade-pobreza e a solução da criminalidade pela escolarização. Quanto ao Rafa, em qual destas ou da combinação destas três alternativas ele se enquadra? No que isto ajuda a compreender este adolescente?

---

4. *Folha de S.Paulo* de 9/3/2002, artigo assinado na página E10.

O juiz não responde.

Em 1998, houve, de janeiro a julho, 656 fugas na Febem-SP (Vicentim, 2002).

Novo relatório técnico é encaminhado em julho, reiterando as informações do anterior. Neste mês, tem nova saída de três dias com a família.

Nenhuma manifestação do juiz. Em 15 de outubro, ele solicita avaliação psiquiátrica, encaminhada pela unidade em 26 de outubro, na qual consta que "(o adolescente) declarou ter tido um 'branco na cabeça', no momento do crime (...) — um "vácuo" da consciência? Um despertencimento? O conteúdo a ser pensado é inacessível — o adolescente não impressiona como infrator estruturado (...) Em processo de psicoterapia individual, encontra-se em fase de aquisição de conceitos éticos compatíveis, iniciando elaboração da culpa pelo ato cometido. Acredito, S. M. J. (Salvo Melhor Juízo), estar apto o adolescente a prosseguir seu tratamento em regime aberto, dando continuidade à terapêutica psicológica já em curso".

Passa as festas de final de ano com a família, já residindo em outra cidade.

Em janeiro de 1999 ainda estava na UE-18. Por isso seu prontuário está aqui[5].

No final do prontuário da Febem, como anexo, existem várias anotações manuscritas dos técnicos que acompanharam Rafa, seus pais, familiares mais distantes, e outros profissionais e serviços relativos ao atendimento de Rafa. Existem ali informações **importantes** que não constaram formalmente nos relatórios e pareceres técnicos sobre o adolescente.

A seguir uma síntese de algumas anotações extraídas dos documentos.

---

5. Este caso faz parte de um conjunto de 17 prontuários cuja análise produziu o documento *A psicoterapia para adolescentes em privação de liberdade: uma análise a partir do estudo de 17 casos da Febem-SP*, maio de 1999, mimeografado.

Em fevereiro de 1998, **manifesta vontade de conversar com os tios — pais da prima assassinada** — a assistente social registra que "acha" isto muito ousado. Na seqüência dos registros, algum tempo depois, tem o dado que a tia concorda. Rafa havia, também, tentado escrever uma carta para eles e "não conseguira se expressar" — falta a palavra que nomeia, falta a elaboração para não repetir como ato aquilo que ainda está inominável; há recursos intelectuais e afetivos para pensar, mas o conteúdo a ser pensado está inacessível, "como se" não tivesse sobre o que pensar — **incomoda-se em não poder dizer seu delito na unidade, "faz nove meses que vivo um teatro"** — de novo o não-dito; Joyce MacDougal, psicanalista inglesa, tem um livro com um título sugestivo, *Teatros do eu*, em que aborda a dramaticidade das cenas internas que, na ausência da palavra, expressam-se em sintomas aparentemente incompreensíveis; **em 17 de abril de 1998, a assistente social registra que a mãe irá conversar com o terapeuta do filho sobre sua origem. Ele é adotado.** Na entrevista anterior, havia contado a história da adoção de Rafa, com alguns dias de vida; era um segredo, o não-dito que se torna importante porque é importante para os pais; alimenta o estrangeiro na relação com o outro e dentro de si; **mudou da cidade onde o adotou e nunca contou a ele.** A adoção, pelo modo como a família lida com ela, tornou-se algo importante para compreender Rafa e, talvez, a prática do delito. **O jovem, no cumprimento da medida socioeducativa, voltou a freqüentar a 1ª série do 2° grau da escola regular,** — este dado consta de um bilhete de 30 de junho de 1998 de um monitor para o diretor da unidade, no qual estão registrados as notas escolares, seu comportamento e uma boa avaliação da diretora sobre o adolescente; **faz referência constante ao benefício da psicoterapia; os pais são acionados com freqüência pela unidade: consultas telefônicas, trazer as fotos para a inscrição na escola etc.** — novamente, a proximidade dos técnicos com os pais. Um empenho no envolvimento com a/da família do adolescente próximo da origem social do técnico.

A ausência destas informações nos relatórios e pareceres técnicos que circulam nas instâncias do Judiciário e na instituição executora da medida impede considerar quais são os critérios que os técnicos utilizam para triar e priorizar as informações e, também, por conseqüência, para compreender o adolescente, fazer os encaminhamentos etc. As informações posteriores, como a adoção de Rafa, certamente levam a uma re-significação de dados anteriores ou, pelo menos, a problematizar aspectos de seu funcionamento psíquico. Quando ele diz, na primeira entrevista, que "gostaria de ajudar a família que está na pobreza", de qual família ele está falando? De sua família de origem? A mãe diz que ele não sabe da adoção — ela nunca contou. Ele não sabe? Isto é importante? Mas agora ele sabe. Saber da própria origem é algo constitutivo da identidade do indivíduo, ao mesmo tempo, a teoria nos fala que quando há segredos, a necessidade de dar significado para um acontecimento importante da vida leva a preencher o não-dito com fantasmas. E também não há nenhuma anotação sobre as circunstâncias em que fica sabendo de sua adoção — através da assistente social? Através do terapeuta? Qual foi sua reação? Isto não necessariamente irá esclarecer o enigma mas poderia dar pistas para compreender Rafa.

O caso de Rafa e as circunstâncias em que foi usado para justificar a importância das psicoterapias para adolescentes autores de ato infracional — na época, inclusive como uma exigência do Poder Judiciário para desinternação ou atribuição de medida de liberdade assistida[6] — permitem considerar que há uma concepção bastante arraigada que coloca nos processos psicológicos os distúrbios da conduta social, particularmente quando se trata de adolescentes não-pobres, e, portanto, cabe à ciência PSI[7] a descoberta e o manejo de tais situações em uma função adaptativa ao mal-estar na civilização.

Onde está Rafa?

Poucos meses depois — outubro de 1999 — o Complexo Imigrantes, onde Rafa estava internado, viveu a mais violenta rebelião do sistema Febem e, na seqüência, foi implodido.

---

6. Assunto abordado em *A psicoterapia para adolescentes autores de ato infracional: o estudo de 17 casos da Febem-SP*, escrito por Auro Lescher, Patrícia Grandino, Maria Cristina Vicentim e Maria de Lourdes Trassi Teixeira, maio de 1999, mimeografado.

7. Ciência PSI: psicologia, psicanálise, psiquiatria.

No mês seguinte deste mesmo ano, Sérgio liderava uma rebelião no Anexo da Casa de Custódia e Tratamento de Taubaté — o presídio de segurança máxima do Estado de São Paulo. O PCC — Primeiro Comando da Capital — organização criminosa estava se constituindo.

Luiz estava concluindo as provas do seu livro *Memórias de um sobrevivente*, a ser publicado. Era um dos presos que trabalhava como monitor no Setor de Educação da Penitenciária Masculina da Capital.[8]

O adolescente autor de ato infracional em São Paulo: mudanças na fisionomia

No início da década de 90, a cidade de São Paulo tinha uma população de 1.756.374 na faixa etária de 10 a 18 anos de idade (IBGE, 1990). Rafa era um deles. **A pesquisa O adolescente na criminalidade urbana em São Paulo**[9] **abrangeu 3.893 adolescentes**[10] **de 12 a 18 anos, no período de 1993 a 1996, na cidade de São Paulo e estabeleceu como objetivos: "conhecer a magnitude da delinqüência juvenil e sua evolução recente", "caracterizar o perfil social do jovem infrator" e "avaliar a aplicação das medidas socioeducativas previstas pelo Estatuto da Criança e do Adolescente"** (Adorno, 1999: 12). O ministro da Justiça — José Gregori — na apresentação do texto afirma "(...) na cidade de São Paulo — onde está concentrado em termos absolutos o maior contingente de jovens envolvidos em atos infracionais..." (p. 5).

A pesquisa buscava responder a perguntas importantes neste momento em que a associação juventude-violência alcança um ponto de

---

8. Ver revista *Educação*, ano 26, n. 222, outubro de 1999, pp. 52-66.

9. A pesquisa foi realizada pelo Núcleo de Estudos da Violência da Universidade de São Paulo sob a coordenação do professor Sérgio Adorno em convênio com a Secretaria de Estado dos Direitos Humanos do Ministério da Justiça e publicada em 1999.

10. O universo pesquisado referiu-se a 6.343 ocorrências policiais que determinaram abertura de sindicância nas quatro **Varas Especiais** da capital — instância do sistema de Justiça da Infância e Juventude onde tramitam os processos dos adolescentes autores de ato infracional.

tensão: é real o crescimento da participação dos adolescentes na criminalidade urbana, particularmente em suas modalidades violentas? Os meios de comunicação, particularmente a televisão, espetacularizam casos de envolvimento do adolescente com o crime e fotos de meninos com armas 'pesadas' nos morros do Rio. Ocorreram mudanças no perfil deste adolescente envolvido com a criminalidade? É real que adolescentes com maior escolaridade estão se envolvendo com a prática de ato infracional? O adolescente de outros estratos socioeconômicos está se envolvendo com a prática do ato infracional? O poder público, executor das medidas socioeducativas, tem contribuído para conter as infrações praticadas por adolescentes? Ou tem colaborado para que os delitos fiquem mais graves e reiterados, os adolescentes mais violentos e a associação juventude-violência se estabeleça como uma mentalidade?

Para isto, a comparação com pesquisa anterior,[11] que cobria o período de 1988 a 1991, permitiria saber "sobre a evolução dessa delinqüência no tempo" (p. 12). Conhecer as transformações do fenômeno permite problematizar concepções, práticas que se mostram ineficientes. E superar alguns mitos, sendo que um deles é a histórica e sempre atualizada idéia que associa criminalidade e pobreza.

A pesquisa parte da constatação de que o fenômeno da adolescência e criminalidade é **universal**. Não é uma preocupação só das sociedades mais pobres ou que se caracterizam pela desigualdade social e por políticas que não conseguem assegurar direitos sociais fundamentais, como o Brasil. Está presente também em países nos quais os indicadores de desenvolvimento humano são extremamente positivos, como os EUA, Canadá, Inglaterra, França, Itália; assumindo lá como aqui contornos mais dramáticos em determinadas conjunturas histórico-sociais (Adorno, 1999; Peralva, 2000).

Para compreender esta associação e sua universalidade, os estudos e análises históricas e sociológicas esclarecem que o surgimento da adolescência — quer dentro dos discursos científicos ou na perturbação das

---

11. Realizada em parceria com a Fundação Seade.

relações no cotidiano das famílias e de outras instituições de pertencimento — é resultado de complexos processos de mudanças sociais na estrutura e organização familiar, que se iniciaram em meados do século XIX. É quando a família começa a se isolar e se instala a diferença entre público e privado; internamente, há uma formalização das funções e papéis que, posteriormente, é reforçada em função da inserção de seus membros no mundo do trabalho urbano industrial. Isso se acentua na segunda metade do século XX e se acresce o fenômeno da universalização do acesso à escola básica, alterando o padrão de necessidade (Ariès, Foucault, Hobsbawm, Postman).

Neste contexto, a adolescência é construída como problema fonte de preocupações sociais. A proteção e o cuidado destinado a eles se revela na redução de horário de trabalho, programas próprios de lazer e ocupação do tempo livre que dão origem às "culturas juvenis" — vários autores, entre eles Hobsbawm, citam como um elemento importante na formação da cultura juvenil, a criação dos campi universitários em que a convivência de grandes grupos de jovens vai produzindo um estilo próprio de viver — **vai propiciando ao adolescente que adquira cada vez mais autonomia, principalmente nas grandes metrópoles.** "Ele passa a ser reconhecido como portador de um querer próprio que precisa ser respeitado (...) escolha profissional, vestuário, consumo, lazer, iniciação e atividade sexual" (Adorno, 1999: 14). **Neste aspecto, as novas propostas de educação — na escola e na família —, que buscavam superar radicalmente práticas autoritárias e coercitivas sob as quais as gerações mais velhas haviam sido socializadas, auxiliaram para este novo clima de sociabilidade em que o valor é a autonomia.** Ao mesmo tempo, o mercado de consumo reforça a autonomia do "desejo" e trata progressivamente o jovem, o adolescente como consumidor independente da tutela das gerações mais velhas. **Também as novas tecnologias permitem, incorporadas com naturalidade pelas novas gerações, um trânsito pelo mundo que os torna possuidores de habilidades, conhecimentos que os pais e adultos não têm.** Hobsbawm (1995) afirma que os filhos têm pouco a aprender com seus pais. **Mas**

uma das expressões desta autonomia é vista como fonte de riscos: o envolvimento com o mundo do crime e da violência.

Já nas primeiras décadas do século XX — os EUA foram o precursor das teorias para buscar a compreensão deste fenômeno — constroem-se quatro grandes abordagens da delinqüência juvenil.

A primeira abordagem tenta verificar o quanto existe de mito ou realidade na associação entre o sentimento geral de insegurança, o medo social que em alguns momentos se exacerba, e os delitos praticados por adolescentes. A mídia exerce um papel importante alimentando, com notícias excepcionais, as representações sociais do binômio juventude-violência, estimulando campanhas repressivas ou medidas que restringem as liberdades individuais, como a da redução da idade penal. No Brasil, o primeiro Projeto de Emenda Constitucional propondo a redução da idade penal é de 1993 (PEC 171/93); no Estado de São Paulo, desde 1997, circula um abaixo-assinado do deputado Campos Machado sobre a redução da idade penal. Nesta concepção, os jovens são associados às imagens de irresponsabilidade, permissividade, negligência e são vistos como vulneráveis às más influências. E as práticas de contenção da prática do delito são de ordem repressiva e policial, o fenômeno é tratado na esfera da segurança pública, exclusivamente.

A segunda abordagem baseou-se em levantamentos de órgãos oficiais e pesquisas científicas quanto à evolução da delinqüência juvenil. Neste momento, há a hipótese de que o envolvimento de crianças e adolescentes com o crime vem aumentando, contribuindo para o aumento nos índices de violência. Os estudos nos EUA e na Europa têm demonstrado que esta hipótese se sustenta. Nos EUA, uma pesquisa sobre a violência epidêmica dos anos 90 revelou que cresceram as taxas dos adolescentes, particularmente entre 12 e 15 anos, como vítimas de violência no geral e, de modo dramático, aumentou a taxa de homicídio de adolescentes; assim como houve um aumento discreto (de 8% a 10%) no envolvimento de adolescentes com delitos graves. Portanto, os estudos revelam que a relação juventude-violência tem dupla face: como vítima e como agente de violência. No ano de 1995, o Brasil ocupa o 5º lugar no *ranking* mundial em mortes violentas[12] de adolescentes (76,3 por 100.000 jovens), após a Colômbia, Rússia, Venezuela e Estônia. Os EUA estão em 6º lugar. Quando o fator de mortalidade de adolescentes é exclusivamente o homicídio, o Brasil ocupa o 3º lugar no mundo, sendo que a taxa nacional de 35,1 das mortes violentas por homicídio de adolescentes, sobe para 41,8 nas capitais e 47,7 nas regiões metropolitanas (Waiselfisz, 1998: 125-133).

A terceira abordagem é a das causas. Os estudos do governo federal norte-americano identificam cinco conjuntos de causas: a) influências individuais — biografia pessoal: saúde mental, inserção em grupos (...); b) influências familiares — conflitos parentais, geracionais, iniciação sexual e gravidez precoces; c) influências escolares — aproveitamento escolar, participação ou não em programas de prevenção de drogas (...); d) influências do grupo de pares — inserção em gangues, quadrilhas, menor participação em atividades esportivas (...); e) influências da vida comunitária — presença em áreas que sediam o tráfico de drogas, o contrabando de arma, o comércio de produtos roubados, a prostituição. Este modelo de compreensão da delinqüência juvenil situa a responsabilidade no indivíduo, na família e/ou em sua comunidade de pertencimento. De certo modo, é uma ampliação da teoria da Cultura da Pobreza de Oscar Lewis, que abordava o ambiente cultural dos pobres como produzindo uma socialização divergente, criminogênica. A abordagem das causas tem, segundo os autores da pesquisa do NEV, implicações político-ideológicas porque não questionam, na produção da criminalidade, aqueles aspectos relacionados com a estrutura e organização da sociedade, ou seja, os aspectos econômicos, políticos e culturais. Ou, atualmente, o fenômeno da guerra, quando as atrocidades e crueldades são justificadas, banalizadas e constituem um ambiente cultural no qual as novas gerações nascem, crescem e se desenvolvem. Ou, a Arábia Saudita, "um reino

---

12. Óbitos por violência conjunta: acidentes de trânsito, homicídio e suicídio. Os dados constam da pesquisa da Unesco sobre o Brasil (Waiselfisz, 1998).

teocrático que proíbe encontros amorosos, cinemas, salões de concerto, discotecas, clubes, teatros e agremiações políticas e oferece poucas diversões, como museus, bibliotecas ou ginásios de esporte (...) espera-se que os jovens se enquadrem nas normas da tradição e da religião, apesar de seu contato com um mundo diverso que eles descobrem na televisão via satélite, nos telefones celulares, na Internet e nas onipresentes manifestações da cultura americana em centros comerciais (...) tem 65% de sua população com menos de 25 anos e assiste uma **rebelião dos entediados**: os jovens enfrentam a polícia, molestam as mulheres e provocam confusão"[13].

Os demógrafos chamam a atenção para a importância da "onda jovem" detectada na década de 1990, "quando, como resultado de uma dinâmica demográfica prévia, os grupos etários entre 15 e 24 anos experimentam um crescimento excepcional" (p. 17). Este grande contingente "produzirá" uma série de novos fenômenos — novos padrões de relação amorosa, de convivência, demandas no mercado de trabalho, produção cultural etc. — que influenciarão políticas sociais e programas específicos de atendimento. Esta onda de jovens também estará na dianteira de problemas como a delinqüência, consumo de drogas (p. 16). São aqueles que romperam com os valores da tradição, da história — o fenômeno mais importante da passagem de século e do milênio, segundo Hobsbawm (1995).

A quarta abordagem é a partir das políticas públicas de controle social. Há duas grandes tendências no mundo. Uma delas procura incorporar, nas legislações locais, as diretrizes e normativas da legislação internacional que se destinam aos governos e à Justiça especializada em infância e juventude, no caso do Brasil, o ECA, as Varas da Infância e Juventude e a Vara Especial para adolescentes autores de ato infracional. Estas normativas recomendam, entre outras coisas, a participação da sociedade civil; há uma ênfase na prevenção, nas medidas de meio aberto. O Brasil, com o Estatuto da Criança e do Adoles-

---

13. *O Estado de S.Paulo*, 24/2/2002, Internacional, A19.

cente, coloca-se entre os países do mundo com a legislação mais avançada, na área da infância e juventude — são sujeitos de direitos. A outra tendência refere-se a pressões no sentido de reverter as políticas liberais no tratamento do adolescente envolvido com o delito. Tanto nos EUA como na Inglaterra se intensificaram as medidas de contenção e a França, **país de referência na abordagem e tratamento da questão da delinqüência juvenil**, debate a substituição das políticas preventivas por políticas de redução de riscos (p. 17). No Brasil, esta tendência se revela na dificuldade de implementação da lei. Uma dificuldade presente no Judiciário, no Legislativo e no Executivo e que revela posições retrógradas no trato da questão. O presidente da Febem-SP afirmou, em 26/12/1995: "o antigo sistema de internação nos grandes complexos públicos demonstrou ser inadequado, deformador de personalidade e, além de tudo, economicamente inviável..."[14].

O mapeamento do atendimento socioeducativo ao adolescente autor de ato infracional em todo o país realizado pelo Departamento da Criança e Adolescente do Ministério da Justiça, no ano de 1997 e publicado em 1998, destaca São Paulo como um dos três Estados brasileiros — os outros são Rio de Janeiro e Rio Grande do Sul — pelas más condições de atendimento ao adolescente autor de ato infracional no que diz respeito ao espaço físico das instituições de cumprimento da medida socioeducativa de privação de liberdade. O levantamento de dados referia-se inclusive aos grandes internatos que permaneciam em flagrante desacordo com o ECA e com as deliberações do Conanda — Conselho Nacional dos Direitos da Criança e do Adolescente.

A pesquisa **O adolescente na criminalidade urbana no município de São Paulo** mostra mudanças significativas no período de 1993-96 em comparação ao período de 1988-91. A comparação permite constatar que há um aumento percentual das lesões corporais (11,70%) e dos roubos, e diminuição dos furtos. Embora o homicídio tenha grandes repercussões, é pouco significativa sua ocorrência (1,30%). As

---

14. Artigo publicado no jornal *Folha de S.Paulo*.

infrações contra o patrimônio cobrem 51,1% do total, em meados da década de 90.

Tabela 1
Distribuição das ocorrências policiais que envolvem adolescentes infratores, segundo a natureza da infração no Município de São Paulo — 1988/91 e 1993/96

Natureza	Ocorrências policiais (%)	
	1988/91	1993/96
Total	100,00	100,00
Contra a pessoa		
Homicídio	—	1,30
Tentativa de homicídio	—	0,60
Seqüestro	0,10	0,00
Lesão corporal	6,80	11,70
Contra o patrimônio		
Furto	23,00	18,40
Tentativa de furto	6,90	7,60
Roubo	15,60	19,00
Roubo seguido de morte (latrocínio)	0,30	0,50
Tentativa de roubo	2,30	4,20
Estelionato/tentativa	1,40	1,40
Contra a paz pública		
Membro de quadrilha ou gangues	0,20	0,20
Contra a incolumidade pública		
Uso de drogas	—	0,70
Porte de drogas	—	3,60
Tráfico de drogas	0,70	2,90
Contra os costumes		
Estupro/tentativa	0,60	0,70
Atentado violento ao pudor	—	1,00
Outros atos sexuais	—	0,50
Outras ocorrências		
Porte de armas	6,90	4,40
Dirigir sem carteira de habilitação	9,40	6,50
Diversos	17,80	14,80

Fonte: Poder Judiciário/Varas Especiais da Capital; convênio Fundação Sistema Estadual de Análise de Dados (Seade)/Núcleo de Estudos da Violência da Universidade de São Paulo (NEV).

Segundo Adorno, "este perfil de delinqüência juvenil acompanha tendências mais gerais". Assim, nos EUA, em 1993, do total de infrações, 29,35% eram contra o patrimônio e 0,16% era homicídios.

Na Inglaterra, predominam também os crimes contra a propriedade, os crimes violentos cresceram mais na última década e, a partir de 1985, aumentou o registro de casos de consumo de drogas. O envolvimento dos adolescentes de classe média com o consumo de droga também se observa no Brasil, desde a década de 80.

Na França, um país que se destaca no mundo pela ênfase nas ações preventivas e não-repressiva, em 1996, enquanto a criminalidade em geral decresceu em 3%, a criminalidade juvenil cresceu em 14%. Neste país, as comparações no período de 1974 a 1995 mostram que as infrações contra o patrimônio são sempre as de maior incidência e se mantiveram estáveis nestas décadas; no entanto, chama a atenção, pelo crescimento significativo, as destruições com o emprego de meios perigosos (como incêndios) que passaram de 23,3% (em 1974) para 40,7% (em 1995); o roubo com uso de violência cresceu de 19,8% para 30,9%; o porte de armas de 8,3% para 14,2%; agressões e ferimentos de 7,2% para 12,2% e os homicídios de 5,5% para 7,1%.

No Brasil, o autor afirma ter poucas pesquisas sobre as tendências da criminalidade dos adolescentes. No Rio de Janeiro, Simone G. Assis (1999), pesquisadora da Fiocruz, relata que as infrações de adolescentes passaram de 2.675 ocorrências em 1991 para 3.318 em 1996: decresceram os crimes contra o patrimônio, aumentou expressivamente o envolvimento de adolescentes com drogas, sendo que 70% mantêm algum compromisso com o tráfico.

Em Ribeirão Preto, pólo de desenvolvimento econômico do Interior do Estado de São Paulo, pesquisa realizada no período de 1974 a 1996 constatou que as infrações contra o patrimônio sempre foram em maior número — em 1974, correspondiam a 28,9% e em 1996, eram 51,16%. E constatou que "o roubo e extorsão aumentaram 6,7 vezes; o uso e porte de drogas aumentou 4,2 vezes; a lesão corporal culposa aumentou 1,38 vez e o *tráfico de drogas aumentou 23,75 vezes*" (o grifo é meu).

Ao abordar a prática de ato infracional por adolescente, particularmente a prática do homicídio em que se constata que a população superestima a participação dos adolescentes em função de episódios transformados em espetáculos, é necessário retomar o aspecto em que o adolescente aparece no outro pólo: como vítima. O autor cita o estudo de Prado Jorge (1998) demonstrando que, no município de São Paulo, na faixa etária de 15 a 19 anos, para o sexo masculino, a mortalidade por homicídio aumentou de 21% para 71%, no período de 1965 a 1995. E, se o período comparado for de 1960 a 1995 (35 anos), o homicídio como causa de mortalidade do adolescente (15 a 19 anos) salta de 9,6 para 186,7 por 100 mil habitantes, isto representa um crescimento da ordem de 1.800%. No Interior do Estado, os índices são menores, indicando que este é um fenômeno típico de grandes cidades como o município de São Paulo, "a cidade que vive simultaneamente a decadência e a pujança (...) sua Bolsa de Valores centraliza as operações financeiras de todo o país (...) e um aumento da população favelada de cerca de 30% só entre 1996 e 2000" (Rolnik, 2001: 59).

Portanto, o adolescente como vítima e como agente de violência são dois aspectos associados e "(...) possivelmente, processos sociais mais amplos, até mesmo relacionados aos circuitos contemporâneos de internacionalização dos mercados e de integração de estruturas sociais em escala quase planetária, estejam na origem dos fenômenos e fatos observados. Talvez fosse ousado dizer, mas nada impede de aventar a hipótese segundo a qual a própria construção social da adolescência e da juventude esteja sendo submetida à lógica (...) do processo de globalização, inclusive para o bem ou para o mal, sua faceta perversa — o envolvimento com o mundo do crime e com a violência" (Adorno, 1999: 22). Em 2005, a publicização do envolvimento de jovens das camadas médias e altas, estudantes universitários, com o tráfico internacional de drogas sintéticas fundamenta esta hipótese.

Os dados da pesquisa demonstram que a criminalidade violenta — delito contra a pessoa, contra a ordem pública e envolvimento com drogas — cresceu mais entre os adolescentes do que na população geral no período de 1993-96. Não é uma tendência isolada; o mesmo fenômeno afeta igualmente outras sociedades, como a Inglaterra e a França. A explicação que prioriza o aspecto econômico — a pobreza — não é suficiente para compreender o fenômeno. Embora as camadas mais pobres estejam mais expostas à criminalidade.

No município de São Paulo houve uma queda na taxa de crescimento populacional de 1980 para 96, mas isto ocorre desigualmente nos diferentes distritos da cidade. Na década de 90, a taxa de crescimento foi de 1,34% no município; mas em distritos como o Jardim Ângela, o crescimento populacional foi de 4,4%. O Jardim Ângela é uma região com alta concentração de jovens, uma das mais carentes de recursos da cidade, onde os índices de violência fatal, nesta década de 90, são elevados. Na faixa etária de 15 a 24 anos, a taxa de homicídio era de 222,2 por 100 mil habitantes.[15] "O risco de morrer assassinado (...) é 34 vezes maior do que em Moema" (Rolnik, 2001).

Uma outra hipótese importante para compreender o crescimento da violência entre os jovens é o **crime organizado** cuja existência começa a ser pesquisada no Brasil.

Embora a pesquisa anterior tenha constatado a presença de adolescentes infracionando em grupo — gangues, quadrilhas[16] — chama a atenção, na comparação entre períodos, que duplique o número de adolescentes envolvidos em grupo com adultos, para a prática de delito.

No Brasil, vários pesquisadores têm estudado este fenômeno. Alba Zaluar, antropóloga, estudiosa dos fenômenos da adolescência e criminalidade, apresenta, no artigo "Teleguiados e chefe", pesquisa com pessoas — envolvidas ou com histórico de prática de delitos — em um conjunto habitacional do Rio de Janeiro. Os resultados permitem "compor um quadro da cultura local e de uma etnocriminologia" (Zaluar,

---

15. *Mapa de risco da exclusão*, Cedec, 1995.

16, É assinalada a dificuldade de conceituar quadrilha, gangues e os equívocos na identificação de grupos envolvidos com a delinqüência e aqueles agrupados em torno de conflitos étnicos, conflitos de classe e estilo de vida, no Brasil e no mundo (Adorno, 1999: 25-27).

Tabela 2
Distribuição das Ocorrências Policiais que envolvem adolescentes
infratores, segundo o número de pessoas envolvidas

Número de pessoas envolvidas	Distribuição das OPs (%)	
	1988-91	1993-96
Total	100,0	100,0
Ação isolada	43,0	30,5
Ação em conjunto com 1 ou + adolescentes	38,0	44,8
Ação em conjunto com 1 ou + adultos	11,5	22,3
Ação em conjunto com outros não identificados	7,5	2,4

Fonte: Poder Judiciário/Varas Especiais da Capital; convênio Fundação Sistema Estadual de Análise de Dados (Seade)/Núcleo de Estudos da Violência da Universidade de São Paulo (NEV).

1991: 192) e apontam para um tema relevante: o envolvimento dos jovens no mundo do crime local.

Nos relatos, os entrevistados sempre se referiram a uma idade crítica, no caso 14 anos, como um marco no envolvimento com a criminalidade, associado com a moral masculina: o padrão de ser homem naquele ambiente cultural. No caso do Luiz e do Sérgio, a idade crítica ou dilemática foi aos 11, 12 anos: as fugas de casa, a fuga do pai, a morte do pai, o mundo para além do horizonte da casa, do bairro, outros apelos, outros grupos de pertencimento, a experiência que eram capazes de sobreviver "à própria sorte".

Este aumento na participação dos adolescentes na criminalidade é recente e marcado pela presença do tráfico. Os adultos afirmam atrair os jovens através do uso de drogas, empréstimo de armas. Já os jovens entrevistados falam do "fascínio que tanto esses bens como a figura dos bandidos exerceram sobre eles e os fizeram aproximar-se das quadrilhas". Os adolescentes são vistos "em sua fraqueza e sua inclinação para valorizar bens como a arma e o fumo, o dinheiro no bolso, as roupas bonitas e a disposição para matar. A posse desses objetos e a disposição para matar são vistas como símbolos da masculinidade..." (p. 193). A posse e exibição desses objetos garantem a passagem do mundo infantil para o mundo adulto (no caso, do crime) e garante a atração exercida sobre as mulheres e o projeto pessoal de virilidade. Na favela de Heliópolis, zona sul da cidade de São Paulo, as meninas preferem namorar os meninos que passaram pelas unidades de alta contenção da Febem-SP, que significava delitos mais graves, vida carcerária e, portanto, em uma lógica invertida, maior *status* do namorado e dela própria, ou maior proteção.[17]

A explicação mais freqüente que os entrevistados dão para a entrada, permanência do menor na vida do crime, é a sua "cabeça fraca", ou seja, ele é **teleguiado**. Isto contrasta com a "imagem de um sujeito autodeterminado, (...) um elemento fundamental na construção da pessoa masculina, segundo os valores da cultura local" (p. 193). Para tornar-se chefe precisa ter "cabeça", isto é, pensar, escolher, decidir sozinho. A associação entre "cabeças" e teleguiados "não é feita sem a participação de um outro elemento fundamental: o porte de arma de fogo e a disposição para matar" (p. 193).

A idéia do teleguiado é o contraponto da autonomia individual como valor presente na cultura do mundo do crime. Contudo, para o adolescente, é uma condição para a realização de suas "necessidades". A "outra razão apontada para o envolvimento são as rivalidades ou rixas que dividem os garotos desde crianças", a morte, ou o medo da morte por rivais, e a quadrilha pode ser um "seguro". Este aspecto, afirma a autora, é absolutamente igual ao motivo que leva à formação de gangues em todas as partes do mundo: grupos de jovens, que guerreiam com armas de fogo.

No Brasil, as armas de fogo se tornam disponíveis para os adolescentes através do crime organizado, que recruta "a mão-de-obra barata dos menores na venda de tóxicos e põe armas em suas mãos para defender a boca-de-fumo ou até mesmo assaltar longe do lugar, quando o comércio está fraco" (p. 200).

Para alguns adultos — com mais de 30 anos — envolvidos com o crime, a inclusão dos "menores" no crime organizado é prática recente e condenável. Mas, como a vida dos membros de quadrilha é muito curta

---

17. Depoimento a estagiários da Faculdade de Psicologia da PUC-SP, em 2000.

(em torno de 25 anos), é necessária a substituição de homens, que cada vez mais jovens vão assumindo chefias e a atração de crianças, que, segundo os jovens, "é muito fácil".

Outro fator de atração pela quadrilha é a proteção que ela fornece na prisão. É ressaltada pelos entrevistados, a influência da "má companhia". O jovem "entra" para "não parecer medroso; a vida do crime nestas circunstâncias é vista como 'aventura', 'uma brincadeira' e a sensação — que pode ser de autocontrole na hora do perigo ou do próprio medo — é que vale o risco" (p. 201). Só que depois..., é difícil sair: o horizonte é a prisão ou a morte. Em 2003, havia 35 núcleos do Comando Vermelho Jovem na cidade do Rio de Janeiro (Amorim, 2003: 410).

Quanto a São Paulo, embora não haja estudos sistemáticos, é possível supor que o *modus operandi* do crime organizado no Rio de Janeiro, constituído em torno do narcotráfico, se instala na cidade, nesta década. Carlos Amorim, em *A irmandade do crime* (2003) relata que as "as primeiras pistas da 'exportação' do crime organizado para São Paulo surgem no segundo semestre de 1990 (...) e um dos centros de operação é o Conjunto Habitacional de Cidade Tiradentes (zona leste)" (p. 345); os primeiros relatórios sobre a existência do PCC — Primeiro Comando da Capital — circularam no sistema penal paulista em 1993; em 1995, uma repórter cita a existência da organização criminosa em reportagem de TV; em 1996, o "estatuto" da organização começa a circular nos presídios e é publicado no *Diário Oficial do Estado de São Paulo* em 1997, através de requerimento da Comissão Parlamentar de Inquérito da Assembléia Legislativa; neste mesmo ano é publicado no jornal *Folha de S.Paulo*, e, em 18 de fevereiro de 2001, o PCC se torna público e mostra sua força através da maior rebelião do sistema penal brasileiro — 29 levantes simultâneos, 30 mil presos amotinados (p. 388). Os antecedentes do PCC estão na convivência com os presos do Comando Vermelho no Rio de Janeiro e em um time de futebol (Comando da Capital) formado por presos transferidos para o Anexo da Casa de Custódia de Taubaté. Com este time ganhavam os jogos e a liderança na cadeia. Neste time estava o núcleo de fundação da organização (pp. 374-375). **Sérgio, o Blindado, jogava neste time.**

Os dados sobre o perfil social do adolescente revelam que algumas características permanecem e há mudanças.

Tabela 3
Distribuição dos adolescentes infratores, segundo sexo, cor, idade, naturalidade, escolaridade e inserção no mercado de trabalho no município de São Paulo

Variáveis	Distribuição dos adolescentes infratores	
	1988-91	1993-96
Sexo	100,00	100,00
Masculino	87,90	86,40
Feminino	12,10	13,60
Cor	100,00	100,00
Brancos	60,80	62,30
Negros	39,20	37,00
Amarelos	—	0,07
Idade	100,00	100,00
Menos de 12 anos	2,40	0,10
12 anos	2,80	2,20
13 anos	4,50	5,60
14 anos	9,00	8,80
15 anos	15,20	14,20
16 anos	21,10	22,90
17 anos	27,20	28,60
18 anos	16,10	16,70
mais de 18 anos	1,20	0,90
Naturalidade	100,00	100,00
Norte e Centro-Oeste	1,00	1,00
Nordeste	11,90	9,80
Sudeste (exceto São Paulo)	3,20	2,80
Sul	3,30	1,90
São Paulo	80,40	83,30
Brasil (sem especificação)	—	1,00
Outro país	0,30	0,20
Escolaridade	100,00	100,00
Analfabeto	5,70	3,30

Variáveis	Distribuição dos adolescentes infratores	
Nível fundamental	86,70	85,20
Nível médio	7,50	11,30
2º grau completo	0,10	0,20
Inserção no mercado de trabalho	100,00	100,00
Ativos no mercado de trabalho	54,10	45,50
Ocupados	54,10	36,70
Desempregados	–	8,80
Inativos no mercado de trabalho	45,90	54,50
Estudantes	15,80	33,80
Não-estudantes	–	20,70

Fonte: Poder Judiciário/Varas Especiais da Capital; Convênio Fundação Sistema Estadual de Análise de Dados (Seade)/Núcleo de Estudos da Violência da Universidade de São Paulo (NEV).

A participação da mulher adolescente no crime é muito menor que na composição da população urbana; 13,6% do total dos adolescentes autores de ato infracional, sendo que na população da cidade é de 50,6%. É um índice que se mantém ao longo do período e é uma tendência mundial. Alba Zaluar, em *Condomínio do diabo*, mostra a sua presença na criminalidade, mas sempre em posições subalternas. Há notícias da imprensa sobre mulheres, no caso, adolescentes, no Rio de Janeiro, que começam a ocupar lugares de chefia no tráfico.

Quanto à etnia, proporcionalmente à composição da população (na faixa de 10 a 19 anos, 70,2% de adolescentes brancos e 28,1% de negros), os adolescentes negros estão mais representados como infratores (39,20%) do que os brancos. Este é um dado que, segundo Sérgio Adorno, deve ser visto com reserva porque a punição se exerce mais rigorosamente sobre os adolescentes negros. Há um consenso nos estudos nacionais e internacionais neste sentido: este dado denuncia muito mais a punição que se exerce discricionariamente entre pessoas de etnias diferentes e, portanto, uma aplicação desigual da justiça que é mais tolerante com os brancos (p. 32). Luiz, Sérgio e Rafa são brancos.

A pesquisa confirma conclusões anteriores, que sinalizam a idade como fator importante para a inclusão na delinqüência, particularmente do crime organizado. A maior concentração está na faixa etária de 16 a 17 anos. Esta é uma tendência mundial. As razões disto não são muito conhecidas. Em São Paulo, chama a atenção a ausência de programas educacionais, culturais, recreativos, esportivos nas políticas públicas ou nas Ongs — Organizações Não Governamentais para esta faixa etária. É sabida a dificuldade que os abrigos (destinados aos "abandonados") e os programas socioeducativos têm para permanecer com os adolescentes em função dos desafios do manejo de sua conduta e as regras expulsivas que constroem; é sabido que nesta faixa etária ele é visto como tendo de dar conta da própria sobrevivência e, ao mesmo tempo, "o servir o exército" é algo que cria dificuldades para a inserção no mercado de trabalho. Cabe perguntar: qual mercado de trabalho? Qual a possibilidade de o mercado sofisticado de um grande centro urbano financeiro como São Paulo absorver jovens sem qualificação profissional ou em processo de escolarização? O ensino médio só recentemente vem estendendo o número de vagas. Em São Paulo 60% dos jovens do ensino médio público estão estudando no período noturno. Então sem trabalho, com uma escola expulsiva, com as exigências de consumo, com os sentimentos de identificação e valorização pessoal associados a este consumo impossível pelas estratégias convencionais de aquisição de bens, com a ausência de programas de participação social... **Ao mesmo tempo, como afirma o autor, vão se desfazendo as redes de proteção e cuidado tradicionais e não se constroem novas redes, ou os adolescentes não se vinculam às redes institucionais mais amplas e convencionais como o mercado de trabalho, por exemplo. Portanto, estão disponíveis para uma multiplicidade de contatos, experiências sociais, alternativas de vida (...) e, entre elas, a droga e a delinqüência, de modo passageiro ou duradouro.** São agentes sociais autônomos.

O indicador idade permite considerar que "as recentes mudanças nas relações parentais e nos grupos de pares respondem em parte por esta tendência". Do total de adolescentes infratores, 51,50% têm entre 16 e 17 anos. Levantamentos mais recentes demonstram que a idade de entrada na trajetória da criminalidade está diminuindo. A pesquisa da OIT e IETS,[18] em 21 favelas do Rio de Janeiro, mostra que a média de idade para o ingresso no mundo do crime caiu de 15/16 anos, no início dos anos 90, para 12/13 anos, recentemente. Atualmente, 27,5% são recrutados aos 13 anos e 5% aos 16 anos.

Em um ambiente de sociabilidade onde a violência está naturalizada como *modus operandi* das relações sociais e se torna invisível, constitutiva da cultura, os processos atuais de socialização produzem novos percursos existenciais, novas biografias e novos modos de ser e existir, particularmente das novas gerações. **Neste sentido, as novas tecnologias de comunicação colocam o adolescente em um contexto social e cultural planetário** e os "objetos do desejo ficam diante dos olhos e infinitamente longe das posses" (Soares, 1998: 18), são planejados em outros lugares do mundo para qualquer lugar onde se esteja — os ícones de identidade são transnacionais.

Adorno afirma que os adolescentes **"são, portanto, hiperestimulados no interior de um universo pleno de códigos, sobretudo visuais e gestuais, que indicam o que fazer, aonde ir e circular, com quem se relacionar, como obter prazer, se possível imediato e sem elevados custos pessoais"** (p. 33).

Quanto à **naturalidade**, não há qualquer influência, contrariando o senso comum de que os nordestinos sejam responsáveis pelo crescimento da criminalidade urbana violenta. A maioria dos adolescentes infratores é do próprio Estado de São Paulo: 83,30%. São taxas equivalentes às encontradas na população carcerária adulta.

A **escolaridade** é o aspecto em que se observam mudanças significativas no perfil do adolescente infrator ao longo do período pesquisado: o índice de analfabetos diminuiu, o de ensino fundamental permaneceu o mesmo, na escolaridade média houve as mudanças mais significativas (de 7,50% para 11,30%). Isto pode estar revelando a

---

18. OIT — Organização Internacional do Trabalho. IETS — Instituto de Estudos, Trabalho e Sociedade. Dados da pesquisa foram publicados no *O Estado de S.Paulo*, em 2/3/2002.

tendência de escolarização crescente da população; aumento nas taxas médias de escolarização das crianças e adolescentes da cidade. A implicação para o crime de adolescentes com níveis maiores de escolaridade ainda é desconhecida. Há hipóteses. Há uma mudança na fisionomia da criminalidade? É interessante lembrar que Sérgio, Luiz e Rafa tinham um potencial intelectual significativo e com a oportunidade de escolarização cumpriram com êxito a retomada da escola (Rafa), o término do supletivo (Sérgio) e a passagem pelo vestibular (Luiz). Ao mesmo tempo, este aspecto pode ser — e o autor também coloca como hipótese — um indicador da entrada de adolescentes de outros estratos socioeconômicos na criminalidade. Algo que se revela nos dados referentes a adolescentes em liberdade assistida do ano de 1994. No Posto Oeste da Febem-SP de execução da medida, havia um número significativo de adolescentes de classe média — pais profissionais liberais, morador de casa própria, estudantes de escolas particulares — e o delito estava associado com a difusão da droga na década de 80 (Teixeira, 1994).

A **atividade ocupacional** é um dado de pouca confiabilidade considerando que o declarante é o próprio adolescente. Contudo, os dados indicam que houve uma redução significativa na taxa de adolescentes autores de ato infracional ocupados de 1988 para 1996, ou seja, de 54,10% para 36,70%, enquanto que a participação dos estudantes foi além do dobro (de 15,80% para 33,80%). Estes dados estão correlacionados com aqueles sobre emprego/desemprego na região metropolitana de São Paulo, a partir dos quais os estudiosos já mostravam que, na década de 90, as chances do jovem se inserir no mercado de trabalho estavam se reduzindo. Fica a questão de quanto a não-inserção no mercado de trabalho empurra os adolescentes para a criminalidade, embora, como diz Adorno, "não haja uma espécie de afinidade necessária e inexorável entre precárias condições sociais e inserção no mundo do crime" (p. 36) ainda que já se saiba muito bem o que é ser adolescente pobre em uma cidade como São Paulo.

Um aspecto relativo a "**ser adolescente pobre em uma cidade como São Paulo**" é o uso do espaço urbano. Há uma tendência de alguns projetos sociais em desenvolver atividades que fixem o adolescente pobre em seu território de origem (local de moradia): a justificativa da integração na comunidade é encobridora da intenção de que ele não circule, não atravesse a cidade, não ocupe os espaços públicos e privados dos outros estratos sociais.

O mercado de trabalho de uma cidade como São Paulo mudou bastante nos últimos anos, de um grande centro urbano-industrial, transformou-se em um centro financeiro, prestador de serviços, e os cargos ocupacionais estão preferencialmente no setor de prestação de serviços. A natureza destas ocupações e o "mercado saturado" com "maior seletividade" exigem um grau de escolaridade e qualificação maior do que anteriormente. Isto torna mais difícil a entrada do adolescente, no geral, na esfera do trabalho.

Sabemos que um grupo significativo de adolescentes ingressa no mercado de trabalho para dar conta da própria sobrevivência e, muitas vezes, para auxiliar como provedor no orçamento doméstico, o que, com freqüência, implica "escolher" entre a escola/a qualificação e o trabalho. Rinaldo Arruda, em sua pesquisa sobre menor infrator na década de 1980, cunhou a expressão "adultização precoce" para se referir a estas crianças e adolescentes que são provedores ao invés de consumidores da renda familiar. Para um número expressivo, o ingresso se dá através do mercado informal que não requer qualificação e, ao mesmo tempo, permanecem sem ela por conta da jornada de trabalho. "Em que medida a ausência de vínculos formais com o mercado de trabalho estimula a deriva para a delinqüência é, de fato, uma questão em aberto" (Adorno, 1999: 36).

A hipótese que o autor levanta é que quanto maior o compromisso do adolescente com a criminalidade — aí implicados seus vários aspectos: pertencimento a quadrilhas, setores do crime organizado, trânsito nas rotas de drogas e armas, estilo de vida além da prática do ato infracional —, maior a tendência ao abandono definitivo do mundo do trabalho: "a atividade delinqüencial é incompatível com rotinas rigorosas e, sobretudo, com um igualmente rigoroso controle do tempo e do espaço dos indivíduos" (p. 36) presentes no mundo do trabalho. Quanto a este aspecto, é importante considerar que o crime organizado se diferencia da criminalidade comum, e algumas de suas características são: a previsão de lucros, a hierarquia, o planejamento das atividades, a divisão de trabalho, entre outras (Borges, 2002: 16). Para os adolescentes cooptados pelas organizações criminosas as comparações são de outra ordem e, entre elas, o salário é uma variável importante.

Embora haja uma tensão entre ambos os universos — trabalho e crime — não é possível concluir que a ausência de vínculos formais de trabalho leva necessariamente ao mundo do crime. O crime organizado tem a estrutura, organização e racionalidade do mundo das organizações produtivas. Os membros da facção, quadrilha, grupo são assalariados. A pesquisa da OIT e do IETS[19] publica uma tabela com cargos, horas de trabalho semanal e salários no mundo do crime: vigia (40 a 72 horas) — R$ 1.600; embalador (12 a 36 horas) — de R$ 300 a R$ 1.400; vendedor (36 a 72 horas) — de R$ 1.900 a R$ 3.000; segurança (36 a 60 horas) — de R$ 1.200 a R$ 2.000; gerente (60 a 72 horas) — de R$ 2.000 a R$ 4.000; gerente geral (60 a 72 horas) — de R$ 10 mil a R$ 15 mil.[20] Em Campinas (setembro/2005), a assistente social em uma visita domiciliar à adolescente que cumpre liberdade assistida é informada pela avó que ela trabalha das 8:00 às 14:00 horas e o salário é de R$ 900,00. Sua função: enrolar papelotes de cocaína.

Em estudo anterior (1991), o referido autor encontrou inúmeras situações, no universo que pesquisou, de jovens que alternavam trabalho e delinqüência, outros que realizavam simultaneamente ambas as atividades e outros que iam abandonando o mundo do trabalho à medida que iam se integrando na criminalidade. Como relata um adolescente que cumpre, em março de 2002, a medida socioeducativa de liberdade assistida em uma ONG da zona sul da cidade: "por enquanto estou trabalhando... até acertar minha parte com a Justiça... depois,

---

19. Publicado no jornal *O Estado de S.Paulo* de 2/3/2002.

20. Um levantamento semelhante sobre as funções e hierarquia no tráfico está no Anexo 1 do livro *Traçando caminhos em uma sociedade violenta* (Assis, 1999).

volto para o que estava fazendo (assaltos)... rende mais". Já é necessário discriminar trabalho legal e trabalho ilegal.

Uma questão absolutamente relevante abordada na pesquisa é a relação entre classe social e a inserção no mundo do crime. A origem de classe, em nossa sociedade, determina a trajetória do indivíduo. A origem social demarca o acesso e usufruto a bens materiais e culturais da sociedade — sua qualidade de vida —, o exercício de seus direitos de cidadania, bem-estar e, portanto, determina os futuros possíveis.

A mesma diferenciação, segundo Adorno, está presente no mundo do crime, que tem uma rede de relação hierarquizada e as singularidades relativas à biografia pessoal — diferenças de gênero, idade, escolaridade, atividade ocupacional — situam diferentemente o adolescente nesta rede de relações sociais e tendem a exercer alguma influência no tipo de ato infracional praticado por ele. De um modo simples, pode-se dizer que os adolescentes pobres praticam mais roubo e furto e os adolescentes dos estratos médios, que entraram na criminalidade via uso de drogas, estão mais associados aos delitos de roubo, extorsão.

Contudo, permanece a tentativa de compreender por que alguns adolescentes se integram na delinqüência e outros não.

A pesquisa coordenada por Simone Gonçalves de Assis (1999) abrangeu adolescentes infratores que cometeram delitos graves do Rio de Janeiro e de Recife, que cumpriam medidas socioeducativas, e seus irmãos e primos não-infratores tentando compreender por que percorreram caminhos tão diferentes. A primeira diferença, especialmente importante, surgiu quando se buscou "igualar o contexto familiar dos pesquisados (...) meta inalcançável" (p. 188) porque os adolescentes, seus irmãos e primos viveram núcleos familiares ou contextos familiares bastante diversos, em uma mesma família. "(...) em alguns casos, parecia que estávamos ouvindo narrativas sobre famílias distintas" (p. 189). Alguns dados chamam a atenção: o adolescente infrator minimiza as situações de violência familiar (não lembra, lembra de modo distorcido), tem uma ligação afetiva importante com o agressor (o pai), incorpora a violência que o vitimou "como uma fatalidade da vida". O adolescente infrator tende a "manter imagens mais idealizadas sobre suas famílias do que os irmãos e primos entrevistados — indício da maior necessidade de mecanismos subjetivos de defesa contra a realidade cotidiana e as figuras parentais pouco propícias à identificação. Por outro lado, o mecanismo identificatório acaba se realizando. Em um programa de liberdade assistida da zona sul de São Paulo, em 2002, os técnicos identificam alguns adolescentes como pertencendo "à terceira geração de envolvidos com a criminalidade na família". Tornam-se violentos como foram seus pais e a idealização funciona como uma necessidade de negação de suas próprias escolhas. "Os irmãos e primos, à medida que explicitam mais as críticas, buscam identificação com figuras ou aspectos mais positivos de seus familiares" (idem). Outro aspecto está relacionado com as perdas familiares e a baixa capacidade dos infratores de estabelecerem vínculos afetivos fortes, sendo que os não-infratores, "a despeito de muitos problemas intrafamiliares ('os mesmos'), encontraram alguém que lhes proveu afeto, cuidado e segurança" e estes, por serem mais velhos que os infratores, puderam usufruir por mais tempo de alguma estabilidade familiar — vínculos afetivos mais duradouros — nas primeiras fases da vida. Do mesmo modo que a violência, a morte de familiares é minimizada pelos infratores, demonstrando uma dificuldade de elaboração de aspectos mais dolorosos de suas histórias pessoais. Uma característica bastante significativa que a pesquisa aponta é a falta de controle familiar sobre o infrator. Uma das explicações é que os infratores são, em 60% dos casos pesquisados, os "caçulas" da família e os irmãos e primos não-infratores são os primogênitos ou intermediários em 82% dos casos. Esta situação faz com que os não-infratores refiram-se, também, que viveram uma situação socioeconômica familiar mais difícil, o que lhes deu maior responsabilidade na família. Os caçulas são indicados pelos não-infratores como os "preferidos da família": a mãe, a avó. Eles se referem a uma preferência que encobre, minimiza ou disfarça a conduta de transgressões. Impossível não assinalar os laços afetivos intensos de Luiz e Sérgio com a mãe e da mãe com eles. A pesquisa aponta que a diferença mais evidente entre os dois grupos é quanto aos amigos e grupo de convivência. Os não-infratores procuram se afastar e se distinguir dos jovens de sua comunidade, assim como selecionar os amigos entre os não-infratores e o inverso ocorre com os infratores. Inclusive as "más companhias" são vistas como estímulo para o abandono do estudo ou trabalho. Os não-infratores também evitam determinado tipo de lazer considerado violento como o baile *funk* que é o preferido — na época da pesquisa, 1998 — pelos infratores. É lembrada, também, que "a proximidade com o tráfico estimula os adolescentes pela rentabilidade financeira propiciada, quase impossível de ser recusada quando há poucas ou nenhuma opção no mercado do trabalho" (Assis, 1999: 195). Finalmente, a pesquisadora tece considerações sobre as diferenças individuais: os não-infratores se identificam como "pessoas calmas e tranqüilas, em oposição aos infratores, mais arrojados e valentes" (p. 196); a rebeldia frente às dificuldades e situações de frustração são identificadas com a dificuldade em conter a agressividade, o que para os não-infratores é considerado mais fácil pois as conseqüências negativas são antecipadas (no pensamento) e vistas como extremamente prejudiciais para si e para as pessoas mais próximas. A preocupação com o outro, a capacidade de se colocar no lugar do outro, o valor da vida é um diferencial importante entre ambos os grupos. Ou é um indicador para compreender por que alguns praticam determinados delitos e não outros. Um jovem de 20 anos dizia: "eu mato mas nunca tirei (roubei) um fio de linha de ninguém". Afirmava uma ética.

Quanto ao **gênero** e **tipo de delito**, o índice de lesões corporais aumenta, embora seja proporcionalmente maior para as meninas (de 14,80% para 27,10%), enquanto para os meninos o aumento foi de 7,20% para 11,80% na comparação de ambos os períodos (1988-91 a 1993-96). A participação no furto decresceu para ambos os sexos: os meninos de 21,90% para 16,50% e as meninas de 30,90% para 18,60% .

Quanto à **idade** e **tipo de delito**, a constatação é de que **quanto mais velho, o adolescente se envolve em delitos mais graves**. Ou seja, diminuem os furtos e aumenta o roubo (de 13,60%, para adolescentes com 12 anos, para 18,60%, para adolescentes com 17 anos).

As lesões corporais têm um acréscimo importante na passagem dos 12 anos (9,70%) para os 13 anos (15,80%). Este dado sugere não só a tensão, conflito e competição entre os adolescentes pela disputa de produtos de furto e roubo, como também, no caso dos meninos, pela afirmação de valores e provas da masculinidade. Os delitos mais graves como homicídio e tráfico de drogas não apresentam variação relevante, entre ambos os períodos pesquisados.

Quanto à **escolaridade** e **tipo de delito**, o furto e o roubo têm uma correlação inversa com o nível de escolaridade; entre os analfabetos a porcentagem de furtos é de 23,70%, enquanto para os de nível médio é de 7,80%. Em contrapartida, lesões corporais apresentam uma correlação positiva com escolaridade, ou seja, 5,90%, para os adolescentes analfabetos; 11,40%, para os de ensino fundamental e 20%, para os de ensino médio. Segundo Adorno "(...) **a escolaridade que sugere a influência da clivagem de classe**" (p. 42). Os adolescentes com menor escolaridade tendem a cometer crimes contra o patrimônio e os mais escolarizados crimes contra a pessoa. A escolaridade associada à gravidade do delito demonstra a necessidade de romper mitos.

Quanto à **atividade ocupacional** e **tipo de delito**, no último período estudado, o roubo é o delito mais freqüente entre os ativos quer estejam ocupados (16,80%), quer se identifiquem como desempregados (27,90%); a seguir vem o furto, embora haja uma preponderância dos desempregados nos percentuais gerais destes delitos. Em contrapartida, os ocupados revelam uma participação maior nos delitos relativos a lesões corporais e dirigir sem habilitação. Os adolescentes que não trabalham e só estudam têm uma participação maior nos delitos de lesão corporal e dirigir sem habilitação e aqueles que não trabalham e não estudam participam mais dos índices relativos ao roubo (25,90%) e furto (25,50%).

Adorno conclui que é "no domínio da atividade ocupacional que a clivagem de classe parece exercer maior influência no comportamento da delinqüência juvenil".

A análise do controle social sobre a delinqüência juvenil através da operatividade do sistema de Justiça da área da infância e juventude tendo como referência o ECA — instrumento legal de controle social — permite uma comparação entre o período em que estava em vigência o antigo Código de Menores e se elaborava e implementava o ECA (1988-91) e seis anos depois da implementação da lei.

Tabela 4
Distribuição dos menores infratores segundo as medidas aplicadas pelo Poder Judiciário

Medidas aplicadas	1988-91	1993-96
Total	100,00	100,00
Advertências	48,20	11,60
Reparar danos	0,30	0,40
Prestação de serviço à comunidade	—	3,20
Liberdade assistida	9,20	24,20
Semiliberdade	0,20	1,50
Internação	5,30	1,90
Entrega aos pais	7,40	1,10
Lar substituto	0,30	0,90
Outras medidas	5,00	3,30
Arquivamento/remissão	24,10	51,90

Fonte: Poder Judiciário/Varas Especiais da Capital; convênio Fundação Sistema Estadual de Análise de Dados (Seade)/Núcleo de Estudos da Violência da Universidade de São Paulo (NEV).

Nesta tabela, chama a atenção a diminuição acentuada na aplicação da medida de advertência,[21] comparando ambos os períodos, o aumento de arquivamento de processo e remissão[22] e da aplicação da liberdade assistida. Vale assinalar que o final da década de 90 foi mar-

---

21. É uma medida aplicada aos pais ou responsáveis pelo adolescente autor de ato infracional.
22. Perdão.

cado por conflito explícito entre Judiciário e Executivo. A instituição executora das medidas socioeducativas — Febem — apontava que a ação do Judiciário se pautava pela atribuição excessiva de medida de internamento. Entre os trabalhadores da área próximos desta polêmica circulou, na época, a expressão "susto pedagógico", ou seja, muitos adolescentes recebiam medida de internamento com a finalidade de se deparar com uma conseqüência radical de sua prática. O Judiciário justifica o número de internações com a ausência de programas das outras medidas socioeducativas, com a gravidade dos delitos. É importante lembrar o clamor pela segurança pública e a associação adolescência-violência.

De acordo com o ECA, a atribuição das medidas deve ser orientada também pela gravidade do delito. No entanto, Adorno afirma que esta atribuição pode sofrer a interferência de outros fatores, entre os quais a origem socioeconômica do adolescente.

Contudo, os dados demonstram que o Judiciário aplica as medidas de acordo com o ECA, dando preferência para as medidas de meio aberto (p. 49).

No geral, os dados revelam uma adequação entre tipo de delito — enquanto seu grau de gravidade — e atribuição de medidas socioeducativas; contudo, como sinaliza Adorno, existem alguns dados que chamam bastante a atenção e mereceriam ser mais bem investigados. Por exemplo, o número de processos que são arquivados ou que têm remissão (41,90%) e se referem a delitos de natureza violenta, no período de 1993 a 1996. Por quê? Quem são os autores destes delitos? Há algum recorte de classe social? Ou demonstra uma análise mais cuidadosa dos casos? Ou é uma demonstração da ineficiência do sistema de execução da medida, pois neste período já se denunciava a superlotação das unidades? No caso, chama a atenção especialmente a atribuição da medida de reparação de danos para prática de homicídio; a advertência para 7,50% de casos de porte de armas.

Adorno levanta várias hipóteses: um abrandamento do Poder Judiciário na aplicação das medidas socioeducativas; o dado de realidade dos equipamentos e programas de execução da medida — a constatação, neste período, da condição de superlotação e insalubridade da Febem-SP. O relatório técnico da Febem-SP de 26 de junho de 1999 mostra que no Estado de São Paulo, nesta data, existiam 4.104 adolescentes privados de liberdade, sendo que nas sete unidades de internação provisória existiam 494 vagas e 1.586 adolescentes; em duas delas, UAP-1 e UAP-6, no Complexo Imigrantes, existiam, respectivamente, 718 e 708 adolescentes para 160 vagas, em cada uma. O relatório afirma que um quadro semelhante ocorre nas unidades educacionais de internação da capital, nas quais o *déficit* chega a 441 vagas.

Outra hipótese é levantada: o arquivamento em função da ausência de disposição para os processos investigatórios que implicariam a participação do adolescente. Contudo, o dado de remissão para delitos graves é de difícil compreensão mesmo se aventarmos a hipótese de que o sistema de Justiça considerou as circunstâncias e as condições peculiares de desenvolvimento do adolescente na prática do delito — há diferenças, do ponto de vista psicossocial, entre o menino de 12, 13 anos e o de 17 anos. O autor conclui: "o princípio da isonomia de todos os cidadãos perante as leis não parece contudo assegurado, haja vista a existência de vieses na distribuição das sentenças, motivados por clivagem socioeconômica e de classe" (p. 51), como é possível demonstrar na decomposição dos dados. O adolescente (e sua família) fica à "própria sorte". Winnicott (1987) funda sua teoria na concepção de que o delito do adolescente é, também, um pedido de socorro para a família, para a comunidade e quando não é atendido nestas instâncias, "dirige-se ao Estado" (a lei). Portanto, a aplicação da lei, além de satisfazer a necessidade da vingança pública de um modo civilizado tem, também, um caráter pedagógico e terapêutico na formação do indivíduo e particularmente do adolescente. Esses dados podem fomentar na opinião pública a idéia de que o adolescente não é responsabilizado pelas suas ações, tira a credibilidade da lei.

Os dados quanto a **origem étnica** dos adolescentes tornam mais evidentes no último período pesquisado que os percentuais de remissão e arquivamento para os brancos são maiores do que para os negros, assim como as medidas severas — privação de liberdade, semiliberdade — são aplicadas preferencialmente para os negros. Os adolescentes de raça negra foram punidos com maior rigor do que os de raça branca, reiterando a representação social difusa no meio coletivo quanto à não-equanimidade da Justiça. E comprova uma tendência internacional apontada por estudiosos em vários lugares do mundo.

A mesma discriminação ocorre quando analisamos o dado relativo à escolaridade, um indicador importante da origem socioeconômica do adolescente: quanto maior a escolaridade, menor a severidade da sentença independentemente da natureza violenta ou não do delito. Um exemplo: para delitos violentos, existiram 36,60% de casos arquivados/remidos de adolescentes com ensino fundamental, e 52,40% relativos a adolescentes com grau médio. Qual a explicação para esta diferença?

O mesmo ocorre com o indicador atividade ocupacional quanto aos delitos de natureza violenta: em se tratando de adolescentes ativos no mercado de trabalho, a severidade da medida se aplica com menos rigor. O oposto ocorre com os inativos, quando o adolescente é estudante ou não-estudante. Para os primeiros, há 53,50% de arquivamento ou remissão para delitos de natureza violenta e 26,30% para os não-estudantes e as medidas socioeducativas de severidade média (reparação de danos, prestação de serviços, liberdade assistida) são aplicadas em maior número para os não-estudantes do que para estudantes, tanto no caso de delitos de natureza não-violenta (25,80% e 10,00%, respectivamente) e de natureza violenta (53,10% e 25,80%).

Quanto a este aspecto — atribuição da medida socioeducativa — Adorno faz dois assinalamentos bastante relevantes em sua conclusão preliminar: o elevado número de arquivamento e remissão pode comprometer a confiabilidade da opinião pública quanto ao ECA — é possível acrescentar que contribui para reforçar uma mentalidade difusa em amplos setores sociais de que o ECA é um instrumento jurídico que não responsabiliza o adolescente autor de ato infracional pelas suas práticas — e a distribuição desigual da Justiça, a aplicação discriminatória da lei de acordo com a pertinência de estrato social do adolescente.

Adorno, em sua análise final, reitera que as tendências do primeiro período (1988-91) se mantêm, embora tenham aumentado os percentuais da prática de alguns delitos como lesões corporais, roubos e diminuição de furtos, ou seja, não há novas modalidades de violência, mas o aumento de alguns tipos de delito de natureza violenta. Quanto ao homicídio, por exemplo, a participação dos adolescentes continua em um patamar equivalente (1,3%). E assinala que há "descompasso entre as percepções coletivas e os fatos" (p. 55), pois alguns fatos isolados que se referem a delitos graves — caso Galdino, o índio assassinado em Brasília, por exemplo — ganham repercussão excessiva na mídia e sustentam um imaginário sobre a adolescência/juventude envolvida com a criminalidade de modo descontrolado e assustador. A observação da realidade social não sustenta tais suspeitas que acabam por definir um padrão de relação das diferentes agências de controle social com o adolescente. Ele se torna, por ser adolescente, um cidadão suspeito e, dependendo de sua classe social, mais suspeito, e dependendo de sua raça, mais suspeito e dependendo de seu gênero, mais suspeito, e dependendo de sua escolaridade, mais suspeito...

Há uma intensificação do olhar sobre a adolescência como **problema**; a adolescência, por características próprias deste momento da vida — rebeldia, confronto com a autoridade — suscita temores que são agudizados nestes acontecimentos. E pode estar projetada aí a dificuldade que os adultos, no geral, têm em lidar com os adolescentes nas diferentes circunstâncias do cotidiano — escola, família, espaços públicos. Às dificuldades da convivência se somam acontecimentos locais e internacionais ligados a delitos graves e cruéis envolvendo o adolescente como agente de violência, os quais, manejados pela mídia, intensificam o medo social. É necessário considerar que um efeito da globalização é a perda da noção de limites territoriais intensificado pelo fato de que as novas tecnologias de comunicação colocam "dentro de casa" os acontecimentos espetacularizados em tempo real. Aqui e agora. Um ambiente social em que todos estamos/somos, nos sentimos vulneráveis: o inimigo mora ao lado, em qualquer lugar. E, congruente com a prática do consumo voraz, a cada nova e fugaz circunstância um outro objeto se torna alvo do "medo coletivo de dissociação do *socius*": os árabes, os judeus, os terroristas da Al Qaeda, as FARCs, a bomba atômica do Paquistão ou da Índia, a camada de ozônio, a falta de água, a contaminação dos alimentos, as ondas migratórias, os refugiados, os seqüestradores, o PCC, a juventude... os adolescentes. Como afirma Robert Castel (2005), nas "sociedades de indivíduos" em que a demanda de proteção é sem limites isto reverte facilmente em uma pulsão securitária que se volta à caça de suspeitos e se satisfaz através da condenação de bodes expiatórios.

Na conclusão da pesquisa, Adorno retoma o aspecto do envolvimento crescente do jovem com o tráfico e consumo de drogas em São Paulo e em outras capitais brasileiras.

Segundo o autor, a mudança mais significativa refere-se "à evolução da criminalidade não-violenta para a violenta e as suspeitas de um maior envolvimento de adolescentes com o crime organizado sob a forma de bandos e quadrilhas" (p. 56). Os índices que revelam uma proporção crescente de infrações violentas dos adolescentes em relação à população em geral são indicadores de que os adolescentes que "iniciaram seu contato recentemente com o crime e com as agências de controle repressivo estejam se tornando mais violentos" (p. 56) e construindo sua carreira moral na delinqüência mais rapidamente. Isto exige que possamos considerar também o que ocorre nas instituições destinadas ao cumprimento da medida de internação — a Febem de São Paulo.[23]

Finalmente, o autor ressalta que "as tendências que vêm sendo experimentadas pela delinqüência juvenil no Brasil, na última década, não traduzem um cenário de particularidade social e cultural" (p. 56). Estas tendências já se verificavam na década de 1980 e em outros lugares do mundo, mesmo nas sociedades com altos indicadores de

---

23. Tema do próximo capítulo.

desenvolvimento econômico e social. Contudo, no Brasil a questão se agrava pelas condições que os jovens, particularmente os pobres, têm de não-exercício dos direitos sociais e de usufruto dos benefícios da cultura.

E, ao contrário do que supõe o senso comum, o adolescente autor de ato infracional não se distingue substantivamente do adolescente do estrato socioeconômico ao qual ele pertence. Esta constatação tem uma importante implicação para a compreensão e a prática profissional junto ao adolescente: supera-se a concepção do **delinqüente**, ele visto exclusivamente pela ótica do delito; e passa a ser visto como adolescente com uma história de vida na qual se inscreve o delito, o qual não é omitido — é um outro modo de olhar.

As mudanças mais gerais que interferem e produzem um "novo", "outro" adolescente incidem sobre todos: infratores e não-infratores. **Há algumas variações — particularmente duas — dentro do próprio grupo de infratores: a redução do número de adolescentes trabalhando** — no mercado formal de trabalho, porque se considerarmos trabalho como salário=sobrevivência é possível considerar que a entrada nas organizações criminosas se caracteriza como ocupação — **e maior presença de adolescentes estudantes, inclusive de escolaridade média** — o que aponta para a universalização do acesso à educação e para a entrada de adolescentes de estratos médios na criminalidade.

Quanto ao *modus operandi* do sistema de Justiça da área da infância e juventude, mais uma vez se reafirmam as resistências que o ECA suscita como instrumento jurídico — considerada uma lei muito branda — e o consenso quanto ao encarceramento massivo levando à superlotação dos equipamentos destinados ao internamento, produzindo conflitos entre internos e entre internos e trabalhadores, que culminam em resultados trágicos — motins e rebeliões. Portanto, as políticas de privação de liberdade acabam reforçando a socialização no mundo do crime, a reincidência e a construção da carreira moral da delinqüência no interior da própria instituição destinada ao controle social.

A pesquisa mostrou que a aplicação do ECA pelo Judiciário pode contribuir para a pouca credibilidade desta lei na medida que abranda as sanções para crimes graves. Considera-se que para a lei ganhar legitimidade na opinião pública, seu uso deveria ser absolutamente rigoroso sem o viés político-ideológico em sua aplicação, o que por um lado garantiria a igualdade de todos os cidadãos perante a lei e, por outro, a **responsabilização** de todos os adolescentes envolvidos com a prática do ato infracional, **tal como preconiza o ECA**.

No período em que esta pesquisa estava sendo publicada, cinco pais de quatro adolescentes internados na UAP-6, ala D, do Complexo Imigrantes, encaminharam uma carta manuscrita ao "Senhor Corregedor da Vara da Infância e Juventude" em que solicitam "proteção e mais segurança para a integridade física de nossos filhos (...) lá na instituição os monitores estão cometendo agressão gravíssima com muita violência e covardia (...) tem muitos meninos que reclamam da violência e agressão e tem muitos meninos com lesão no corpo, que sofrem com dores de ouvidos, de cabeça, no peito (...) Motivos das dores: espancamento por parte dos monitores (...) os nossos filhos contaram que tem uma sala com vários sarrafos de madeira que os monitores usam para espancá-los com muita violência (...) os meninos falaram que o diretor sabe de tudo que acontece e nem liga (...) os meninos dormem amontoados em um quarto muito pequeno, o espaço do quarto só cabe cinco colchonetes (...) Cinco colchonetes para quinze meninos dormirem (...) a doença — pneumonia: banho frio, friagem que por culpa dos monitores que obrigam os meninos tomarem banho frio e tirarem as roupas no pátio esteja frio ou calor, noite ou dia... Sr. Juiz, se o senhor não tomar uma providência, nossos filhos correm risco de vida ou talvez de no futuro ficarem com seqüelas graves (...) os nossos filhos que já apanharam, mostraram os monitores que bateram e não nos deixaram reclamar por medo dos monitores, porque eles ameaçam os meninos se contarem para seus pais. Quando a visita acabar, eles vão bater e espancá-los pior... e, que o Sr. Juiz investigue e processe os culpados e que os meninos que estão machucados sejam levados para fazer exame de corpo delito. As lesões são nas costas e no peito. Só não no rosto, os próprios menores nos contaram" (Vicentim, 2002: 122-124).

Em 3 de agosto de 1999, após uma grande rebelião no Complexo Tatuapé, com muita violência — documentada com imagens, pela imprensa, transferência de jovens para o COC (Centro de Observação Criminológica), unidade do sistema prisional —, o mesmo presidente da Febem voltou a publicar um artigo no jornal *Folha de S.Paulo* repetindo o que havia escrito em 1995: "**Na Febem, há uma transição a vencer: a desconcentração dos grandes complexos**".

Em 9 de agosto, doze familiares de adolescentes internos no Complexo Imigrantes denunciam junto à Procuradoria de Assistência Judiciária o espancamento de que seus filhos foram alvo após a tentativa de rebelião do dia 4. Além do espancamento, foi retirado o material de trabalhos manuais, foi suspenso o consumo de cigarro, todos ficaram de cueca até o dia da visita, uma das mães inquiriu o coordenador de turno e este admitiu que havia batido em seu filho (Vicentim, 2002: 117-118).

No dia 21 de agosto, quatro internos da UAP-1 do Complexo Imigrantes gritaram: **Rebelião!** Na seqüência, os internos, inclusive alguns que estavam dormindo, foram arrastados pelos monitores para o pátio, deitados de bruços e continuaram apanhando com diversos objetos. Vieram funcionários encapuzados de outras alas e os internos apanharam das 11:00 h às 17:00 h.[24] Neste período, ficaram sem água e sem comida. Quando os funcionários pararam de bater, jogaram sobre eles água gelada. Os que se identificaram como líderes da rebelião continuaram apanhando. Em seguida, os funcionários mandaram todos tomarem banho gelado, vestirem-se para passar no Pronto-Socorro. Esta barbárie institucional foi documentada no dia seguinte por juízes, promotores, padre Júlio Lancelotti e pela imprensa (Vicentim, 2002: 130-131).

---

24. Desde 1998, já era conhecida a existência dos "ninjas" — grupo de funcionários encapuzados que invadem as unidades e espancam os internos, para "ajudar" os funcionários da unidade na contenção dos adolescentes.

Em 1999, no período de janeiro a agosto, houve 1.322 fugas na Febem-SP. Em uma delas (julho) fugiram 459 internos do Complexo Tatuapé e em agosto, 350 internos do Complexo Imigrantes. Em 11 de setembro, 644 internos fogem da Unidade Imigrantes. Neste episódio, a rede Globo (programas SPTV, Jornal Nacional) e rede Record divulgaram imagens de jovens despidos e subjugados sendo espancados. São as fotos da capa do Relatório da Anistia Internacional publicado em julho de 2000. A cena: os meninos correndo para sentar e alguns já sentados de calção no pátio da ala B da UAP do Complexo Imigrantes e os monitores com cassetetes nas mãos, vários deles encapuzados, pisam, com sapatos/botas, e batem, com objetos longos, nos adolescentes. O helicóptero da rede de TV filmava em tempo real.

O levantamento e estudo feito pela equipe técnica da UE-15, na década de 70, sobre as fugas mostravam que eram episódios individuais. As entrevistas individuais depois das fugas e retornos eram tentativas de compreender. Na UE-20, na década de 80, quando os adolescentes fugiam e voltavam espontaneamente (2 casos) para aquele lugar tão trancado, a equipe técnica problematizava sobre o valor da liberdade para aquele adolescente que "escolhia" a prisão, pois este valor era um indicador de sua saúde mental e seu retorno surpreendia. Ambas as unidades — UE-15 na década de 70 e UE-20 na década de 80 — estão situadas em uma conjuntura institucional da Febem-SP contraditória e tensionada; e, cada uma no seu tempo, diferencia-se das demais unidades do circuito de infratores. O que permaneceu como visível e se repetiu foi o pior da Febem-SP. As poucas boas experiências que chegaram ou quase chegaram no início do novo século — Internato Feminino de Franco da Rocha, UE-18, Internato Encosta Norte — se construíram apesar da política de gestão e dos trabalhadores, definitivamente marcadas pela cronificação do mal. E agora mais trágico porque em pleno exercício de uma democracia que se alarga mas ainda não chegou lá.

Em 19 de outubro de 1999, um interno é morto a tiros por outro adolescente em rebelião na unidade de Ribeirão Preto.

Poucos meses depois da publicação da pesquisa de Adorno, a cidade de São Paulo viu a mais violenta rebelião na Febem-SP, demonstrando como os adolescentes respondem com violência extrema — o assassinato de outros adolescentes internos — ao processo de desumanização ao qual são submetidos. Os "predadores" aos quais Luiz se (auto) referia.

Neste contexto, o adolescente autor de ato infracional adquire maior visibilidade. A mídia contribuiu com a espetacularização deste episódio que marca o final do século e do milênio no ano de 1999: a rebelião dos adolescentes presos em condições intoleráveis no Complexo Imigrantes da Febem-SP.

Os estudiosos e pesquisadores nesta década contribuem se tornando mais permeáveis a uma demanda real da sociedade, que é auxiliar na compreensão e solução de um tema relevante que diz respeito a todos os cidadãos e os implica. Em nenhuma outra década se produziram tantas pesquisas, estudos e tantas publicações como nesta década sobre este tema: tentativas de superar o senso comum, a abordagem assistencialista, repressiva no trato da questão. Nenhum efeito...

O caso de Rafa ilustra tanto o uso da parafernália técnica — testes, exames — na tentativa de diagnosticá-lo, compreender, como o uso de especialidades técnicas para tratá-lo — a neurologia, a psicoterapia. Tentativas de frente ao desconhecido, não recorrer aos antigos saberes que situam o indivíduo em categorias — doença mental, anormal, psicopata — em que o passado determina, o presente confirma e o futuro é a exclusão, numa leitura subjetivista e de desresponsabilização de todos.

A década de 1990 mostra a tentativa bem-sucedida de fomentar a representação social do binômio adolescência-violência e a lógica vingativa — ambas ancoradas no medo social — que se instala na sociedade e evidencia a dificuldade dos órgãos de planejamento e execução das políticas públicas de implementar o ECA no atendimento ao adolescente autor de ato infracional, nas condições em que cumprem a medida de privação de liberdade e na proposta de redução da maioridade penal: três exemplos.

No dia 25 de dezembro de 1998 um interno morre carbonizado em tentativa de fuga seguida de rebelião na unidade do Tatuapé; 23 ficam feridos.

Em 26 de dezembro de 1999, um adolescente internado no cadeião de Santo André é espancado até a morte por outros internos.

Todos estes episódios vão desenhando uma situação limite, demonstrando o funcionamento de uma máquina perversa — pois a violência se dá sob o manto da lei — que torna óbvia sua incapacidade de cumprir a sua função não mais educativa, mas, pelo menos, protetiva. Nestas circunstâncias, a questão não é mais a implementação do ECA, mas assegurar a sobrevivência física, psíquica de adolescentes... a dignidade.

Também, esta década nos mostra que vai se construindo um outro perfil de adolescente autor de ato infracional. Não é mais possível esconder que o adolescente de classe média está presente nas estatísticas; que só a escolaridade não é uma alternativa à prática do ato infracional; que o narcotráfico e o crime organizado arregimentam seus quadros entre adolescentes cada vez mais novos, alterando rapidamente os dados da pesquisa.

São Paulo, na passagem para o século XXI, tem medo de suas crianças e adolescentes que circulam raivosos pelas ruas da cidade e se transmutam, sob o nosso olhar, em perigosos.

6
Vejo um museu de eternas novidades/o tempo não pára*
Primeira década de 2000

Janeiro de 2000. Em São Paulo, 916 adolescentes autores de ato infracional estão encarcerados no Cadeião de Pinheiros, no Cadeião de Santo André, no COC.[1] A história os levou até este lugar. No cadeião de Pinheiros, os meninos descalços, só de calção, quando saem das alas para o atendimento técnico, aguardam em gaiolas/jaulas no prédio da administração, assim como Luiz havia descrito, na década de 60. O diretor da Febem responsável por eles foi coordenador de turno da UE-15.

A justificativa, considerada óbvia para este desfecho, foram os últimos acontecimentos da última década do século XX. Nos dias 23, 24 e 25 de outubro de 1999, a cidade de São Paulo assistiu a cenas dramáticas: a grande rebelião do Complexo Imigrantes da Febem-SP, envolvendo 900 adolescentes, que culminou com o assassinato de quatro internos pelos próprios companheiros. Um deles teve a cabeça decepada e jogada do

---

* Da música "O Tempo Não Pára", de Arnaldo Brandão e Cazuza (1989).

1. Unidades da Secretaria da Segurança Pública e da Secretaria da Administração Penitenciária do Estado de São Paulo. No COC, havia 80 meninos transferidos desde julho de 1999.

alto do prédio sobre a polícia e membros do Ministério Público. Um impacto!

O perito internacional em condições penitenciárias, que acompanhou como convidado a delegação da Anistia Internacional ao Brasil no início de outubro, declarou em seu relatório sobre os centros de internação de adolescentes em São Paulo: "**Vejo-me forçado a afirmar com a máxima clareza possível que jamais vi crianças mantidas em condições tão aterradoras... Na minha opinião estes lugares deveriam ser fechados**".[2]

Poucos dias depois... a rebelião.

Ela se construiu com o roteiro que a história já revelou — nenhum mistério — e foi desencadeada "**quando, em protesto contra as condições de trabalho e a demissão de dezenove monitores — alguns acusados de maus-tratos com base nas imagens da televisão —, o Sindicato dos Trabalhadores em Entidades de Assistência ao Menor e à Família do Estado de São Paulo (Sitraemfa) anunciou, em 21 de outubro, que os monitores iriam entrar em greve. As famílias dos internos, que haviam sido informadas pelo Sitraemfa que durante a greve a segurança interna estaria a cargo de tropas de choque da Polícia Militar, transmitiram a informação a alguns adolescentes da Imigrantes, o que desencadeou...**" (Anistia Internacional, 2000: 121).

A rebelião foi um espetáculo de horror, documentada pela imprensa em tempo real, mobilizou diversos setores da sociedade e governantes. O saldo foi aterrorizador, muitos funcionários e internos feridos, quatro adolescentes mortos pelos próprios companheiros: a crueldade construída no cotidiano institucional. A opinião pública se dividia entre a indiferença (a banalização do mal), um posicionamento por práticas mais controladoras e repressivas (a transferência para o sistema penitenciário, a redução da idade penal) e a reivindicação de que o Estado cumprisse sua função de responder pela integridade física e psíquica dos cidadãos sob sua custódia, no caso, os adolescentes.

---

2. *Relatório da Anistia Internacional*, Brasil — desperdício de vidas — Febem-SP, julho, 2000.

Após a rebelião, o então governador do Estado, Mario Covas, determinou a implosão do Complexo Imigrantes e os adolescentes ali internados foram transferidos para as unidades do sistema prisional.

Na passagem do século XIX para o século XX, os adolescentes criminosos ficavam nos cárceres e Evaristo de Morais dizia "(...) **ainda não foram construídos locais adequados para eles**" (Teixeira, 1994). Atualiza-se a história do SAM (Serviço de Assistência ao Menor), descrita pelo presidente da República, general Emílio Garrastazu Médici, no discurso inaugural da Semana da Criança, em 5 de outubro de 1970, na Funabem, Rio de Janeiro "(...) **a nação inteira viveu o drama do SAM (...) Nesta manhã, vejo todo um milagre. Vejo o milagre da transmutação da 'sucursal do inferno', da 'escola do crime' e da 'fábrica de monstros morais', em um centro educacional voltado para o desenvolvimento integral do menor**" (Funabem, 1973: 26).

A reunião do Condeca — Conselho Estadual do Direito da Criança e do Adolescente —, em 8/11/1999, delibera a substituição da Febem por outra instituição em 180 dias a partir da publicação no *Diário Oficial*.

Na seqüência dos acontecimentos, o governador reuniu, no Palácio, entidades e representantes da área da infância e juventude para apresentar seu plano de reformulação, "O Novo Olhar",[3] e "ouvir" a sociedade. Nestas circunstâncias, as instituições, técnicos, militantes, trabalhadores da área levaram propostas[4] e, principalmente, careciam do compromisso governamental de viabilizar a construção de outro presente possível para estes adolescentes, por isso havia uma preocupação com a ênfase do governo "**na periculosidade dos adolescentes**" e com a abordagem da situação restrita à esfera da segurança pública. Alguns fatos retiravam a credibilidade da proposta governamental: os adolescentes estavam sendo transferidos para o sistema prisional e se divulgava a

---

3. A assistente-social que apresentou a proposta governamental "Novo Olhar" foi uma das três assistentes-sociais da UE-15 (década de 70).

4. Por exemplo, o grupo inter institucional alocado no CRP-SP elaborou e apresentou a proposta: "O Direito ao Futuro", com medidas de curto, médio e longo prazo onde se destacava a proposta de extinção da Febem-SP.

criação de 900 novas vagas, em um presídio em reforma, em absoluto desacordo com a lei. As ações do governo davam aos discursos, propósitos e cronogramas de seus agentes, um tom de farsa. E, havia a história...

As unidades pequenas (40 vagas) que o governo procura implementar em bairros da periferia da cidade de São Paulo são rejeitadas pela população, que invade e depreda os prédios em construção ou reforma (*Folha de S.Paulo*, 18/12/1999). É o custo da demonização dos adolescentes autores de ato infracional realizado pelos próprios agentes governamentais em sua tentativa de justificar as rebeliões. A cidade tem medo de seus adolescentes.

No dia 16 de dezembro de 1999, a Promotoria da Infância e Juventude divulgou imagens de lesões sofridas por internos no Cadeião de Santo André e exigia a transferência dos adolescentes presos ali para outras unidades da Febem. O secretário da Assistência e Desenvolvimento Social afirma: "**considero estranha a ação dos promotores porque o Ministério Público está informado do empenho e das dificuldades do governo estadual em criar mais vagas para os menores (*sic*)**" (*Folha de S.Paulo*, 17 e 18/12/1999).

Em maio de 2000, os adolescentes ainda permaneciam nos equipamentos da Secretaria da Segurança Pública e da Secretaria da Administração Penitenciária, enquanto aguardavam vagas em Parelheiros e Franco da Rocha. Parelheiros era um antigo presídio que estava sendo reformado para receber 900 (!!) adolescentes e Franco da Rocha, uma unidade em término de construção, para receber 320 (!!) adolescentes. Tudo em desacordo com o instituído pelo ECA, com as deliberações do Conanda e do Condeca:[5] o número de vagas e a existência de celas.

As condições de cumprimento de aguardo da sentença do juiz (artigo 108 do ECA) e da medida de privação de liberdade (artigo 122 do ECA), nas unidades do sistema carcerário destinado a adultos, foram sistematicamente acompanhadas de denúncias, pois institucionalizava-

---

5. Conanda — Conselho Nacional dos Direitos da Criança e do Adolescente; Condeca — Conselho Estadual da Criança e do Adolescente.

se ali o regime de vida carcerária. **Os adolescentes viviam em celas: 23 horas de cela e uma hora de sol diário** (relato de um monitor ao jornal *Folha de S.Paulo*), **"se os internos ficam sem o colchão na cela, têm uma hora de sol, se escolhem ficar com o colchão, não saem da cela..."** qual o sentido da regra? Nenhum constrangimento em publicizar isso. Em muitas situações, os carcereiros perdiam o controle sobre os adolescentes e, então, aconteciam as torturas entre eles (com fios elétricos tirados da fiação da cela, por exemplo) e o abuso sexual — **a mesma cena que Luiz relata, na década de 60, em Mogi-Mirim**. Instala-se, como solução para o clima de ameaça entre eles, "o seguro": os meninos que, por algum motivo, corriam risco de vida na relação com os demais são segregados dentro da própria unidade — em ala destinada a esta finalidade, em salas da administração,[6] em celas no fundo do pavilhão — no cadeião de Pinheiros, depois em Franco da Rocha ou, posteriormente, em unidades destinadas exclusivamente a este fim, no Complexo Tatuapé. O seguro demonstra a ausência de autoridade dos adultos responsáveis sobre os adolescentes e deixa-os à própria sorte.

Na URT — Unidade de Referência Terapêutica —, no Complexo Tatuapé, os monitores não abriam as celas para os internos usarem o banheiro, obrigando-os a sujar as próprias roupas (relato das mães da Amar para o Ministério Público).

Esta unidade foi instalada no ano anterior (15 de junho), **no antigo prédio da UE-20, onde Sérgio ficou internado**, a partir de um consenso dos diretores do circuito de infratores, de que seria necessária uma unidade de alta contenção como retaguarda para as demais, no sentido de alojar os meninos "difíceis" das diversas unidades. O folheto elaborado pela DT-3 (Divisão Técnica 3, responsável pelo Quadrilátero do Tatuapé) e distribuído para os pais esclarece o regime de cumprimento da medida socioeducativa. A transcrição integral do documento é elucidativa:

---

6. As estagiárias de Psicologia da PUC-SP atenderam estes adolescentes que estavam em pânico, tinham medo de morrer atacados pelos demais adolescentes.

Unidade de Referência Terapêutica[7]

Objetivo: Reunir em um Pavilhão da UE-12, 45 jovens com perfil de não aceitação das normas de convivência das demais UEs com finalidade de que tenham atendimento focalizado a esta problemática.

Estratégia: A partir de avaliações das equipes das unidades, os jovens serão encaminhados para o Pavilhão A da UE-12, onde permanecerão **suspensos de atividades externas e escolares**. Permanecerão em um primeiro momento em **quartos individuais** e conforme a progressão do jovem, gradativamente passam para **quartos em dupla**.

Os jovens receberão atendimento técnico diário com a finalidade de que no período mais curto possível possam tomar consciência de suas posturas e respostas dentro da medida socioeducativa, e assim retornem ao convívio regular das unidades de origem.

A rotina de higienização e enfermaria será acompanhada individualmente por educadores das unidades.

Nos horários das refeições, os jovens serão acompanhados em grupo de cinco ao refeitório.

Os jovens participarão de atividades de educação física com professores da área e educadores das UEs em grupo de dez jovens, diariamente, por uma hora.

Estão autorizados somente pais ou responsáveis a realizarem visitas, que continuarão sendo aos domingos. As unidades de origem dos jovens ficam incumbidas de fazer todo o atendimento familiar.

As unidades de origem devem remeter à UE-12, relatório sobre os motivos que causaram a regressão do jovem para a unidade de referência terapêutica, bem como arquivar uma cópia deste na pasta social do jovem. As equipes técnicas que atenderem os jovens devem trabalhar insistentemente a questão da medida socioeducativa e a

---

7. Teixeira, Trassi, *10 anos do Estatuto da Criança e do Adolescente: perspectivas*, em Seminário Psicologia e Compromisso Social, Conselho Regional de Psicologia — São Paulo, 25.8.1999, mimeografado.

postura dos jovens diante das mesmas, sempre pautado nos relatórios acima mencionados.

As unidades de origem devem encaminhar monitores com postura educacional para também atenderem os jovens, no intento de reforçar a conscientização dos adolescentes[8].

O idealizador desta unidade e coordenador do Complexo Tatuapé, neste período, foi inspetor de alunos e, posteriormente, encarregado de turno na UE-15, na década de 70, e planejou, implementou e dirigiu a unidade "vitrine" do Complexo Imigrantes, onde Rafa permaneceu, na década de 90.

Os jovens "apelidaram" a Unidade de Referência Terapêutica (URT) de Unidade de Repressão e Tortura. O outro nome atribuído a esta unidade, no Relatório da Anistia Internacional, é **masmorra**.

A naturalização da vida carcerária permaneceu na transferência dos adolescentes para os "novos" equipamentos (Parelheiros, Franco da Rocha) da Febem-SP: celas, ausência de atividades pedagógicas, violência na relação adulto-adolescente e entre eles.

Neste novo milênio, atualizam-se os piores tempos do RPM — Recolhimento Provisório de Menores — descritos por Luiz na década de 60 e que o jornalista Arlindo Silva relata em uma matéria jornalística, "RPM — três letras que envergonham São Paulo", em 1975, ano da instalação da Febem em São Paulo: "(...). armados de paus, a socos e pontapés, cerca de 30 adolescentes agrediram... os guardas da PM de serviço no RPM. A tentativa frustrada de fuga é mais uma... e só foi dominada com a chegada de um pelotão de reforço da Polícia Militar, dois carros de Radiopatrulha e uma viatura da Rota. O motim, entretanto, serviu para mostrar, novamente, as péssimas condições em que vivem os menores, sem higiene, dormindo em pequenos cubículos, de mistura com outros menores portadores de doenças ou de taras

---

8. Observações: 1. No texto, os grifos são meus. 2. O documento não está datado e assinado. Além do timbre da Febem-SP, no alto da página, e do nome da unidade não há nenhuma informação sobre sua autoria.

sexuais. Num espaço de 25 por 25 metros estão vivendo 270 jovens, (...) além da sarna (...) há grande quantidade de pequenos insetos conhecidos como 'muquiranas' (...) Além disso, as ratazanas andam por toda a parte no RPM..." E, acrescenta, "(...). em 25 de março de 1975, naquelas instalações imundas e malcheirosas, onde havia lugar para 120 menores estavam recolhidos 585 (...) Fazia muito frio naquela tarde de 25 de março (...) nos pátios, os menores tiritavam, descalços, maltrapilhos, sem qualquer agasalho no corpo. No entanto, paradoxalmente, no almoxarifado do Instituto foram encontrados milhares de cobertores, sem uso (...) o secretário Mario Altenfelder prometeu aliviar a situação do RPM (...) implantando nova filosofia de atendimento no prazo de seis meses a partir de hoje" (1975: 7-10).

Logo após a transferência dos adolescentes para Franco da Rocha, onde foram recebidos por um "corredor polonês", e Parelheiros, ocorre uma seqüência de rebeliões, motins, adolescentes e funcionários feridos (8 de maio, 16 de maio, 23 de julho, 9 de agosto...).

A rebelião de 11 de agosto de 2000 na Unidade de Franco da Rocha, claramente forjada e manipulada pelos monitores, teve novamente um resultado aterrador da brutalização dos adolescentes. Eles matam e colocam fogo no corpo de um dos internos. O início deste episódio foi testemunhado por estagiários do 5º ano de Psicologia da PUC-SP[9], o que posteriormente constituiu um extenso relatório descritivo das situações de grave violação de direitos no Cadeião de Pinheiros e na Unidade de Franco da Rocha, que tramitou nas diferentes instâncias da universidade e foi encaminhado pelo reitor à Procuradoria Geral do Estado (*Folha de S.Paulo*, 25/10/2001).

Segue-se a este episódio, a visita do Alto Comissariado da ONU, as denúncias à OEA, as visitas de fiscalização de instituições da área da infância, juventude e direitos humanos coordenadas pelo Conselho Estadual dos Direitos da Pessoa Humana, a ação enérgica do Ministério Público na apuração dos fatos, e o encaminhamento de ofício ao

---

9. Sob minha supervisão.

Conanda lembrando a urgência de aprovação da lei de extinção da Febem e **nenhum efeito se produz**.

Em fevereiro de 2001, o novo presidente da Febem declara, em jornal de circulação nacional (*Folha de S.Paulo*), **que havia a prática de tortura na instituição**. Uma semana depois mais uma rebelião feroz na Unidade de Franco da Rocha, que culmina com a morte de um funcionário, com agressões físicas dos funcionários aos mediadores, consignados como o "pessoal dos direitos humanos" (a mesma designação da década de 80), e com a invasão da Tropa de Choque da Polícia Militar atirando balas de borracha quando os adolescentes já haviam sido dominados. Tudo isto apresentado, ao vivo, no programa Domingão do Faustão, TV Globo, para todo o país[10].

Após as rebeliões é quando os adolescentes apanham mais com cassetetes denominados: ECA, Direitos Humanos, padre Júlio. Dois dias depois, o Ministério Público levou oito médicos legistas para exames de corpo delito. Apesar de os funcionários terem exigido que tomassem banho frio após os espancamentos para que as marcas das sevícias desaparecessem, foi constatado que 80% dos 360 meninos haviam sido espancados após a rebelião.

Na seqüência, o Secretário da Assistência e Desenvolvimento Social vai a Brasília e afirma que os ferimentos constatados são decorrentes da prática de autoflagelação dos adolescentes. Há uma certeza da impunidade.

Em fevereiro de 2001, a Justiça determinou o afastamento dos dirigentes do Complexo Imigrantes, quando o complexo não existia mais (...) foi implodido, por ordem do governador, em novembro de 1999 — e a Febem entrou com novo recurso, acolhido pelo Tribunal de Justiça, e os funcionários foram alocados em outras unidades.

Este foi um dos 56 "processos administrativos" (PAs) instalados pela promotoria (Ministério Público) do Departamento de Execuções da

---

10. Teixeira, M. L. T., em III Seminário Nacional de Psicologia e Direitos Humanos. Brasília, abril, 2001.

Infância e Juventude (DEIJ, implantado em São Paulo em 1997) e pelo Judiciário deste departamento, no cumprimento de sua função de acompanhamento da execução das medidas socioeducativas e de fiscalização, apuração de irregularidades das entidades responsáveis pelos programas, no caso a Febem-SP.

Entre 1º e 9 de março de 2001, a IV Caravana Nacional de Direitos Humanos, organizada pela Comissão de Direitos Humanos da Câmara dos Deputados[11], percorreu cinco Estados brasileiros e inspecionou 18 instituições de privação de liberdade — as Febens e congêneres.

O relatório da visita, *"O Sistema Febem e a Produção do Mal"* foi **"dedicado aos promotores da Infância e Juventude do Estado de São Paulo — Ebenezer Salgado Soares, Sueli de Fátima Buzo Riviera e Wilson Ricardo C. Tafner — exemplos de coragem e determinação"**.

O relatório faz um diagnóstico da situação do atendimento em cinco Estados brasileiros. A prioridade foi para os Estados e instituições cujos dados assinalavam gravidade, denúncias de maus-tratos e de **tortura**.

Pará — as quatro unidades de internação do Estado se localizam na capital, Belém. Vale destacar: **"'Espaço Recomeço' (...) uma prisão comum (...) onde estão treze celas, cada uma com dois beliches de concreto. Em um outro ponto, longe de todos e de tudo, há uma espécie de 'cofre' onde se construiu um isolamento escuro, úmido e nojento. Além dessa estrutura medieval, há duas outras celas chamadas de 'contenção', que ficam juntas à área administrativa, visíveis logo à entrada. Quem visita esta instituição estaria autorizado a imaginar que ela deveria ser (...) herança do antigo Código de Menores, em que aprisionar adolescentes era prática com sustentação legal no Brasil. Ocorre que o EREC foi inaugurado em 1998, oito anos após a vigência do Estatuto da Criança e do Adolescente"**.[12]

---

11. Nesta data, o presidente da Comissão era o deputado Marcos Rolim.
12. Este relatório não tem as páginas numeradas.

Sergipe — as duas unidades de internação do Estado se localizam na capital, Aracaju. Uma destinada aos adolescentes de sexo masculino e outra para o sexo feminino. As denúncias de tortura referem-se à unidade de internamento dos meninos, Cenan. "É uma das piores instituições para adolescentes infratores do país". O relato: "(...) Todos os internos passam, todo o tempo, presos em celas imundas, escuras e fedorentas. O acesso ao pátio interno é franqueado, em média, duas vezes por semana. Em cada cela estão, em média, cinco jovens. As celas não possuem abertura suficiente para a aeração e a iluminação, não possuem lâmpadas. Ao fundo, há uma privada 'turca' na qual os meninos realizam as suas necessidades à vista de todos (...) na grade de acesso às celas, há um pequeno retângulo rente ao chão por onde as refeições dos meninos são servidas (...) Uma das punições que recebem (...) consiste em permanecer algemado, de pé, em uma grade externa, nos fundos do prédio, por até 24 horas (...) Durante esses períodos de algema, os punidos não recebem comida ou água e, pela posição em que estão imobilizados, são obrigados a defecar e urinar no próprio corpo (...) no lugar onde seriam freqüentemente algemados, a tinta da grade estava desgastada (...) Os internos indicaram (...) o armário no qual a diretora guardava as algemas (...) encontramos quinze pares de algemas. Segundo o relato unânime dos jovens, a diretora da unidade comanda pessoalmente as sessões de espancamento selecionando aqueles que 'merecem apanhar'. Quando os internos reclamam de algum procedimento, a diretora e os monitores afirmam que tudo aquilo que eles estão fazendo é por conta do que manda o Estatuto da Criança e do Adolescente. Os 'monitores' (...) são funcionários terceirizados (...) a empresa contratada pelo governo do Estado é uma empresa de dedetização" (!!!). Luiz foi **dedetizado** quando deu entrada na unidade de Mogi-Mirim.

Minas Gerais — foram inspecionadas duas unidades de internação e a Delegacia Especializada, em Belo Horizonte. Na delegacia, a verificação restringiu-se às condições de triagem dos adolescentes envolvidos em ocorrências realizada pelos policiais e a constatação que se utilizava uma antiga carceragem no subsolo da delegacia. As observações: "Por tudo aquilo que pudemos constatar, restaria apenas sublinhar a absoluta impropriedade daquelas celas; verdadeiras pocilgas que fazem lembrar os relatos sobre as masmorras medievais. Quando de nossa visita, havia cinco adolescentes encarcerados (dois em uma cela e três em outra) (...) Abrimos as celas e conversamos com os jovens detidos. Foi difícil permanecer lá devido ao cheiro putrefato comum a todas. Foi difícil também examinar um dos jovens que alegava ter apanhado muito quando de sua prisão, pois as celas são absolutamente escuras, mesmo durante o dia".

Rio Grande do Sul — as unidades inspecionadas localizavam-se na capital. A unidade da Febem destinada à triagem, com 30 vagas, no dia da inspeção tinha 143 adolescentes. O prédio da triagem é "um presídio típico onde se encarceram adolescentes (...) As celas de isolamento e duas outras celas usadas como triagem — logo na entrada do prédio — não respeitam os padrões mínimos da ONU para a vida prisional e descumprem as exigências da LEP — Lei de Execuções Penais". Os dados relativos à inspeção no Centro de Jovens Adultos (CJA), onde permanecem jovens de 18 a 21 anos que cometeram atos infracionais até os 18 anos: "O CJA é um presídio (...) Sua cela de triagem lembra uma masmorra (...) Há dez celas de isolamento disciplinar usadas com bastante freqüência (...) Logo à entrada do prédio, à direita, a Brigada Militar construiu um corredor gradeado para cães adestrados da raça Rotweiller (...) Os policiais militares que trabalham no CJA (76, ao todo) realizam suas tarefas — mesmo as de rotina, dentro da unidade — fortemente armados. Muitos dos PMs que estavam trabalhando no dia da inspeção não possuíam identificação em suas fardas (...) Um dos problemas mais graves verificados no CJA parece ser o abuso medicamentoso. Ao que tudo indica, a medicação psicotrópica ministrada na instituição — mesmo com prescrição médica — é feita de forma indiscriminada (...) no dia de nossa visita havia doze internos recebendo medicação psicotrópica (...) foi possível constatar que a esmagadora maioria deles já tomou, em algum momento, no CJA, a mesma medicação. Desde há muito a Febem do RS vem convivendo com técnicas de 'contenção química'. O chamado 'prego' — gíria dos internos que denota a injeção ministrada à força — parece ser, ainda, uma prática habitual nessa e em outras unidades (...) Os internos, quando da necessidade de deslocamento para fora da unidade, são conduzidos algemados pelas mãos e, através de uma corrente que perpassa um cinto especial, pelos pés. Essa é a única instituição, entre todas que visitamos no país, que adota esse procedimento de 'algemas duplas'".

São Paulo — foram inspecionadas a UAI — Unidade de Atendimento Inicial, porta de entrada do fluxo Febem; a UIP-6 — Unidade de Internamento Provisório (artigo 108 do ECA), onde os adolescentes aguardam a sentença do juiz; e a UE-30 (Franco da Rocha).

As palavras do relatório: "A UAI (...) oferece 62 vagas (...) lá estavam 248 meninos (...) Quinze dias antes (...) 360 internos (...) quinze dias após nossa visita, a lotação ultrapassou 340 internos (!). Entre todas as unidades visitadas pela Caravana, **a UAI é aquela que oferece o quadro mais revoltante** (grifo meu). Ironicamente, o prédio onde a unidade está instalada já abrigou dependências do DOI-CODI de São Paulo[13] (...) Se há uma imagem capaz de retratar o que é, efetivamente, a UAI, essa imagem seria a dos meninos sentados no chão (...) o governo de São Paulo, através da Secretaria Estadual da Assistência e Desenvolvimento Social, foi capaz de produzir um folder promocional da Febem no qual, na página dedicada à UAI, aparecem quatro fotos: a primeira, com um menino sentado em frente a um funcionário que datilografa; uma segunda (...) uma roda de música no pátio com cinco meninos; uma terceira (...) dois internos jogando dama e uma quarta (...) uma cena de um jogo de futebol na quadra (...) o objetivo explícito dessa publicação é falsear a realidade, o que, diante da situação da UAI, é simplesmente uma postura criminosa. Na UAI, todos os meninos, entre 12 e 18 anos, têm as cabeças raspadas e a mesma roupa — calção azul, camiseta branca e chinelo. Quando se deslocam pelo interior da unidade, o fazem em fila indiana, com as

---

13. DOI-CODI, local onde os presos políticos eram torturados no período da ditadura militar.

mãos para trás e a cabeça para baixo. Nenhum deles possui autorização para falar. A violência é muda. Qualquer palavra (...) é o equivalente a uma infração disciplinar (...) e é punida sumária e prontamente pelos atentos monitores; alguns dos quais não vacilarão em usar seus punhos, suas botas ou os cabos de vassoura para bater nos que romperam a norma do silêncio. Na UAI se apanha quieto, é a 'lei'. A unidade não oferece condições para que se cumpra o que determina o ECA quanto à separação dos internos por idade, compleição física e perfil do ato infracional. Vários dos internos permanecem ali além do prazo definido pelo ECA. Suas visitas são revistadas com desnudamento e possuem duração média de 15 minutos (...) solicitamos que todos os monitores se retirassem da sala onde dezenas de meninos se espremiam sentados no chão (...) a preocupação de todos eles era de que apanhariam tão logo nos retirássemos do local (...) com base no compromisso (que voltaríamos no dia seguinte para verificar se havia sido produzida alguma violência), eles começaram a falar. Enquanto iam nos contando (...) mostravam seus ferimentos, as marcas pelos corpos (...) os inchaços pela cabeça. Nenhum dos internos tem acesso a cursos, atividades profissionalizantes ou aulas. Saem em grupos pequenos, para o pátio da unidade, onde podem se exercitar por cerca de 40 minutos, uma vez ao dia. Por qualquer motivo e mesmo sem motivo nenhum, apanham diariamente (...) A expressão que emoldura o silêncio totalitário é: 'licença, senhor' (...) no refeitório, todos em absoluto silêncio..."

As palavras do relatório: a UIP-6: "O perfil do atendimento prestado aqui é, a rigor, o mesmo da UAI. A mesma superlotação, a mesma exigência de permanecerem todos sentados no chão etc. Todos os internos têm a cabeça raspada, usam o mesmo uniforme e estão submetidos às mesmas regras de campo de concentração da UAI. Vários dos internos reclamaram de maus-tratos e relataram cenas de tortura. Um grupo, por exemplo, foi obrigado a permanecer no pátio interno, todos sentados no chão, durante várias horas sob o sol, como castigo (...) a frase que sintetiza o regime disciplinar é: 'aqui é couro todo dia'". O Conselho Regional de Psicologia de São Paulo lançou em agosto de 2001 o vídeo *Tranca e Couro* sobre a tortura nos hospitais psiquiátricos, nos presídios e na Febem-SP.

As palavras do relatório: "'Franco da Rocha' é um conjunto de presídios para adolescentes. Todo o complexo foi construído em tempo recorde, há cerca de um ano, pelo governo do Estado, com o objetivo específico de encarcerar adolescentes com um 'perfil agravado'. A obra é um monumento à ilegalidade e deveria ser encarado como um escândalo. Pelo contrário, o que se percebe é que, em São Paulo, trata-se com extraordinária naturalidade o hábito de encarcerar meninos desde os 12 anos o que, na prática, expressa uma política de redução da idade penal. Percebe-se essa 'naturalização' do encarceramento (...) pelo próprio discurso das autoridades governamentais de São Paulo, que falam com desenvoltura em 'Unidades de Contenção Máxima' ou 'periculosidade' como conceitos centrais de seu projeto (...) Aqui vive-se um cotidiano invisível de violência (...) simbolizado por uma das máximas escritas em um cartaz na sala dos monitores da ala H. Ali se pode ler: 'O homem é um aprendiz e a dor é seu mestre'".

"(...) a UE-30, a maior de todo o complexo Franco da Rocha (...) O prédio dispõe de oito galerias, cada uma delas com nove celas e pátio interno próprio. Nas galerias, em média, cinco celas são usadas como alojamentos e a capacidade de cada uma é de doze vagas (!). As demais celas são depósitos de colchões e materiais de limpeza (...) não há janelas, apenas respiradouros ao alto, por sobre o banheiro. Nesses espaços deprimentes, os adolescentes passam 23 horas dos seus dias. Pela manhã, bem cedo, os monitores acordam a todos e recolhem os colchões e mantas (...) os internos têm de passar todo o dia deitado sobre a pedra. Suas refeições, desde o café da manhã, as recebem nas celas (...) vários monitores batem nos internos com canos ou tacos envoltos por panos. Após uma surra, o interno deve ficar debaixo da água fria por até uma hora. A técnica permite que os hematomas desapareçam ou diminuam. Os meninos não recebem aula ou qualquer tipo de atividade. No folder promocional da Secretaria da Assistência e Desenvolvimento Social intitulado *Febem, Unidades de Internação*, datado de março de 2001, pode-se ler na página dedicada à UE-30 de Franco da Rocha que ali se oferece 'educação formal (curso supletivo), artesanato com jornal, técnicas de redação, curso de espanhol, teatro, percussão, street dance (sic), futebol de salão, avaliação física, vôlei, dominó, xadrez e gincanas'. As quatro fotos retratam: uma vista panorâmica da unidade, um menino colando o que parece ser uma carta, outro limpando o chão de uma sala com um rodo e outros cinco em uma animada roda de música (...) talvez fosse interessante que os responsáveis por esse folder mentiroso — a começar pelo Secretário de Assistência e Desenvolvimento Social — passassem uns dias naqueles 'dormitórios' — esse é o nome com o qual o material publicitário designa as celas".

"(...) recolhemos dezenas de relatos de espancamento sofridos ali mesmo. Foi difícil encontrar um interno sem marcas espalhadas pelo corpo, algumas bem recentes. Segundo os internos, o diretor da unidade afirma em alto e bom som para que eles ouçam que ele 'segura qualquer BO (Boletim de Ocorrência) contra os monitores' e, que, portanto, o 'couro' está liberado (...) Os adolescentes são freqüentemente humilhados. Um dos procedimentos mais comuns consiste em obrigá-los a imitar 'galinha' — são obrigados a ficar de cócoras, na ponta dos pés e bater as 'asas' — ou (...) Na ala G, vários internos relataram que, ultimamente, as cacetadas têm sido dadas com um acompanhamento de fundo 'musical', alguns monitores cantam o sucesso 'Um tapinha não dói' enquanto batem. Os 'ferros' ou tacos possuem inscrições: 'Diploma pra Ladrão', 'Direitos Humanos', 'Sossega Leão', 'Vem cá, neném', 'Julinho' (referência ao padre Júlio Lancelotti), 'ECA', e 'Ebenezer' (referência a um dos promotores)".

"As visitas ocorrem em uma sala onde todos devem ficar em pé, ou sentados no chão. Os monitores 'acompanham' as visitas de tal forma que os internos não dispõem de qualquer momento de privacidade com seus familiares. Por conta disso, os adolescentes não podem sequer relatar aos familiares o que sofrem...".

"Em circunstâncias assim todo e qualquer trabalho (...) constitui, simplesmente, uma fraude (...) Nos armários utilizados pelos monitores, encontramos alguns dos filmes que são exibidos aos internos: 'Assaltos sobre Trilhos', 'Instinto Selvagem', 'Fuga de Absalon', 'Jogos, Trapaças e Dois Canos Fumegantes' e 'Cocaína, Passagem para a Morte' são alguns dos títulos. Encontramos, também, um filme pornográfico". Neste ano, duas psicólogas do projeto "Olha o Menino"[14] estiveram nesta unidade e enquanto conversavam com o diretor em sua sala observaram que na televisão passava um filme pornográfico pelo circuito interno.

Após as visitas e antes da publicação do relatório, o presidente da Comissão de Direitos Humanos da Câmara dos Deputados declarou que São Paulo era o estado do Brasil que oferecia as piores condições de cumprimento da medida de privação de liberdade aos adolescentes autores de ato infracional (*Folha de S.Paulo*, 8/3/2001).

Na mesma data e jornal, os funcionários da Febem "defendem que a segurança externa das unidades seja feita pela Polícia Militar, como ocorre nos presídios (...) a criação de uma espécie de 'tropa de choque' dos servidores da instituição para agir nos casos de rebelião (...) o presidente do sindicato dos trabalhadores afirma que a categoria reivindica um posto policial por unidade. Outro pedido é o treinamento e armamento de um grupo, integrado pelos funcionários, em caso de motins. 'Essa equipe poderia ser treinada até pela tropa de choque da PM'" (*Folha de S.Paulo*, 8/3/2001).

Em 19 de agosto de 2001, os promotores declaram, ao mesmo jornal, que a UAI (Unidade de Internamento Provisório) tem capacidade para 62 adolescentes e abriga entre 320 e 350 adolescentes.

Nesta mesma data, a presidenta da Amar[15] — Associação das Mães dos Adolescentes em Risco — declara: "as surras em massa diminuíram mas está mais difícil fiscalizar devido à proibição da presença da associação, nas unidades".

---

14. Projeto de assistência judiciária com equipe multiprofissional coordenado pelo Ilanud em convênio com a Febem-SP e interrompido em julho de 2001.

15. A origem e funcionamento desta associação estão descritos em entrevista de Conceição Paganele à revista *Caros Amigos* de março de 2002. A Amar ganhou, em 2001, o Prêmio Nacional de Direitos Humanos do governo federal.

Desde o final do ano anterior, vários projetos desenvolvidos junto aos adolescentes em parceria com a Febem, foram sendo suspensos ou finalizados: "Olha o Menino" (assistência judiciária), "Fique Vivo" (sexualidade), "Quixote"(saúde mental/drogas). Conceição Paganele, presidente da Amar, explica:[16] "o que eu tenho pedido hoje para as direções técnicas é o nosso regresso, porque fomos proibidas — toda a comunidade que trabalha com criança e adolescente que antes entrava para fiscalizar, para fazer esse trabalho de conscientização junto com os meninos e trazer a podridão de lá de dentro — quando entrou o senhor Benedito Duarte. Ele baixou uma portaria que proíbe o ingresso dessas pessoas organizadas (...) ele (padre Júlio Lancelotti) também não está mais visitando as unidades da Febem. Ninguém está entrando, a não ser o Ministério Público (...) desde 2000, com a portaria do presidente Benedito Duarte. Depois veio o doutor Saulo, que hoje é Secretário da Segurança, que endureceu mais ainda. Aí, a Febem foi mais dura: um ano sem rebelião, um ano de contenção total".

Os dados demonstram isto: em 2000, ocorreram: 52 rebeliões; 334 fugas com 1.177 fugitivos. Em 2001: 2 rebeliões; 65 fugas com 122 fugitivos.

O silêncio.

Em agosto de 2001, Roberto Silva, ex-interno da área de abandonados da Febem, defende sua tese de doutorado na Faculdade de Educação da USP sobre a "a eficácia sociopedagógica da pena de privação de liberdade" e conclui: "o modelo organizacional e administrativo da prisão — incluindo a Febem — concorre para a solidificação da pedagogia do crime dentro de suas muralhas"[17].

---

16. Revista *Caros Amigos*, ano V, n. 60, março de 2002.

17. Pesquisou 60 adolescentes do Internato Encosta Norte, considerado modelo. Os dados corroboram a pesquisa do Núcleo de Estudo da Violência (1997): do total, 40 adolescentes moravam em casa própria; nenhum era morador de rua; 50 tinham escolaridade entre 5ª e 8ª série, 1 era analfabeto e 17 estudavam na ocasião do internamento; 23 trabalhavam e 6 trabalhavam e estudavam; 20 eram usuários de drogas. Quanto à família: 2 tinham mãe ignorada, 1, mãe fora de casa, 7 tinham o pai ignorado e 13, o pai fora de casa. Do total, 46 eram reincidentes sendo que 14 com três ou mais delitos. O segundo delito é cometido, em média três meses após o primeiro e de gravidade crescente: furto para assalto, para tráfico. (*Folha de S.Paulo*, 19/8/2001).

No final de 2001, a pedagoga da UE-15 na década de 70, foi visitar a UIP de Campinas, que funciona ao lado da Delegacia Especializada de Adolescente — onde Sérgio deu seu depoimento, na década de 80 — e ficou surpresa com a arquitetura do local. As camas eram prateleiras de cimento. Os colchões ficavam em outra sala. Em março de 2002, uma professora da rede pública que trabalha em um projeto educacional nesta unidade dizia da inadequação do local para o trabalho: sem iluminação, sem ventilação. Esta unidade foi inaugurada em 24/11/1995 no prédio construído para ser o Instituto Médico Legal da cidade.

No dia 12 de março de 2002, os funcionários da Febem fazem uma paralisação na Unidade de Franco da Rocha em protesto pelo afastamento de dois diretores[18] por prática de **tortura**. Voltaram ao trabalho à tarde, após o atendimento de duas de suas reivindicações: a manutenção dos diretores afastados e a não-retaliação dos funcionários (*Folha de S.Paulo*, 13/3/2002).

Um novo século, novo milênio e os adolescentes autores de ato infracional estão encarcerados na cidade de São Paulo — pólo do desenvolvimento econômico, tecnológico, científico, intelectual do país. Isto nos remete, de novo, ao final do século XIX, quando mesmo na inexistência de uma legislação específica — pois vigorava o Código Penal de 1840 —, os juristas e humanistas da época começavam a se preocupar com locais adequados para sua permanência e exigiam do Poder Público o cumprimento de suas responsabilidades. **É difícil compreender. É impossível justificar**.

As práticas, legitimadas pelo Estado — o último recurso dos cidadãos — vão denunciando uma repetição de décadas e que tocam, agora, um ponto de tensão máxima e revelam as contradições de um tempo de democracia, que implicam a educação para a cidadania, a tensão contínua pela inclusão de novos setores sociais no exercício dos direitos sociais; mas que não chegaram ali onde ainda se guarda o resquício das práticas autoritárias, repressivas, violentas, de crueldade. O pior do

---

18. Um deles foi encarregado de turno da UE-15 na década de 70.

humano: **a tortura**. "A tortura se constitui (...) numa subjugação do torturado não importa por que meios, onde a estrutura de poder constituída não depende das capacidades reais de cada uma das partes mas de um sistema simbolicamente constituído — os torturadores são (aqui) (...) agentes do Estado" (Naffah, 1985: 10).

Em tempos de democracia, este fenômeno se torna mais visível e mais assustador porque revela o antigo, o não-reprimido, o que ainda existe de ameaçador no Estado, nas instituições e em cada um de nós: resíduos que sinalizam a existência do poder arbitrário, da coexistência da dignidade com a indignidade, da justiça e da injustiça, da solidariedade e do ódio.

A visibilidade deste fenômeno, transformada em espetáculo de horror e sideração, pode levar a um outro lugar da história: banalizamos aquilo que deve continuar a nos horrorizar, naturalizamos o **mal** como modo de operar nas relações humanas, nos recolhemos à impotência do **bem** e, mesmo negando, nos deixamos reencantar pela potência do **mal**[19].

Portanto, "o essencial em relação ao horror é marcá-lo e mantê-lo como 'resto' não integrável" (Viñar, 1992: 145).

Em março de 2002, Ana Miranda, escritora, escreve um artigo, *"Arte e crime em rota de convergência"*[20], em que faz considerações sobre o livro do Luiz. A revista *Trip* faz anúncios, divulgando Luiz como um dos colaboradores (*IstoÉ*, 13/4/2002). Ele escreve o segundo volume de sua autobiografia. Ele não responde às cartas das pessoas mais próximas desde o início do ano.

---

19. Sempre causou incômodo usar os conceitos de **bem** e **mal** associados à ciência porque a idéia de ciência na qual nos socializamos deve perseguir e ser uma razão instrumental. Contudo, os avanços fantásticos da ciência no século XX não cumpriram sua promessa de bem-estar coletivo. Pelo contrário, estamos todos apavorados como nova-iorquinos, palestinos, afegãos, brasileiros, judeus, venezuelanos, cidadãos do mundo em pânico com a potência de sua tecnologia científica e, sem o mapa do futuro em um contexto da maximização e máxima indeterminação do risco pessoal e coletivo. Cabe, portanto, estabelecer paradigmas que coloquem a centralidade do humano que implica pensar a verdade, o bem e o mal.

20. Caderno Mais, *Folha de S.Paulo*, 17/2/2002.

Sérgio foi enterrado em 4 de março de 2002, em Campinas.

Onde estará Rafael?

Em julho de 2002, Parelheiros é desativada por ordem judicial.

Em dezembro de 2002, o relatório da OAB-SP e de entidades da área apontam **tortura** em Franco da Rocha.

Em 2002, houve 5 rebeliões, 47 fugas em um total de 103 fugitivos. Permanece o silêncio. A Febem está, agora, alocada na Secretaria da Educação do Estado, após um curto período de subordinação à recém-criada Secretaria da Juventude; até outubro de 2001, esteve subordinada à Secretaria da Assistência e Desenvolvimento Social, que substituiu a antiga Secretaria da Promoção Social, demonstrando as dificuldades do Executivo em gerenciá-la.

Em maio de 2003 havia 6.040 adolescentes cumprindo medida de privação de liberdade, 37% a mais do que em maio do ano anterior, quando eram 4.407. Ao longo de 2003, ocorrem 34 rebeliões, 57 fugas de 766 adolescentes e 348 recapturados, 6 mortes. A mobilização das entidades da área neste ano ocorre em torno dos graves acontecimentos da Unidade 31 de Franco da Rocha. Em agosto, os temas eram: a **incomunicabilidade** dos internos de Franco da Rocha; abertura das unidades para a visitação de organizações da sociedade civil; definir prazo de fechamento da unidade 31... o governador se comprometeu em fechá-la até dezembro deste ano e continua afirmando a dificuldade para descentralização das unidades, ou seja, a viabilização de construção de novas unidades devido à resistência do poder local e das comunidades na responsabilização pelos seus adolescentes, particularmente os mais difíceis. Um tema 'novo' se coloca na pauta das discussões: a municipalização das medidas socioeducativas de meio aberto. E, em função da gravidade da situação, as entidades voltam a propor no final deste ano a discussão sobre: reforma ou extinção da Febem-SP?

Em 2004, a situação continua a mesma... a rede de entidades está esgarçada por análises, interpretações diversas, conflitantes da conjuntura político-institucional; mostra-se urgente construir um consenso — como não houve em 1999, por exemplo — quanto à privatização das unidades de internação e ao atendimento na execução da medida de privação de liberdade; solicitam à Secretaria dos Direitos Humanos da Presidência da República um posicionamento oficial quanto aos acontecimentos no sistema Febem. Ao mesmo tempo, tramita no Conanda um projeto de lei sobre a execução da medida de privação de liberdade em que se propõe a privatização das unidades de cumprimento desta medida. Há uma consulta pública particularmente em função deste tópico polêmico da lei e isto só será resolvido em assembléia do Conanda no ano seguinte. Ao mesmo tempo, a Secretaria de Direitos Humanos propõe em 25, 26 e 27/11 um seminário nacional para a discussão do SINASE — Sistema Nacional de Atendimento Socioeducativo — que pretende ser "um conjunto ordenado de princípios, regras, e ações de caráter jurídico, pedagógico e administrativo, que envolvem o processo de apuração do ato infracional e de execução de medida socioeducativa"; e seu primeiro princípio é o **respeito aos direitos humanos** (erradicação da tortura e maus-tratos).

Em agosto de 2004, a Febem é alocada na Secretaria da Justiça do Estado de São Paulo. Neste ano, ocorreram 28 rebeliões, 38 tumultos, 25 tentativas de fuga, 60 episódios de fuga quando fugiram 933 adolescentes, sendo 458 recapturados com a ocorrência de 3 mortes.[21]

Mais uma vez...

(...) em 12 de janeiro de 2005, as mães da Amar chegam na unidade de Vila Maria e escutam um "silêncio de morte", os meninos estavam em suas celas; suspeitam que algo grave havia acontecido; contatam o presidente da Febem e, também, Secretário da Justiça e... 16 funcionários saem presos do local e 19 tiveram a prisão decretada. Na seqüência (17/2), 1.751 funcionários são demitidos e se inicia a substituição por educadores sociais e agentes de segurança que haviam passado por um rápido treinamento; as entidades da área da infância e juventude e de direitos humanos dão apoio à autoridade governamental quanto à sua ação enérgica na erradicação da tortura na Febem; 4 dias depois são

---

21. Fonte: Assessoria de imprensa da Febem-SP em boletim eletrônico (folha.uol).

recontratados 380 funcionários do grupo de demitidos para exercer cargos de chefia. No dia 28, o TRT (Tribunal Regional do Trabalho) anula as demissões. Todos sabem — a história já mostrou — que virão tempos duros... e, numa repetição exaustiva iniciou-se uma série de motins, rebeliões, fugas. Até 31 de maio, houve: 30 rebeliões, 29 tumultos, 36 episódios de fuga que envolveram 1.026 adolescentes, sendo 512 recapturados e 4 mortes (arquivos da *Folha de S.Paulo*). Os adolescentes vão para os telhados, usam os funcionários e outros internos como reféns. Os funcionários demitidos ameaçam. Os novos funcionários assumem em condições absolutamente adversas e com um treinamento precário. Não há um projeto técnico consistente e o grande desafio é articular segurança com projeto educacional. A área de segurança tem autonomia em relação à área técnica (seminário Febem em 9/4); neste seminário, a jovem médica responsável pelo Setor de Saúde da instituição informou que os adolescentes que precisam de atendimento médico em função de agressões dentro da unidade, são atendidos pelo Setor de Segurança.

Como em décadas anteriores, 218 adolescentes são transferidos para o Anexo da Casa de Custódia de Taubaté, no início de março. Luiz falava do temor de ir para lá. Sérgio esteve lá e jogava no time de futebol 'Comando da Capital'. As entidades da área os visitam, em 21 de março, e constatam que eram internos da unidade de Franco da Rocha, que não há funcionários da Febem; são manejados pelos guardas penitenciários, desde que chegaram estão sem banho de sol, alguns estão doentes e sem medicação. Estão alojados onde ficaram os líderes do PCC.

No dia 11/3/2005, uma funcionária é estuprada por internos, em Franco da Rocha.

A situação grave e incontrolável — enquanto as entidades da área não chegavam a um consenso sobre propostas, estratégias de participação e enfrentamento da situação — levou, em março (dia 18), o governador a um pronunciamento público sobre a "crise" em que comunica (mais uma vez!) a construção de unidades pequenas (2 ou 4 módulos de 40), regionalizadas e a transferência de 700 internos com mais de 18 anos para a Penitenciária recém-construída de Tupi Paulista, além de outras medidas como "bolsa-auxílio" de R$ 50,00, para as famílias, atrelada à boa conduta institucional do adolescente. De novo, há um tom de farsa e há a história...

A primeira transferência para o Presídio envolve 87 internos e dois casos revelam o modo de lidar: um deles estava em tratamento (portador de HIV com sintomas da doença), foi transferido sem medicação e faleceu 10 dias depois; o outro estava escalado e com perspectiva de jogar em um time de futebol profissional. Impossível não lembrar de Sérgio.

Uma semana depois (dia 24), a Febem passa a apurar a primeira denúncia formalizada de espancamento na transferência para Tupi Paulista.

O relatório que circulou de uma das entidades que foram à Penitenciária de Tupi Paulista, em 30/3/2005, diz o que já estamos exaustos de saber:

"Na saída do quadrilátero do Tatuapé, foram acordados e impedidos de pegar seus pertences (...) um menino solicitava que tentassem localizar a carta da mãe, em uma das unidades do Tatuapé, porque ela informava ali da impossibilidade de continuar visitando-o e dava seu novo endereço". O que produz no adolescente — e, em todos nós, como testemunhas — o despojamento de si, dos seus pertences. Que outra forma de violência é mais cruel do que retirar do outro o seu estatuto moral?

Os adolescentes apanharam entre a saída da unidade e a entrada no caminhão de presos que os levou para Tupi Paulista, a 663 km de São Paulo: 10 horas de viagem. Foram transferidos em um caminhão de transporte de presos — dois buracos de ventilação em cada uma das laterais — em uma viagem sem parada para alimentação e para fazer necessidades fisiológicas, fizeram na própria roupa. Muitos chegaram desfalecidos em Tupi.

Na chegada à Penitenciária, os adolescentes apanharam, foram despidos de suas roupas e vestiram o uniforme do sistema penitenciário. Os meninos usam um uniforme amarelo (foto de 14/4/2005, *Folha de S.Paulo*) que imediatamente se associa com as primeiras fotos dos uniformes dos presos das gaiolas de Guantánamo.

As celas são para 2 e estão 3. Por que 3 se o presídio é para 900 e o primeiro grupo tem 87 adolescentes? Um detalhe que vai compondo a perversidade do modo de lidar. **Não há produtos de higiene pessoal. A alimentação é insuficiente e de péssima qualidade. Os meninos doentes não têm atendimento médico.**

Na chegada à Penitenciária, os adolescentes foram recebidos pelo diretor da unidade que é funcionário, assim como os demais trabalhadores, da Secretaria da Administração Penitenciária, embora o Secretário tenha afirmado que a responsabilidade pelo atendimento seria da Febem-SP.

Quando os adolescentes saem da cela, para qualquer atendimento, permanecem em gaiolas jaulas — como na década de 60, 70, 90.

Os adolescentes são referidos por "lixo", vagabundos, bandidos pelos agentes do sistema penitenciário e pelo próprio diretor, conforme testemunho dos membros das entidades visitantes.

A grita das entidades, que haviam apoiado as ações do secretário em sua empreitada de erradicação da tortura, fez com que no dia 30/3/2005 esta unidade prisional fosse denominada Unidade de Atendimento Emergencial da Febem-SP. **Um cinismo.**

As entidades voltaram lá em 11, 12 de abril com o Ministério Público e constataram os espancamentos no dia 10 (domingo à noite). O diretor afirmou que havia sido uma briga entre eles. Os meninos afirmaram que depois da surra tomaram banho frio. Os médicos legistas constataram que 60 adolescentes tinham sido espancados. Havia 12 em "solitária", sem autorização judicial. A reformulação do regimento interno da Febem, em que as faltas graves cometidas pelo adolescente justificam 30 dias de "isolamento", ocorreu 3 dias antes e a justificativa é que a sanção anterior (5 dias) não discriminava faltas graves, médias e leves.

Após a denúncia do Ministério Público, o Secretário da Justiça, presidente da Febem, foi visitar a unidade penitenciária (14/4/2005) e confirmou que os adolescentes sofreram lesões. E como solução mandou trocar os colchões e instalar câmeras de vídeo em todas as alas.

Em situação análoga, o procurador geral da República, Cláudio Fonteles, enviou ao Supremo Tribunal Federal a solicitação de intervenção federal no CAJE — Centro de Atendimento Juvenil Especializado — em Brasília (8/4/2005), e uma de suas alegações diz "o uso de medidas disciplinares de confinamento podem comprometer a saúde física e psicológica dos adolescentes".

Em 6/6/2005, a Febem passa a ser presidida pela procuradora Berenice Maria Giannella, indicada pelo governador Geraldo Alckmin; era secretária adjunta da Secretaria da Administração Penitenciária (pasta responsável pelos presídios paulistas) e substitui Alexandre de Moraes, que deixou o cargo para assumir uma vaga no Conselho Nacional de Justiça.

Em 7/6/2005, o relatório da juíza do DEIJ (Departamento de Execuções da Infância e da Juventude), com base em vistoria, aponta problemas como número insuficiente de agentes e internos com trânsito livre; há casos em que eles exigem que os funcionários peçam permissão para circular. Ordenou que a Febem detalhe, em 15 dias, as medidas que tomará para evitar o "franco processo de desmoronamento" relatado por técnicos da instituição, em visitas da Justiça aos complexos. Os problemas incluem falta de experiência e número pequeno de funcionários, o que, segundo o relatório, contribuiu para a falta de limites e unidades dominadas por internos. Isso teria ocorrido após a demissão em massa de funcionários, em fevereiro, na tentativa de reestruturar a entidade. O relatório menciona casos de adolescentes que não usam uniformes e invadem os setores administrativos. Em alguns locais, os funcionários precisam pedir permissão para circular pela unidade e para que possam trabalhar. A Promotoria do DEIJ noticiou em maio a apreensão de um celular a cada três dias, em média, em três complexos da instituição na capital paulista. Os novos funcionários inexperientes, segundo relatos, cederam às pressões, e os internos acabaram obtendo muitas "regalias indevidas", como apontam os indícios de visitas íntimas de namoradas nas unidades. O relatório sinaliza, ainda, indícios de envolvimento afetivo entre internos e funcionárias. Entre as novas contratações há algumas funcionárias mais jovens que os adolescentes naquelas unidades que têm internos com 18 anos ou mais.

Para o coordenador estadual do Movimento Nacional de Direitos Humanos, o relatório é bastante realista. "A Febem hoje é um mar de lama. O documento exprime bem essa situação de caos e descontrole".

O depoimento (29/4) do interno em uma das unidades do Complexo Tatuapé ao Ministério Público é um retrato mais preciso: "(...) quanto às atuais condições de funcionamento das unidades do Complexo Tatuapé pode dizer que atualmente cada unidade é representada por um ou dois adolescentes, chamado de 'VOZ'. Na UI, temos dois 'VOZ' atualmente que são responsáveis por representar a unidade nas reuniões entre os internos do Complexo e os diretores (...) nesta unidade funciona da seguinte maneira: em cima temos os dois 'voz', depois temos dez 'faxinas', cinco responsáveis pela alimentação e cinco pela limpeza. Temos ainda três adolescentes responsáveis pela disciplina, sendo o declarante um deles. Explica que, havendo qualquer confusão dentro da unidade, entre os internos, é responsável em chamar os adolescentes e conversar com os mesmos para chegarem a um 'acordo' e 'ficarem na boa' (...) Isso era papel dos coordenadores antigamente. As roupas da Febem, uniformes, não são utilizadas mais dentro das unidades do complexo. Estão liberadas as 'roupas do mundão', que os familiares trazem de fora da unidade. Somente há restrições para jóias, relógios e óculos, além de roupas pretas e chinelos pretos. Perguntado porque está usando uma corrente grossa, dourada, no pescoço, diz que tem este direito porque 'já usava na Vila Maria'. Sabe que em outras unidades do complexo os adolescentes às vezes sobem nos telhados e passam para outras unidades para conversar mas na unidade do declarante os adolescentes não têm costume de subir no telhado e, quando precisam, conversam com a direção e saem para as outras unidades pelo portão. Atualmente estão negociando para que todos os internos da unidade possam transitar livremente dentro do complexo, pois possuem parentes e amigos em outras unidades. As visitas são nos finais de semana e sendo permitida a visita íntima tanto nesta unidade quanto nas outras do complexo. Tais visitas ocorrem dentro dos quartos, que permanecem abertos nos dias de visita. Nada sabe sobre o uso de celulares dentro das unidades do complexo declarando que nesta unidade nunca foi apreendido celular pelo que sabe. Pode dizer que existe comunicação entre os complexos, pois no último feriado o complexo Tatuapé chegou a 'parar' enquanto não tivessem informações sobre uma 'opressão' que estaria ocorrendo no complexo Raposo Tavares. No seu modo de ver as coisas estão melhores atualmente, pois não há 'couro' e os adolescentes sabem tratar dos assuntos importantes e resolver as situações dentro das unidades, sem a necessidade da interferência dos funcionários..."

No depoimento do adolescente quanto à hierarquia de presídios instalada na Febem, ele só não se referiu à "central" que é formada por uma ou mais unidades que concentram o poder de decisão no complexo. Em 1º de maio, a "central" do Complexo Tatuapé era composta por internos das unidades 12 e 23 (*Folha de S.Paulo*, 2/5/2005).

Os adolescentes ficam na tranca ou vão assumindo o controle, do pátio, dos funcionários, das alas, das unidades. Quarenta e sete celulares foram apreendidos nos três complexos: Raposo Tavares, Tatuapé, Vila Maria. Um adolescente interno no Complexo Raposo Tavares é levado duas vezes na mesma semana para atendimento médico de urgência por overdose de cocaína.

Em São Paulo, observa-se algo que pode ser comum a outras metrópoles brasileiras onde o crime organizado está se instalando: em um bairro típico da produção de adolescentes para a Febem — Cidade Tiradentes — os meninos morriam enquanto o território era disputado e, quando a disputa cessa, o número de homicídios cai. Os trabalhadores de um programa de liberdade assistida na longínqua zona leste da cidade relatam, em 23/9/2005, que há uma ordem dos chefes locais do crime "de dois anos para cá", que ninguém está autorizado a "matar", só eles. O bairro assume visibilidade na mídia em função, inclusive, do trabalho de educação política (consciência de direitos) junto à comunidade local. Na grande varredura anterior que a polícia fez no bairro tinha havido 17 mortes e na última (setembro) nenhuma. Só(!) humilhação, invasão de domicílio e uma forma de violência física (erguer a pessoa e tirá-la do chão segurando e pressionando o polegar e o indicador na garganta) e psicológica que o Instituto Médico Legal não detecta.

O estudo da Unesco sobre o declínio dos homicídios na cidade de São Paulo, publicado em 2005, não considera esta variável.

A Secretária da Ação Social e Cidadania de Diadema afirma, em 18/7, em reunião na Fundação Abrinq: "a grande disputa pelo adolescente é com o crime organizado". Ele (o crime) oferece, no presente, uma tabela de cargos e salários, oferece um grupo de pertinência, uma identidade, e aí a arma de fogo tem um papel importante no projeto de virilidade do adolescente destituído dos ícones de identidade que transitam no universo adolescente, oferece proteção para os adolescentes dentro e fora da cadeia, mas o que o adolescente não sabe, seqüestra seu futuro.

Em 21/9/2005, "as mães da Febem", reunidas em Cidade Tiradentes, diziam que estão preocupadas porque atualmente os internos (seus filhos!) em determinado horário do dia fazem um "hino de adoração ao PCC" (fazem uma oração e gritam *slogans*) e um pai relata que foi visitar o filho preso e "perdeu" a visita porque o filho estava muito drogado, foi impossível conversar. Já não há nenhum constrangimento.

A Amar convoca uma manifestação contra tortura na Febem-SP para o dia 5 de outubro... as mães não desistem de seus filhos. As vozes das entidades sociais estão desafinadas, roucas, sem rumo: o Sitraemfa, até outro dia, denunciado por "defender funcionários acusados de tortura", é parceiro na manifestação... um cartaz denuncia a presença do GIR — Grupo de Intervenção Rápida — formado por agentes penitenciários que intervêm nas situações de tumulto nas unidades. Um substituto do "choquinho", que substituiu os "ninjas", funcionários da Febem.

A revista *Época*, de circulação nacional (22/9/2005), publica matéria sobre a entrada de jovens universitários, dos estratos médios e altos da população no tráfico internacional e na distribuição local de drogas sintéticas. Há uma nova fisionomia no fenômeno.

Em 14/10/2005, um jovem de 21 anos, estudante de jornalismo, assassina seu colega de faculdade de 21 anos, dentro da universidade em São Paulo. O representante da reitoria diz "(...) apresentamos nossa solidariedade à família do jovem assassinado. E nossa compaixão à família do jovem que assassinou".

No *folder* da Amar de divulgação da manifestação contra a tortura na Febem, há o registro de 23[22] mortes de adolescentes nos anos de 2003, 2004 e 2005 dentro dos equipamentos governamentais, sob a responsabilidade do Estado.

"Tá tudo dominado".

---

22. Duas delas foram na cidade de Santos.

7
Decifração

Hieróglifo — 1. Unidade ideográfica fundamental do sistema de escrita do antigo Egito, que aparece nas inscrições sobre os monumentos. 2. Figura ou símbolo enigmático. 3. Escrita ilegível ou indecifrável. 4. Tudo o que é difícil de decifrar.[1] O significado daquilo a ser compreendido/comunicado está lá — inteiro. Nós é que não conhecemos... é necessário decifrar.

Sintoma — na teoria psicanalítica é uma produção — quer seja um comportamento, um pensamento — resultante de um conflito psíquico entre o desejo e os mecanismos de defesa. O sintoma, ao mesmo tempo em que sinaliza, busca encobrir um conflito, substituir a satisfação do desejo. Ele é ou pode ser o ponto de partida da investigação psicanalítica na tentativa de descobrir os processos psíquicos encobertos que determinam sua formação. Os conflitos se expressam no sintoma e este, muitas vezes, "disfarça" o que revela... dá pistas, caminhos de investigação equivocados... é necessário decifrar.

Escavações arqueológicas — em "O mal-estar na cultura", Freud afirma, usando o exemplo da cidade de Roma, que ali onde existe alguma construção, já existiu outra; as camadas são sobrepostas como as "cascas da cebola". A aparência que É (não é desprezível) e, ao mesmo tempo, encobre o que foi/É. O tempo do inconsciente tem a concomitância do passado, presente e futuro anunciado, no desejo.

---

1. Síntese do verbete hieróglifo do *Dicionário Houaiss da Língua Portuguesa*, 1ª edição, 2001.

As histórias dos personagens e das instituições aqui relatadas são enigmáticas, produzem espanto, seja pela incapacidade de compreender, seja porque os acontecimentos se repetem, se exacerbam e os personagens se substituem no mesmo tempo, na linha do tempo, transitam. As interrogações precisam ser compartilhadas e colocar novas questões, caminhos para a decifração, mudar o foco, permitir vários focos como possibilidade de compreender. Uma busca com pistas. Assim, contribuir com mais questões na tentativa de uma resposta mais satisfatória, efetiva, capaz de uma ação criadora de novos futuros. A lógica do desafio.

Portanto, vou repetir[2], a finalidade é: elencar tópicos — linhas de trânsito — para tecer uma teia de conteúdos que se tocam — se aproximam e se afastam —, conectam-se com a finalidade de ir para além da aparência (do sintoma) e das representações sociais falseadoras da realidade sobre o tema adolescência-violência no contexto da cultura. Sua complexidade, suas múltiplas faces e interfaces exigem uma extensão e aprofundamento de articulações teóricas delicadas e muitos percursos, atalhos ficarão só sinalizados... pistas[3] de decifração do mal-estar de nosso tempo.

O objeto a ser investigado, decifrado, é o fenômeno adolescência-violência na cultura

Um sujeito-objeto porque está "vivo", produzindo acontecimentos novos e complexos no mundo das relações que o transmutam. Um objeto que se constrói recíproca e ininterruptamente porque articulado, imbricado com todos os aspectos da vida social. Portanto, um objeto que fala de si e revela aquilo que está para além de sua circunscrição. Reverbera.

Também um objeto-sujeito porque estou implicada como trabalhadora da área, coadjuvante de algumas histórias, cidadã.

O deciframento deste objeto/movimento implica, como já foi abordado anteriormente, um conhecimento transdisciplinar. Uma única área

---

2. Capítulo 1.

3. Este é um percurso para muitos pensadores até darmos conta de escavar toda a extensão de todas as camadas sobrepostas deste acontecimento que invade nossas vidas!

de saber não dá conta. Vê uma face, reduz o fenômeno a um fato: fato econômico, fato antropológico, fato histórico, fato político, fato psicológico, fato cultural, fato jurídico ou... É necessário transitar por vários saberes, várias especialidades. A possibilidade das conexões que dão pistas do desvendamento não está, também, no multidisciplinar que é o somatório das faces, a justaposição de explicações. O modo de olhar, perscrutar, escavar implica a **trans**disciplinaridade — um assinalamento da década de 80 (UE-20) e uma urgência neste novo tempo. Assim, esta construção é um exercício, o início do percurso de transitar por alguns saberes, um rascunho de decifração.

O tema "adolescência-violência" é um ponto crítico, de saturação, condensação de múltiplas determinações, pois revelador das mutações, transformações da cultura, dos padrões de relações entre os humanos, da fragilidade dos vínculos amorosos, do modo de pensar, sentir, agir — estar no mundo — dos indivíduos, neste momento histórico. Revela o que é comum e o que é singular, o que permanece e o que flutua, o estrutural e o conjuntural.

A multideterminação do fenômeno — ou, como Sigmund Freud diz, a "sobredeterminação" — é constitutiva do fenômeno e se revela tanto na sua dimensão macroscópica — a vida coletiva — como na dimensão microscópica — a biografia pessoal.

O binômio adolescência-violência se situa no contexto da associação juventude e violência

Violência — a Violência, com **V** maiúsculo, é um fenômeno que aglutina fatos sociais díspares[4]: a contaminação das águas, a guerra, as mortes no trânsito, o trabalho infantil, a tortura de presos, a expulsão da terra, a profecia do fracasso escolar, o abuso sexual, a omissão de ajuda, a intolerância com a diferença, o suicídio, o homicídio, o...

---

4. Jurandir Freire Costa, "O medo social".

Falar da Violência — com **V** maiúsculo — coloca-a como problema insolúvel, para além da capacidade humana de enfrentá-la, "... nesse caso, é apenas um fetiche, uma figura de linguagem, cuja matéria é nosso medo" (Costa, 1993: 86), aumenta nosso sentimento de impotência. Está na preocupação de todos, cidadãos em estado de vulnerabilidade. Os acontecimentos da Violência se sobrepõem, se intensificam, se transmutam e criam um clima cultural contaminado e contaminador, de difícil decifração.

Para readquirirmos a potência — do pensamento, da ação — é necessário nos aproximarmos de cada uma de suas expressões: a violência com **v** minúsculo é a parte em relevo que irá revelar o todo e a si mesma, na sua especificidade. Cada uma das expressões da violência está referenciada à mesma base material, humana e cultural da nossa sociedade e do mundo. Engendra-se de um modo particular, portanto, implica uma compreensão de sua especificidade. De um modo ligeiro, como exemplificação, é possível dizer que o preconceito e o crime, inscritos em um mesmo contexto social, podem ter sua expressão influenciada por um mesmo fator (o econômico, por exemplo) e quando aumenta a taxa de desemprego, entre os vários efeitos, pode-se observar o aumento do preconceito em relação aos migrantes, em função da disputa de vagas de trabalho e, ao mesmo tempo, alguns indivíduos que escolhem o furto como alternativa de obtenção de renda. Neste exemplo (nem tão hipotético!), há — além das determinações comuns a estas e outras expressões de violência, que podem coexistir naquele momento na sociedade — inúmeros elos que vão se singularizando à medida que "se aproxima" da conduta do grupo que defende sua vaga de trabalho e do indivíduo que comete o delito. A primeira e mais simples pergunta a ser respondida, que aponta para processos e mecanismos específicos, é: por que alguém "escolhe" um modo e não outro?[5]

Os vários autores organizadores do livro *Linguagens da violência* (Pereira et al., 2000) colocam como primeiras palavras para compreen-

---

5. Esta foi a pergunta que norteou a pesquisa de Simone Assis, *Traçando caminhos em uma sociedade violenta — A vida de jovens infratores e de seus irmãos não-infratores* (1999).

der o fenômeno da violência, no contexto das sociedades contemporâneas, a necessidade de considerar sua complexidade, diferentes expressões, e buscar a articulação entre violência e cultura. Para isto, é necessário construir um arcabouço teórico. São estas também as minhas palavras para iniciar a escavação deste tema.

Mapear o território da violência, pondo em relevo o trânsito da juventude, suas migrações, mutações ou metamorfoses produzidas e produtoras de paradoxos, implica abordar, escavar, interpretar a violência considerando sua relevância na produção de mentalidades, de padrões de sociabilidade, seus efeitos em todas as esferas da vida pública e privada, seu enraizamento em todas as instituições, mesmo naquelas consideradas as mais protetivas de seus membros, como a família e a escola, e naquela à qual os indivíduos atribuíram — como conquista da civilização — a função de arbitrar os conflitos e proteger os cidadãos: o Estado.

A violência é produção humana por mais surpreendente, terrorífica, inominável e cruel que seja sua expressão. Ancora-se, no interior dos indivíduos, na agressividade — em um de seus referentes, a destrutividade — que constitui a todos. A disseminação da violência está articulada com o fracasso dos mecanismos sociais de regulação da vida coletiva: máquinas sociais de controle dos indivíduos e processos agregadores da coletividade. Estes processos agregadores, Hélio Pellegrino os chama de "cimento social", e se referem aos valores básicos da humanidade: a dignidade, a solidariedade, a justiça social[6] (Pellegrino, 1989).

Para Jurandir Freire Costa, empregamos a palavra violência para denominar os atos intencionais que se caracterizam pelo uso da força, pela transgressão às leis que visam o bem comum e o predomínio da

---

6. O artigo "Psicanálise da criminalidade brasileira", de Hélio Pellegrino, foi publicado em 1984, no Folhetim, encarte do jornal *Folha de S.Paulo*, e incluído no livro *Democracia e violência*, que reúne a produção dos membros da Comissão Teotônio Vilela de Direitos Humanos para instituições totais, da qual o psicanalista foi fundador e militante.

crueldade sobre a solidariedade no convívio humano. Nas palavras do psicanalista e estudioso dos fenômenos sociais, "violência é toda aquela situação em que o indivíduo foi submetido a uma coerção e a um desprazer absolutamente desnecessários ao crescimento, desenvolvimento e manutenção do seu bem-estar psíquico" (Costa, 1986: 17).

Nesta concepção, constatamos que a violência, em suas múltiplas expressões, invadiu e está presente nas várias áreas de relação do homem com o mundo — as coisas, as pessoas — e consigo próprio: seu corpo e sua mente. São múltiplas as suas expressões.

Até recentemente, identificavam-se as grandes expressões da violência, enquanto sinalizadores da transgressão de pactos da humanidade, com: a **guerra** — o monopólio da violência pelo Estado, cuja descoberta foi, segundo Freud,[7] a grande desilusão para os cidadãos na 1ª Grande Guerra do século XX; o **preconceito** — como exercício da intolerância de grupos sociais com a diferença, o "estrangeiro"; e, a **criminalidade** — a expressão e prevalência dos interesses individuais e, agora, grupais (o crime organizado).

Contudo, aprendemos a conviver com estes acontecimentos ou, como diz Hobsbawm (1995: 22) "neste século, o homem aprendeu que é possível aprender a viver nas condições as mais intoleráveis e desumanizadoras". Há uma naturalização da violência revelada na legitimidade da guerra como extermínio, na não-regulação dos organismos internacionais destes confrontos, na justificativa do extermínio de civis (mulheres e crianças) como "efeitos colaterais da guerra", nas novas e assépticas técnicas de tortura dos presos de guerra, na demonstração de força e poder do crime organizado que se confronta com o Estado, na transformação dos corpos em mercadorias, no seqüestro e no tráfico de drogas. A banalidade do mal se expressa no sintoma do alheamento em relação ao sofrimento do outro.

---

7. Além de referências gerais sobre a guerra em sua obra, Freud escreve dois textos específicos sobre o tema, um deles é uma carta — resposta a Einstein: "Por que a guerra?" — e "Considerações sobre a guerra e a morte", em que analisa o monopólio da violência pelo Estado e os efeitos desta descoberta pela população civil.

Enfim, a violência como "ingrediente permanente da cultura, marcando o regime de sociabilidade dominante (...) torna-se, em grande parte, invisível ao menos para os que ali nasceram, cresceram e viveram" (Figueiredo, 1998: 54). Está no cotidiano, impregnada no *modus operandi* da sociedade, nas tramas das relações sociais mais ou menos íntimas, produzindo novos percursos biográficos e outras formas de existir. É neste ambiente cultural que as novas gerações formam sua identidade, constroem seu modo de pensar, sentir e agir.

No estudo da violência, um aspecto importante, referido por Luis Cláudio Figueiredo (1998), é a emergência da violência paradoxal, aquela em que não há uma finalidade explícita e o exercício da violência ocorre em uma circunstância ou magnitude despropositadas, portanto, incompreensível em sua aparência. A violência paradoxal, assim como a violência instrumental — cuja finalidade está explícita e, portanto, mais inteligível — fazem pensar a violência como elemento constitutivo do ambiente social e indicadora de outros aspectos da configuração subjetiva dos membros da sociedade, pois aponta para a qualidade dos laços humanos, importante regulador da pertinência do indivíduo na vida coletiva. Aponta para novos fenômenos do mundo social como, por exemplo, a fugacidade da satisfação do homem com os objetos de consumo apresentados em avalanche contínua e impossíveis de serem consumidos, gerando uma insatisfação permanente acompanhada por uma busca constante de satisfação individual em detrimento dos interesses coletivos.

Ao mesmo tempo, todos se sentem vulneráveis... o perigo mora ao lado, em qualquer lugar. Instala-se o medo social, um clima de insegurança: os cidadãos requisitam mais segurança — uma pista para compreender que a percepção do fenômeno da violência reduziu-se à sua face mais descarada, o crime. A população exige que o aparato de segurança do Estado atue de modo mais repressivo, garanta a segurança pública.

É importante notar que até meados da década de 80 esse era um clamor mais intenso dos estratos pobres da população, bastante manipulado pelos governantes, pois esta reivindicação por segurança fazia com que o aparato repressivo do Estado se voltasse contra a própria população que a requisitava. Este círculo vicioso ocorria/ocorre também porque havia/há uma representação social incrustada na cultura e difundida — particularmente por setores dos meios de comunicação de massa — que associa a figura do pobre com o criminoso produzindo a criminalização da pobreza[8].

Na última década do século XX, com a entrada de outros estratos sociais na criminalidade e o crime organizado articulado com todos os poderes — Executivo, Judiciário e Legislativo — e grupos econômicos expressivos, além das ações espetaculares dos criminosos (rebeliões planejadas, seqüestros, centrais telefônicas que conectam vários presídios, resgates de presos), em um claro confronto com o Estado e a lei, há uma demanda generalizada — de todas as classes sociais — por segurança. Neste sentido, são significativos os movimentos que surgem e se sustentam com a mobilização da classe média, por exemplo, "Instituto São Paulo contra a Violência" e "Sou da Paz" em São Paulo. Já é possível observar que o aparato repressivo começa a estender sua ação a outros grupos sociais além dos pobres: os jovens de todas as classes sociais.

Nesta mesma década de 90, o crime de setores sociais que sempre permaneceram imunes ao sistema da Justiça ou acobertados por ela adquiriu visibilidade e começou a se romper o estereótipo do criminoso como negro, pobre, favelado e instalou-se de modo mais contundente, com muitos exemplos, a idéia da impunidade como uma característica de funcionamento de nossa sociedade. Uma convicção ainda difícil de ser rompida mesmo com a punição de casos exemplares de representantes de todos os poderes e de membros dos grupos econômicos hegemônicos.

A idéia da impunidade associada ao aumento da criminalidade produz a constatação do fracasso ou descrença de que o Estado possa

---

8. Este aspecto é abordado de modo esclarecedor no texto de José Manoel Barros de Aguiar, "Mais uma vez: a utilização político-ideológica da delinqüência".

cumprir a função de assegurar a paz pública, de modo eqüânime, para todos.

Os cidadãos buscam soluções pessoais ou locais que vão construindo sistemas de justiça paralelos (os justiceiros) ou vão privatizando uma função do Estado (o incremento da segurança particular). Esta nova configuração vai produzindo/revelando uma mentalidade calcada em regras próprias, uma legislação invisível "de indivíduos ou grupos que passam a arbitrar o que é justo, injusto, segundo decisões privadas, dissociadas de princípios éticos válidos para todos" (Costa, 1993: 84).

A ilusão se sustenta na falsa idéia de que é possível garantir a segurança pessoal independente da segurança pública. A segurança torna-se uma mercadoria (vidros blindados, condomínios fechados, inclusive nos bairros populares), mas a sensação de vulnerabilidade se intensifica. É um luxo não temer os demais seres humanos.

Adolescência — este também é um tema polêmico. Como conceituá-la? Considerar as divergências teóricas dentro de uma mesma área de especialidade — a psicologia, por exemplo — e, ao mesmo tempo, as contribuições de outras áreas de conhecimento, acrescentando o aspecto das mudanças aceleradas que se revelam na conduta dos indivíduos, torna a tarefa bastante complexa.

Contudo, é possível partir de um consenso que é fato: a adolescência se inicia na puberdade com as mudanças orgânicas que se revelam no corpo. Desde o início dos estudos mais sistemáticos sobre a adolescência, as diferentes especialidades (medicina, psicologia, antropologia) concordam com isto.[9] Este consenso se constitui em subsídio para outras áreas que tratam deste segmento. A Lei 8.069 — Estatuto da Criança e do Adolescente — estabelece as faixas etárias para definir juridicamente infância (0 a 12 anos) e adolescência (12 a 18 anos) usando como referência este consenso.

---

9. Desde G. Stanley Hall (1844-1924), que escreveu um tratado em dois volumes sobre o adolescente, passando por Margaret Mead (1933), Erik H. Erikson (1968), Aberastury (1981), José Outeiral (1998), Françoise Dolto (1990), Contardo Calligaris (2000), para citar aqueles que são mais usados na compreensão e trabalho direto com adolescentes.

Na linha do tempo, a vida das pessoas é marcada por etapas,[10] sejam elas sinalizadas pelo desenvolvimento biológico, por ritos sociais, por determinações de ordem objetiva, por tudo isto e muitas outras variáveis históricas ou circunstanciais conectadas. Quando nos referimos ao desenvolvimento endócrino do púbere não quer dizer que consideramos exclusivamente os aspectos orgânicos como definidores, mas que este é um fato inegável, comprovado e produz alterações importantes na vida da pessoa. Estas alterações poderão ser maximizadas ou minimizadas, em seus efeitos na conduta, dependendo dos ritos sociais que cercam esta passagem (por exemplo, o controle da conduta sexual) ou de aspectos singulares da biografia de um adolescente (por exemplo, a fixação emocional em período anterior do desenvolvimento). Ou, ainda, uma determinada condição de vida objetiva. A pobreza, por exemplo, poderá implicar que este aspecto, o biológico, deixe de ser significativo porque independentemente dele, o sujeito deverá ingressar na vida adulta, o trabalho,[11] como provedor da renda familiar — uma função destinada aos adultos, em nossa sociedade.

---

10. A idéia de etapas no desenvolvimento não implica uma divisão normativa de faixas etárias às quais corresponde um conjunto fixo de característica em relação às quais o indivíduo é avaliado enquanto adequado/inadequado, normal/patológico. É necessário considerar a história peculiar do indivíduo para compreendê-lo. Atualmente, há uma problematização do momento (faixa etária) de início e término de cada etapa; as referências são grandes períodos: infância, adolescência, idade adulta e adultos maiores. Neil Postman, em *O desaparecimento da infância*, afirma que as mudanças culturais são de tal monta que, em breve (?) teremos só duas grandes etapas do desenvolvimento humano: a infância e a idade adulta.

11. Em setembro de 1866, Karl Marx, no Congresso da AIT, realizado em Genebra afirma "o trabalho dos adolescentes e das crianças dos dois sexos" e começa definindo que "por adulto entendemos toda pessoa que tenha atingido 18 anos de idade" e, "numa sociedade racional, qualquer criança, desde a idade de 9 anos, deve ser um trabalhador produtivo (...) julgamos útil dividi-los em três classes que devem ser tratadas diferentemente. A primeira compreende as crianças de 9 a 12 anos, a segunda aquelas de 13 a 15 e a terceira de 16 e 17 anos. Propomos que o emprego da primeira classe em todo trabalho, na fábrica ou a domicílio, seja legalmente restrito a duas horas; o da segunda, a quatro horas e o da terceira a seis. Para a da terceira classe, deve haver uma interrupção de uma hora ao menos para a refeição e o repouso..." (Britto, 1968: 16). É possível supor que o autor esteja usando a referência do desenvolvimento físico (combinado com a exigência de educação) para definir as faixas etárias.

Neste sentido, a adolescência como uma etapa da vida deve ser compreendida também como uma variante da condição social de classe. Isto é, sua duração e vivências ocorrem diferentemente dependendo da origem social dos sujeitos. Para aqueles que dependem de estratégias de ganho para garantir a própria sobrevivência, falamos de **adultização precoce**; e criamos o conceito de **adolescência terminal** quando este período se estende na vida do indivíduo para além do que é convencionado socialmente e ele tarda a entrar no mundo adulto, que se caracteriza, grosso modo, pela inserção no mundo do trabalho e que significa participação na vida coletiva.[12]

Outro consenso, portanto, é que aspectos jurídicos, históricos, sociais, culturais, tecnológicos interferem, **produzem adolescência**; ou melhor, um tipo de adolescente de uma época particular. Por exemplo, os *hackers*.

Contudo, como referência mínima de como é visto o adolescente pela psicologia — um saber requisitado, com freqüência, para falar dele nesta busca das gerações de facilitar o convívio —, um ponto de partida pode ser o levantamento realizado por Aberastury e Knobel (1981) a partir de uma extensa bibliografia sobre o tema.

O autor organizou a produção teórica, na abordagem da psicanálise, em algumas características que podem ser usadas como indicativas de aspectos da adolescência: busca de si mesmo e da identidade; tendência grupal; necessidade de intelectualizar e fantasiar; crises religiosas, que podem ir desde o ateísmo mais intransigente até o misticismo mais fervoroso; deslocalização temporal, em que o pensamento adquire as características de pensamento primário; evolução sexual manifesta,

---

12. Dois indicadores usados, no século XX, para marcar a entrada na vida adulta, são: o ingresso no mundo do trabalho e a constituição de uma nova família. Jean Piaget usa esta referência. Por um lado, as restrições para a entrada no mercado de trabalho associadas à ausência de vagas para incorporar a juventude e as exigências de qualificação cada vez maiores; e, por outro, as mudanças na constituição da família e sua substituição por associações ou grupos de pertencimento equivalentes — ao lado de outros aspectos como os novos padrões de relações amorosas — problematizam de modo radical o uso mecânico destes indicadores.

que vai do auto-erotismo até a heterossexualidade genital adulta; atitude social reivindicatória com tendências anti ou associais de diversas intensidades; contradições sucessivas em todas as manifestações da conduta, dominada pela ação, que constitui a forma de expressão conceitual típica deste período; separação progressiva dos pais; constantes flutuações do humor e do estado de ânimo.

Contardo Calligaris (2000), outro estudioso da adolescência, enumera, em uma publicação de divulgação popular,[13] os seguintes aspectos: adolescência como moratória, adolescência como reação e rebeldia, a busca de autonomia, insegurança, a necessidade de reconhecimento. E aponta algumas categorias de adolescentes: o gregário, o delinqüente, o toxicômano, o que se enfeia, o barulhento.

Um aspecto enfatizado, atualmente, na abordagem da adolescência é o da moratória que, grosso modo, significa um período de preparação para ser adulto. Embora o indivíduo possa já se "sentir" preparado, porque sua socialização desde o nascimento é para participar do mundo social, ele não é considerado pronto. Esta moratória vale para todos porque mesmo para aquele que, por alguma circunstância — a exigência do trabalho, por exemplo —, já se inseriu na vida adulta, isto é visto como um desvio.

A rebeldia — marca do adolescente — vista como problema é um lugar que o adulto constrói para o adolescente. Ele é educado para o valor da autonomia e quando quer falar, "ainda não chegou a hora". Esta contraposição ao adulto está também relacionada à sua busca de reconhecer-se e afirmar-se como uma identidade única, singular, diferente do outro. Deste aprendizado, faz parte negar o outro, anular o outro, contestar, polemizar. Especialmente se o outro é o adulto e mais particularmente aqueles que têm poder de mando. Os vínculos afetivos significativos podem ser, mas nem sempre são, controladores importantes desta conduta.

---

13. A divulgação popular pode contribuir para a legitimação ou alteração das representações sociais sobre adolescência. Isto é relevante, neste momento em que há uma associação da adolescência-violência bastante divulgada.

Marin (2001: 153-176) mostra que o estudo sobre a violência surgiu na psicanálise quando esta começou a tratar mais sistematicamente o tema da adolescência e torna evidente a teoria abordando o adolescente, pela ótica do problema. Sérgio Adorno (1999: 14) também relata que as diferentes áreas de conhecimento, e mesmo a coletividade, ao colocar o adolescente como objeto de reflexão, preocupação, o faz a partir desta ótica. Para Aberastury e Knobel (1981: 88), a adolescência "difícil" esconde outra face, que é da sociedade difícil, hostil para com o adolescente que quer ser ativo no mundo.

A violência do adolescente e contra o adolescente são apreensíveis em uma concepção de violência que dá visibilidade às suas várias expressões

O binômio adolescente-violência[14] tem dupla face: o adolescente como vítima e como agente no cenário da violência; embora "tanto as análises sociais quanto a imagem divulgada pelos meios de comunicação têm privilegiado a adolescência e juventude como momento de produção de violência, como agressora, destacando seu envolvimento com a delinqüência e a criminalidade..." (Waiselfisz, 1998: 11).

O modo como morrem nossos adolescentes, particularmente nos grandes centros urbanos, aqui e em outros lugares do mundo, é tão significativo e revelador da trama (drama) social quanto o modo como matam. Ambos os aspectos estão inscritos no mesmo ambiente sociocultural que produz, legitima e mantém a violência em seu grau extremo — a morte.

As pesquisas da Unesco, em diferentes regiões de nosso país, sobre a mortalidade de jovens, demonstram que ao mesmo tempo em que a

---

14. O tema adolescência-violência se inscreve no binômio juventude-violência. Os estudos e pesquisas referem-se sempre à faixa etária de 15 a 24 anos e é possível situar e discriminar, neste conjunto, os adolescentes considerados na faixa etária de 12 a 18 anos.

taxa global de mortalidade da população brasileira caiu de 633 para 561 por 100 mil, de 1980 para 2000, a taxa relativa aos jovens cresceu, no mesmo período, de 128 para 137 (Waiselfisz, 2002: 25). Além de aumentar, a pesquisa indica que há "novos padrões de mortalidade" entre os jovens de 15 a 24 anos. Ou seja, as causas endógenas como determinantes de óbitos são substituídas, ao longo das últimas cinco ou seis décadas, por causas externas e associadas à violência. Em 1980, estas causas eram responsáveis por 52,9% das mortes de jovens, em 2000 por 70,3% e em 2002 por 72%. Os indicadores de causas externas são: acidentes de trânsito, homicídio e suicídio, sendo o homicídio o fator predominante. Em números absolutos: em 2002, dos 47.885 óbitos de jovens brasileiros, 37.486 (mais de dois terços) morreram por causas externas sendo o homicídio o principal fator.

A taxa de suicídio — 3% em 2000 — cresceu menos que na população total; e chama a atenção que os Estados de Roraima, Acre e Mato Grosso do Sul ocupem as primeiras posições. É possível verificar uma taxa ascendente a partir dos 10 anos, mais expressiva a partir dos 15 anos, um pico na idade de 21 anos (enquanto números absolutos) e a masculinização deste fator de óbito: mais de 75% (Waiselfisz, 2002). O Brasil apresenta uma incidência pouco significativa deste fator na comparação entre os 60 países pesquisados: 51º lugar. Rússia e Lituânia estão, respectivamente, em 1º e 2º lugar.

Quanto aos acidentes de trânsito como fator de morte de jovens, o Brasil passou de 13º lugar em 1996 para 29º lugar em 2000, na comparação internacional. Ou seja, a taxa crescente de 4,6% ao ano (até 1996) passou a **decrescer** a um ritmo de 6%. Isto se deve, segundo o autor, à promulgação da nova Lei de Trânsito em 1997. Há aspectos característicos deste fenômeno, como o maior número de mortes do sexo masculino e uma diferença significativa nas ocorrências dos dias úteis em relação ao final de semana (+64% no sábado e domingo). Na região Sul, o Estado de Santa Catarina, em 1996, teve mais de 40% das mortes de jovens atribuídas a este fator de mortalidade. E, em 2000, o Estado que se destaca na comparação nacional é Tocantins, e a hipótese explicativa considera o crescimento populacional. Na região Sudeste, as quedas neste índice foram significativas e o Estado de São Paulo contribuiu para isto passando de 6º lugar entre os Estados brasileiros, no ano de 1996, para 20º lugar em 2000 (Waiselfisz, 2002).

O homicídio é o fator externo associado à violência que mais leva a perda de vidas na faixa etária de 15 a 24 anos. No período de 1979 a 1996, houve um aumento significativo deste índice (166%) que supera os da população em geral (120%), em todas as regiões do Brasil. Na década de 90, foi possível constatar que a tendência se manteve: em 1991 o número de homicídios da população total era de 20,9 e dos jovens de 35,2 por 100 mil, em 2000 houve aumento de 29,4% na população total e de 48,1% entre os jovens (52,1 homicídios por 100 mil). As maiores taxas de homicídio, em 2000, registram-se nos Estados de Pernambuco, Rio de Janeiro e Espírito Santo, superando — nos dois primeiros estados — a marca de 100 óbitos por 100 mil jovens. O Estado de São Paulo está em 4º lugar e São Paulo — capital — é a terceira cidade do país em homicídio de adolescentes, depois de Recife e Vitória. Os dados estatísticos mostram que este fator de mortalidade é maior nas capitais, indicando um fenômeno característico de grandes aglomerados humanos.

Quando as três causas de morte estão associadas, São Paulo ocupa o 1º lugar e, na seqüência, Rio de Janeiro e Espírito Santo.

No ano de 1996, o Brasil ocupava o 3º lugar quanto ao homicídio de adolescentes, depois da Colômbia e Venezuela. Os EUA, o 8º lugar em homicídio (e também suicídio). Em 2000, o Brasil ocupa o 9º lugar e os EUA e Israel, o 5º e 6º, respectivamente.

Um fator diretamente associado ao homicídio é o uso de armas de fogo: em 1998, a arma de fogo foi a causa, a nível nacional, de 66,1% dos homicídios de jovens, em 2000, de 74,2%. Em Recife, 92,2 % dos homicídios foram com armas de fogo. A pesquisa mostra que há um aumento, em todas as capitais e regiões metropolitanas do Brasil, no uso de armas de fogo e sua associação com o homicídio de jovens.

Em 2005, a Unesco publica o *Mapa da violência de São Paulo*, justificada pelos indícios da pesquisa anterior (2002) de redução dos indicadores de violência; e, em 2003, "(...) ficou claro que o estado havia realmente entrado num processo constante e sustentado pela redução das taxas dos diversos indicadores de violência relacionados ou não com a criminalidade" (Waiselfisz e Athias, 2005). Mesmo assim, os números são alarmantes: em 2003, de 11.298 jovens que morreram no Estado, 79,1% foram por causas externas associadas à violência; o principal fator é o homicídio (5.707) — a população jovem corresponde a 20% da população total do Estado e 40% das vítimas de homicídio estão nesta faixa etária — sendo a arma de fogo responsável por 40,1% de todas as mortes juvenis. Neste aspecto, destaca-se Campinas (interior), onde acima de 80% dos homicídios estão relacionados com as armas de fogo. Observa-se um declínio das taxas de mortes por causas externas na capital e sua região metropolitana e uma interiorização do fenômeno, particularmente do homicídio, nas regiões metropolitanas de Campinas e da Baixada Santista.

Outro aspecto dramático da violência contra o adolescente é a tortura, extensamente documentada pelo Ministério Público de São Paulo, pelos dossiês de organizações nacionais e internacionais de proteção e direitos humanos (capítulo anterior) e divulgados em parte pela imprensa. É importante registrar que não tive acesso a documentos relativos à tortura de adolescentes em outras partes do mundo, embora Hobsbawm afirme o "ressurgimento da tortura, ou mesmo do assassinato, como parte normal das relações de segurança pública nos Estados modernos" (1995: 23).

O adolescente como ator no cenário da violência

Hoje, em muitos lugares do mundo, inclusive no Brasil, ocorre a criminalização dos adolescentes — fundada na representação difusa (mas consistente) da associação da juventude com a violência e em uma ótica vingativa da sociedade em relação a eles, que incide diferentemente dependendo da origem social do adolescente, em que prevalece a imagem do risco e não do desafio. Esta criminalização vem substituir ou ainda coexiste com a tendência à patologização de características próprias do adolescente, muito freqüente em relatórios técnicos, particularmente sobre aqueles que vivem condições de vulnerabilidade, em uma tentativa explicativa equivocada de sua conduta. Ainda mais, sempre existiu uma concepção que trata os adolescentes, preferencialmente os pobres, como perigosos ou potencialmente perigosos. Em tempos mais recentes, isto se estendeu também para as crianças.

Dizer "agora", "antes", "aqui", "outros lugares do mundo", "preferencialmente os pobres" aponta a necessidade de esclarecer a perspectiva do olhar — os pressupostos (d)a decifração.

A criança e o adolescente em situação de vulnerabilidade, no qual estão situados os adolescentes e também crianças autores de ato infracional, são um fenômeno **histórico, universal e transversal** na sociedade.

Em um olhar pela **história**[15] de nosso país, desde o século XVI, encontramos as crianças portuguesas abandonadas, trazidas pelos jesuítas, em seus propósitos catequizadores, para serem usadas como "iscas" para atrair as crianças indígenas; a Casa dos Meninos, o primeiro abrigo da história do Brasil. No século XVII, as crianças enjeitadas, filhos de portugueses com as mulheres indígenas e aqueles que saem do controle dos jesuítas e tentam voltar para a tribo e nem sempre são aceitos ou se integram na cultura de origem; as crianças abandonadas com freqüência recebiam a compaixão das famílias que as criavam "por caridade e, em muitos casos, calculando utilizá-las como mão-de-obra familiar suplementar" (Marcilio, 1997).

E o acolhimento pelas famílias substitutas continua no século seguinte mesmo com a Roda dos Expostos — solução humanizadora para os enjeitados, órfãos. A história nos mostra o trabalho da criança escrava com 4, 5 anos e a sua vitimização física cruel; pelos campos e pelas ruas

---

15. Maria Luiza Marcilio e Mary del Priore são pesquisadoras que coordenaram no CEDHAL (Centro de Estudos Demográficos e Históricos da América Latina da USP) pesquisas e publicações importantes para compreender a produção do fenômeno da criança e do adolescente em situação de vulnerabilidade, hoje. É uma história antiga!

da cidade do Rio de Janeiro perambulavam os filhos da Lei do Ventre Livre.

As crônicas do século XIX referem-se à existência dos moleques criminosos que vivem aos bandos na cidade do Rio de Janeiro. Este contingente de meninos de rua aumenta na passagem do século, nas cidades, em função do processo de urbanização, assim como ocorre a presença do trabalho da criança no setor fabril, na incipiente industrialização deste período. Na segunda metade do século XIX, se inicia uma mobilização dos juristas pela extinção da Roda dos Expostos, começam a pensar em leis protetivas para a infância abandonada e a se preocupar com uma nova questão perturbadora da sociedade: a adolescência infratora.

Neste momento de nossa história, existiam duas categorias de crianças e adolescentes: pobres/abandonados e delinqüentes. Infância e juventude desamparada que inspiravam pena, dó, e a perigosa, delinqüente, que inspirava medo. Para os primeiros — objeto da compaixão —, a proposta era a militarização e a profissionalização como perspectiva de inclusão social. Para os outros — objeto da repressão —, a proposta era o cárcere.

Os juristas da época do 1º Código de Menores (Código Mello Matos, 1927) já reprovavam o comportamento policial do Estado em relação à "criança criminosa". O Código Penal de 1890 cogitou prisões especiais para menores. Em 1910, Evaristo de Morais denuncia que não se fundou nenhum estabelecimento destinado a este fim. Mas em 1902 havia sido fundado, em São Paulo, o Instituto Disciplinar pelo chefe de polícia Cardoso de Almeida, cujo objetivo era "regenerar através de uma disciplina rigorosa a criança criminosa".

No século XX, o atendimento assistencial protetivo continua a ser realizado por entidades particulares, em sua maioria religiosas. O Estado começa a produzir sua política para a infância pobre na década de 20. Em 1º de dezembro de 1964, a Junta Militar cria a Funabem, órgão federal que estabelece as diretrizes nacionais para as políticas e programas de atendimento às crianças e adolescentes pobres — aqueles considerados em situação irregular: **os menores**.

O órgão executor da Fundação Nacional do Bem-Estar do Menor nos Estados é a Febem — Fundação Estadual do Bem-Estar do Menor, que assume, em São Paulo, em substituição à Pró-Menor, a responsabilidade da rede assistencial (direta e indireta) no atendimento à criança e ao adolescente órfão, abandonado, carente; e os equipamentos destinados àqueles envolvidos com a prática de delito: todos em situação irregular até o advento do Estatuto da Criança e do Adolescente (1990), quando a criança e o adolescente são reconhecidos como prioridade absoluta e sujeito de direitos e obrigações.

As diretrizes para o atendimento direto dos adolescentes autores de ato infracional emanadas deste documento jurídico não foram ainda implementadas. Há um trânsito em outra direção: em plena vigência do ECA, são construídas unidades de cumprimento da medida de privação de liberdade em vários Estados brasileiros que reproduzem o modelo prisional (ver capítulo 6).

A criança e o adolescente em situação de vulnerabilidade, situados aí os adolescentes envolvidos com a prática de delitos, é um fenômeno **universal**. A associação ligeira que restringe a existência deste fenômeno aos países pobres é equivocada e acaba revelando uma concepção reducionista, ou melhor, economicista da questão, que considera criança em situação de vulnerabilidade exclusivamente aquela das camadas pobres da sociedade.

Este é um fenômeno presente em países ricos (EUA, Canadá, França) e pobres (Colômbia, Moçambique) e nos diferentes regimes políticos (Inglaterra, Cuba, China). Deste ponto de vista, não é possível negar que as condições de pobreza tornam a solução mais difícil, particularmente em alguns países da África em que mais da metade da população tem até 15 anos de idade (Hobsbawm, 1995).

Um aspecto importante, relativo ao desenvolvimento econômico dos países e sua estrutura interna de distribuição de riquezas e direitos de cidadania associados ao fenômeno da vulnerabilidade, é a desigualdade social. Isto é mais visível quando as diferenças entre setores da população são mais exacerbadas, como no Brasil, "o campeão mundial das desigualdades". Hobsbawm chama a atenção para refletirmos sobre os efeitos de os indivíduos, de um mesmo país, terem *a priori* — pela origem de classe — os horizontes de seu futuro definidos: não poderem construir seu próprio destino. Para os adolescentes coloca-se um limite não só para o exercício de direitos, do alcance do projeto de vida mas, particularmente, para o consumo de bens que estão diante de seus olhos e distante de suas posses. E eles não se conformam com isto! Aqui, há uma pista... outras estratégias (o delito, por exemplo) que transformam em seu aquilo que lhe é de direito pelo desejo.

A criminalidade do jovem e do adolescente, nos vários países do mundo, preexistia à nova configuração do mundo — hoje — em que as fantásticas tecnologias da comunicação derrubam grande número de barreiras geográficas, e tornam invisíveis os limites territoriais criando padrões de conduta e modelos de identificação referenciados em uma ordem transnacional. Embora o envolvimento dos adolescentes com o delito seja revelador de circunstâncias históricas e matrizes de identidade culturais, há as especificidades dos diferentes lugares do mundo e há também similaridades.

Na década de 80, começa a aumentar a participação do adolescente nos índices de criminalidade em todo o mundo — França, Estados Unidos, Alemanha. Uma das primeiras hipóteses levantada é quanto à disseminação mundial do tráfico e uso de drogas e a captura de grupos cada vez mais jovens nesta rede, como as pesquisas demonstram no Rio de Janeiro. É possível constatar mudanças similares, em várias partes do mundo, no perfil desse adolescente quanto ao aumento da escolaridade, assim como a entrada para este grupo daqueles de outros estratos sociais em que a questão da sobrevivência está equacionada. O tipo de delito também fornece pistas sobre similaridades transnacionais: menos furto *versus* mais roubo, mais lesão corporal.

Um indicador desta universalidade é o debate freqüente sobre a legislação referente ao adolescente infrator em muitos países do mundo: Estados Unidos, Inglaterra, França, Espanha, Chile, Uruguai. E também a mobilização de organismos mundiais no sentido do estabelecimento de normativas internacionais.

É um fenômeno **transversal** na sociedade: a criança e o adolescente em condição de vulnerabilidade.[16] Portanto, há a presença de adolescentes de todas as classes sociais envolvidos com a prática do crime. Este é um dado mais recente da nossa história e está associado a aspectos de transformações culturais mais amplas e com fatores que alargam os tentáculos, a rede da criminalidade. Neste aspecto, a droga — uso e comércio — é um fator desencadeador que deve ser compreendido no contexto das demais transformações sociais e modificações do padrão de conduta do adolescente, ambos aspectos imbricados.

Peralva (2000), ao discutir a juvenilização da criminalidade, parte de uma situação bastante emblemática. No Morro de Santa Marta, favela do Rio, em 1990, 60% da população tinha menos de 25 anos e 18,3%, mais de 40 anos. A relação tensa entre a favela e a cidade não se caracteriza, embora a aparência seja esta, pela diversidade cultural ou condições de vida. Caracteriza-se pelo trânsito da droga, no caso, a cocaína. A favela se configura como território militarizado do narcotráfico que delimita o espaço físico e as regras de convivência. Isto se sustenta por uma história comum compartilhada, por cerimônias (festas) valorizadas por todos e, principalmente, pelo modo como a polícia trata todos; criminosos ou não. A violência policial, apoiada na força das armas ou na corrupção, não discrimina, homogeneiza a população no medo, fortalece os laços de solidariedade frente ao adversário comum — a polícia — e não dá ao jovem outra alternativa que arriscar a vida de outro modo, no tráfico de drogas. Na dinâmica interna da comunidade, de disputas e conflitos entre grupos rivais, muitas vezes esta é a possibilidade de garantir a própria sobrevivência. A autora minimiza a importância de ou-

---

16. Antonio Carlos Gomes da Costa, estudioso da área da infância e juventude, define as categorias de criança e adolescente em situação de risco pessoal e social, para além ou independente da pobreza, no mundo urbano no Brasil. São: crianças e adolescentes vítimas de negligência, abuso e maus-tratos na família e na instituição; crianças e adolescentes que fazem uso da rua como espaço de luta pela vida e/ou espaço de moradia; crianças e adolescentes vítimas de trabalho abusivo e explorador; crianças e adolescentes envolvidos no uso e tráfico de drogas; crianças e adolescentes vítimas de exploração sexual (prostituição, pornografia); adolescente em conflito com a lei por prática de ato infracional.

tras variáveis — por exemplo, uma certa mobilidade social particularmente na comunidade local — para nos fazer prestar atenção que um determinante importante, para além de princípios éticos ou projetos de vida, "é a intensidade do **risco de morte**, onipresente na experiência dos favelados em geral e na do narcotráfico mais particularmente. Este risco é tão determinante que embaralha os critérios de escolha" entre ser ou não ser bandido (Peralva, 2000: 130-134).

Ao mesmo tempo, não é mais possível falar da droga exclusivamente enquanto malefício. O usuário sabe que ela dá prazer. Um prazer mortífero porque inscrito em uma trajetória de autodestruição do corpo, da vontade; do risco do confronto com a polícia; da perda de lugares sociais. Mas, ela dá prazer. Um prazer fugaz, rápido, passageiro. Incorpora-se no cotidiano. Uma alienação de si e do mundo. Neste sentido, transforma-se em um "modelo" para pensar que outros prazeres, alternativas de felicidade ou de bem-estar as gerações mais velhas oferecem ao adolescente. Todos querem ser felizes. O sofrimento, apesar de todas as revoluções culturais, sociais, subjetivas, continua sendo insuportável.

A visão policial e as pesquisas sobre este assunto sempre privilegiaram a entrada e permanência dos estratos pobres como usuários cada vez mais precoces e envolvidos na venda e distribuição da droga; atualmente, há uma mudança na fisionomia deste fenômeno: a entrada de jovens de estratos socioeconômicos médios e altos, estudantes universitários no tráfico internacional e na comercialização de drogas sintéticas (revista *Época*, setembro/2005). Os depoimentos, dados empíricos, apontam como hipótese que esta forma de ganho pode estar associada à 'necessidade' de consumo de bens de alto custo. Uma hipótese a ser pesquisada no conjunto das transformações radicais da juventude que atravessam o mundo.

Em novembro de 2002 a Secretaria Especial de Direitos Humanos da Presidência da República realizou um Mapeamento Nacional da Situação do atendimento dos adolescentes autores de ato infracional que foi atualizado em 2004. Os dados apontam: dos 25 milhões de adolescentes brasileiros, 0,2% é autor de ato infracional; ou seja, 39.578 adolescentes cumprem medida socioeducativa. Deste total, 13.489 cumprem medidas de meio aberto (liberdade assistida e prestação de serviços à comunidade) e 26.089 cumprem a medida de privação de liberdade. A caracterização aponta: 90% são do sexo masculino, 76% têm idade entre 16 e 18 anos, 51% não freqüentam a escola; 81% vivem com a família, 85,6% são usuários de droga (67%, maconha), 57% praticam atos infracionais contra o "patrimônio", 25,5% "contra a pessoa ou costume"; as adolescentes do sexo feminino estão envolvidas em quase 50% dos casos — em São Paulo e Rio de Janeiro — com o tráfico de droga; nesta estatística chama a atenção que o maior número de adolescentes presos por prática de homicídio (30 em 68) é do Estado do Amapá.

A grande maioria dos adolescentes em cumprimento de medida está na região sudeste, sendo que São Paulo tem mais de 50% do total (19.747). Cabe esclarecer que este dado refere-se a 2002, quando São Paulo registrava 4.407 adolescentes presos, em 2003, este número "saltou" para 4.407 e, em julho de 2005, segundo relatório de banco de dados da Febem-SP, existem 6.600 adolescentes em privação de liberdade. Deste total, 389 estão na Penitenciária de Tupi Paulista.

Percorrer o tema adolescência-violência significa tratar do mal-estar de nosso tempo

O mal-estar, que se expressa em inúmeros sintomas, é construção humana. Sigmund Freud afirmava — em 1929, entre a 1ª e a 2ª Guerra Mundial — em "O mal-estar na cultura", que há desde sempre um mal-estar na relação entre os homens que, podemos dizer, se expressa de formas específicas e historicamente determinadas.

Nestes tempos, em que os adultos têm **medo** das crianças e adolescentes que circulam medrosos, hostis pelas ruas das cidades do Brasil, é possível afirmar que há um profundo mal-estar em nossa sociedade. Esta infância e juventude "em perigo" que vai se transmutando, sob nosso olhar e conivência, em "perigosa" sinaliza o estabelecimento de novos padrões de convivência coletiva. Como afirma Jorge Coelho Soares "(...) doravante, será considerada expressão de uma vida luxuosa quem conseguir viver sem temer os demais seres humanos" (1998: 22).

O mal-estar na atualidade — era da incerteza — tem sido objeto de reflexão de escritores, filósofos, psicanalistas, historiadores, inclusive depois dos aterradores e esclarecedores acontecimentos de 11 de setembro de 2001 e sua transformação em espetáculo do Império.

Um dos prismas do fenômeno, a abordagem pelo mal-estar e sua exacerbação na atualidade, se constitui também em justificativa para um dos percursos de leitura — a psicanálise — naquela perspectiva representada por Eugène Enriquez. Na apresentação de seu livro, escrita em 1983, afirma: "o século XX é o da inquietude e das desilusões em relação ao progresso (...) A liberação política do homem e o desenvolvimento das forças produtivas favorecem uma evolução política sem precedente. Apesar do esforço pedagógico constante, parecem só ter podido produzir uma sociedade sujeita a convulsões e tentada pelo apocalipse" (1983: 11).

Em sua perspectiva a questão central é: "por que os homens, dizendo-se guiados pelo princípio do prazer e pelas pulsões de vida, aspirando à paz, à liberdade e à expressão de sua individualidade e, dizendo-se conscientemente desejar a felicidade para todos, criam, freqüentemente, sociedades alienantes que mais favorecem a agressão e a destruição do que a vida comunitária? Por que as instituições, que os homens edificam, funcionam mais como órgãos de repressão do que como conjuntos em que a aceitação da regra favorece a sua própria realização e a constituição de uma identidade sólida e maleável?" (Enriquez, 1990: 13).

Portanto, para ele, "ao nos ensinar que o reprimido tende sempre a voltar à superfície, a psicanálise nos coloca frente à necessidade de nos interessarmos pelo 'obscuro', pelo 'inominável', isto é, pelo que é excluído do cenário da história, pelo que nunca está nos projetores da mídia, ou do pensamento vigilante. Para um especialista em ciências sociais, a psicanálise é preciosa, porque ela nos indica que o importante não é necessariamente a representação que uma sociedade faz dela mesma, ou suas manifestações mais elevadas, mas, pelo contrário, aquilo que não é percebido, aquilo a que não podemos dar o nome e que tende a aparecer (...) O importante de nossa sociedade não reside na consumação em excesso ou no poder das multinacionais, mas na angústia difusa e mesmo no temor expresso (e na realização) do apocalipse, na corrupção generalizada, no aumento do racismo, no genocídio utilizado como forma de governo, no acesso ao terrorismo (...) A referência à psicanálise nos obriga a perceber o que mais nos incomoda: a possibilidade constante de dissociação do *socius*" (Enriquez, 1990: 13).

Em 2000, Jacques Derrida, no Encontro dos Estados Gerais da Psicanálise, realizado em Paris, convocava os psicanalistas a se posicionarem frente à crueldade, uma expressão radical da violência (Marin, 2001).

Saramago, ao escrever sobre os acontecimentos de 11 de setembro, fala de outras situações do cotidiano da história reveladoras da crueldade com as quais aprendemos a conviver sem tanto espanto e igualmente terroríficas naquilo que impõem de radicalidade do mal (*Folha de S.Paulo*, 19/9/2001).

Para Hobsbawm, só é possível compreender a crescente brutalidade, desumanidade do século XX se considerarmos os efeitos das guerras na conduta humana. "A guerra legitima a liberação do potencial de crueldade presente em todo ser humano". Esta é a resposta que Freud dá a Einstein entre as duas guerras mundiais do século XX, quando este perguntou ao fundador da psicanálise: "Por que a guerra?".

Entre as guerras do início e as do final do século XX há uma diferença importante: a introdução da tecnologia. Mata-se o alvo, o extermínio é de um outro anônimo. Segundo Hobsbawm, as maiores crueldades foram aquelas impessoais, decididas à distância e justificadas como necessidades operacionais... e os seres humanos se acostumaram. Não há mais contratos de guerra, nenhuma regulação internacional. Há os efeitos colaterais da guerra: a morte de civis — mulheres e crianças. Em fevereiro de 2002, há 22 pontos de guerra no mundo: territoriais, étnicas e religiosas. É utópica a pergunta que circulou com insistência no 2º

Fórum Social Mundial, realizado entre 31 de janeiro e 4 de fevereiro de 2002, em Porto Alegre, Rio Grande do Sul: "É possível um mundo sem guerra?" ou são quiméricas as propostas de reversão dos gastos da guerra para matar a fome do mundo, alfabetizar os iletrados, erradicar o trabalho infantil.

Eric Hobsbawm conclui seu livro sobre o século XX de modo semelhante àquele que Sigmund Freud usou para concluir "O mal-estar na cultura", em 1930. Ou seja, que "o nosso mundo corre o risco de explosão e implosão. Tem que mudar" (Hobsbawm); "os homens não teriam dificuldades em se exterminarem uns aos outros, até o último homem" (Freud). Ambos concluem que depende do homem construir um futuro em que as forças da destruição, tanáticas — produção humana — estejam sob o controle das forças construtivas, eróticas — produção humana. Em 1931, quando a ameaça de Hitler já se evidenciava, Freud acrescentou a frase final "Mas quem pode prever com que sucesso e com que resultado?" Segundo Hobsbawm, "o preço do fracasso (...) é a escuridão".

A criminalidade/o crime é uma das expressões do fenômeno da violência

É necessário discriminar cada um dos conceitos: criminalidade e crime. Para Hélio Pellegrino, psicanalista e ativista dos direitos humanos, "o crime é uma possibilidade inarredável do ser da existência humana. Sempre haverá crime no mundo, porque o homem é, em seu centro, indeterminação e liberdade (...) E porque temos que nos inventar, à medida que somos livres, é que corremos o risco do extravio, da transgressão — e do crime" (Pellegrino, 1989: 96-97).

E a criminalidade é "sempre expressão e conseqüência de uma patologia social (...) um sintoma desta patologia. E, através de sua intensidade e ferocidade, nos será permitido, com infalível certeza, aferir o grau de perturbação, dilaceração e desordem da vida social" (Pellegrino, 1989: 97).

Para bem discriminar, Pellegrino faz uma analogia: o crime está para a criminalidade assim como a doença está para a endemia ou epidemia. Os avanços da medicina podem impedir estas mas não impede a existência da doença e do doente. E, acrescenta que "não adianta tratar pelo sintoma"... e eu diria: nem a epidemia, nem o doente. Ao contrário, quando só tratamos o sintoma acabamos por mascarar as "causas" e perdemos a característica alertadora, denunciante dele na vida do doente e também a função reveladora do doente na coletividade.

Neste sentido, a criminalidade é um fenômeno macroscópico, implica em uma dimensão quantitativa; "se refere ao fenômeno social na sua dimensão mais ampla, permitindo o estabelecimento de padrões através da constatação de regularidades e cortes" (Fausto, 1984: 9). O crime se situa na dimensão microscópica, no percurso absolutamente singular de uma história de vida construída em um tempo, na história da nação/do mundo/da cidade, da classe social, dos grupos de pertencimento deste sujeito particular. Ou, como afirma Boria Fausto em seu estudo sobre a criminalidade urbana em São Paulo de 1880 a 1924, "o crime diz respeito ao fenômeno (da criminalidade) na sua singularidade cuja riqueza em certos casos, não se encerra em si mesma, como caso individual, mas abre caminho para muitas percepções" (1984: 9). O crime é um ato que fala do coletivo e do indivíduo, imbricados... é necessário decifrar.

O crime sempre existiu. Na história da humanidade e no humano de cada um de nós. Do ponto de vista da psicanálise, a pulsão tanática e a pulsão erótica são constitutivas do humano. A prevalência de um sobre o outro depende de circunstâncias singulares da biografia individual.[17] Estas circunstâncias estão associadas às oportunidades de canalização, sublimação, encaminhamento desta pulsão tanática, que são dadas pelo acesso e usufruto dos bens materiais e culturais do mundo social, ao longo do percurso existencial, e que se inicia na família ou seu substituto.

---

17. A subjetividade é constituída pelo amálgama dos inúmeros acontecimentos e produções do mundo social e do mundo fantasmático do indivíduo ao longo de sua história que está referida à história de seus grupos de pertencimento, de sua classe social, de seu país, do mundo em uma síntese absolutamente particular que produz o **único**.

Ao mesmo tempo, é importante lembrar que na constituição psíquica do sujeito há um importante aliado da cultura: o superego, formado na história precoce — a infância. Esta instância psíquica registra, elabora as interdições da cultura e dá ao indivíduo a bússola de seu trânsito no cotidiano da relação entre os homens. Cada novo membro da sociedade entra "em um filme que já começou" — como a personagem da história em quadrinhos dizia para o amiguinho inconformado com as regras do mundo[18] —, e precisa rapidamente se situar neste cenário e enredo. Ao mesmo tempo, poderá mudar este enredo, fazer história. Para a criança adquirir os códigos de decifração do mapa do mundo depende de adultos e de agências/instituições que a socializem, que façam esta mediação entre o privado e o público, entre o eu e os outros, a coletividade. Estas agências socializadoras têm sido a família ou seu substituto, a creche, a escola e outras que vão assumindo rapidamente estas funções: a TV, as novas tecnologias de comunicação, os técnicos em relações humanas.

A família sempre foi vista como uma instituição que cumpriria essa atribuição social de "preparar" as novas gerações para a participação coletiva: a função socializadora. Agnes Heller, em seu livro *O quotidiano e a história* (1972) aborda esta função de mediação que se executa no cotidiano da vida dos indivíduos. Em uma outra publicação de 1999, a autora aborda o ritmo acelerado da decomposição da estrutura familiar e "a ameaça parece ainda mais grave por causa da transformação das experiências da vida cotidiana, com a introdução, nos lares e na vida íntima, de uma tecnologia sempre em mudança. Tem-se que mudar hábitos, idéias, credos — e reaprender praticamente tudo três vezes na vida" (1999: 19). Repetindo Hobsbawm, "os filhos têm pouco a aprender com os pais". É a ruptura com a tradição e com os poderes morais, na linguagem de Heller.

O superego, aliado da cultura na constituição do sujeito, é forjado na relação com o mundo — através de seus representantes no círculo de

---

18. Mafalda, do argentino Quino.

convivência da criança, do adolescente. Quais são os efeitos quando as "coisas" se alteram três vezes na vida, pergunta Heller, quando há uma multiplicidade de informações, valores, nem sempre congruentes, para a criança e o adolescente processarem? É este mesmo mundo que irá criar as condições para a emergência ou não das forças destrutivas, constitutivas e contidas em cada um dos humanos.

Hélio Pellegrino diz que cada indivíduo faz um pacto social. Ele negocia a repressão ou a negação de seus impulsos (que sempre buscam a satisfação) em troca de alguns benefícios da cultura, por exemplo, o direito ao trabalho. Quando este direito não é assegurado, rompe-se o pacto social e, portanto, está dada a condição para a ruptura do pacto edípico e a emergência das forças destrutivas do indivíduo que se revelam no ódio, na destrutividade, na crueldade... na criminalidade, no crime.

O presente e o futuro: as transformações do mundo e as mutações do adolescente ou "a história nos trouxe até este ponto"

Século XX — "o século mais violento da história humana", nas palavras de William Golding, autor do romance *O senhor das moscas*, cujo tema é a destrutividade, a crueldade e outros padrões de conduta dos adolescentes. Para demonstrar isto, muitos autores fazem cálculos do número de mortos nas guerras do século XX em comparação com todos os outros séculos ou os mortos da 1ª e 2ª Grandes Guerras com as do final do século.

Eric Hobsbawm, em *Era dos extremos — o breve século XX*, e em *O novo século*, nos ensina a complexificar este raciocínio ao demonstrar e analisar que, além das catástrofes que o caracterizam como "século assassino", o século XX será lembrado, também, pela ocorrência da mais fantástica revolução tecnocientífica e seu uso para o desenvolvimento econômico, que assegura condições materiais de existência melhores do que de gerações anteriores.

A ilusão que estas riquezas poderiam ser distribuídas de modo mais justo durou até meados da década de 70. Prevalecia a idéia de que era função do Estado, um Estado Social de Direitos, garantir o pacto social, ou seja, o direito ao trabalho e uma política de bem-estar social, redistribuir as riquezas e assegurar a extensão do usufruto dos direitos sociais a todos os cidadãos.

Ao longo da década de 80, veio a desilusão. As políticas de governo não regulavam mais a economia nacional e internacional. O Estado perdeu seus poderes econômicos que agora estavam/estão situados nas instituições financeiras transnacionais. Os países, particularmente os mais pobres, viviam "os *déficits* públicos crônicos; as compressões políticas e econômicas globais; as novas demandas de uma sociedade complexa; a revolução informacional; a transformação produtiva, o desemprego e a precarização das relações de trabalho; a expansão da pobreza e aumento das desigualdades sociais..." (Brant, 1999: 20).

A distribuição dos benefícios da acumulação das riquezas da Era de Ouro do século XX, dos benefícios dos avanços científicos e materiais que asseguram a qualidade de vida não ocorreu entre os diferentes povos do mundo e entre os pobres e ricos de um mesmo país. Esta condição de desigualdade para muitos povos e, particularmente, para os pobres de algumas regiões do planeta significa limitar drasticamente as bases sobre as quais se pode construir o futuro. Um excelente indicador é a expectativa de vida. A situação mais dramática ocorre nos países mais pobres da África — que viveram uma intensa explosão demográfica a partir da década de 50 — onde até 60% da população tem menos de 15 anos (Hobsbawm, 1995: 338).

Portanto, um novo cenário mundial que se reproduz e se intensifica em escala planetária, nacional, regional é o da desigualdade entre ricos e pobres — países, estratos sociais. O mais preocupante, segundo o historiador, é a desigualdade que existe dentro de um mesmo país. Neste sentido, o Brasil se destaca como "candidato a campeão mundial da desigualdade econômica" (1995: 397), nos números citados pelo autor, referentes a 1992. "Nesse monumento de injustiça social, os 20% mais pobres dividiam entre si 2,5% da renda total da nação" (1995: 397).

A crise econômica que caracterizou o final do século fez, também, os países mais desenvolvidos se depararem novamente com o desemprego em massa, com o contraste entre os muito ricos e muito pobres, com a entrada de uma parcela significativa de jovens — 15 a 24 anos — no mercado de trabalho (Hobsbawm, 1995: 396). A crise econômica não imaginada na Era de Ouro (décadas de 50, 60, até meados da década de 70) acaba por revelar a crise política em que se demonstrou o fracasso de todas as formas de organização de sociedade e a desigualdade aumentou mesmo naqueles países do leste europeu em que havia a igualdade da pobreza.

"Foi neste século propriamente, que as necessidades e demandas dos cidadãos foram reconhecidas como legítimas, constituindo-se em direitos. Foi também neste século que os direitos dos cidadãos se apresentaram como fundamento da política pública. No entanto, a cidadania de todos, enquanto conquista civilizatória, mantém-se na pauta das lutas políticas; é que as desigualdades sociais não desapareceram e continuam a ser a expressão mais concreta da permanente tensão e presença dos destituídos de direitos. Os fenômenos da pobreza e exclusão social ganharam expressão multidimensional combinando antigas e novas demandas e necessidades que reconfiguram a questão social contemporânea" (Brant, 1999: 20).

Segundo a autora, até os anos 70, os países desenvolvidos eram vistos como parâmetro na conquista do bem-estar social; ou seja, havia um Estado que assegurava pleno emprego e políticas sociais garantidoras de direitos. "Na década de 80, há uma tendência contínua de desmonte desta política universalista e redistributivista. Esta crise — a crise do Welfare State/Estado de Bem-Estar Social — produziu um conjunto de tentativas para gerar emprego, assegurar proteção social ao cidadão, ou seja, combater a pobreza e "gestar novos pactos de governabilidade" (Brant, 1999: 21).

"No Brasil, vivemos, nas décadas de 60, 70 e início da década de 80, a ideologia de que a solução dos problemas econômicos, o desenvolvimento do mercado e o crescimento do PIB gerariam necessariamente uma sociedade mais igualitária, menos desigual (Brant, 1999: 22). O final da década de 80 e a década de 90 demonstraram o "equívoco dessa política que aumentou a dívida externa, provocou reduções drásticas no investimento/gasto social — principalmente nas áreas de saúde, educação, assistência social, entre outras — e marginalizou amplos setores da sociedade. O *apartheid* social" (Brant, 1999: 22).

Em 2002, as análises de especialistas, como Gilberto Dupas,[19] sinalizam que nas próximas décadas haverá uma competição acirrada na sociedade contemporânea entre países, organizações, indivíduos e somente os mais "eficientes" e "fortes" serão os dominantes. "Uma seleção natural" com profundos efeitos (mais!) na concentração de renda e poder, no *apartheid* social, na saúde mental, principalmente nos países em que a população não conta com o suporte de políticas públicas. Neste quadro da economia internacionalizada, os países desenvolvidos pregam o livre-comércio como caminho para a superação da pobreza e, ao mesmo tempo, têm "um surto de protecionismo" (agrícola, indústria pesada), o que aponta um caminho difícil para países como o Brasil.

No período de maior desenvolvimento econômico — Era de Ouro — foi se gestando também "a mais impressionante, rápida revolução nos assuntos humanos de que a história tem registro" (Hobsbawm, 1995: 281). O autor está se referindo à revolução social extremamente veloz e com caráter de universalidade que se caracteriza pelo desaparecimento do campesinato — "e o passado fica definitivamente para trás" —, pelo declínio do operariado industrial e o conseqüente surgimento de novas profissões, mecanização de tarefas, pela difusão e universalidade da educação secundária e superior como exigência das novas ocupações profissionais,[20] e a conseqüente politização da massa estudantil e transformação do papel da mulher na sociedade.

---

19. Em artigo "Vem aí a onda de protecionismo industrial", publicado no jornal *O Estado de S.Paulo*, em 9 de fevereiro de 2002.

20. Angelina Peralva, em suas pesquisas em favelas do Rio de Janeiro também aponta a crescente escolarização dos jovens por conta da ampliação da rede escolar e das exigências do mercado de trabalho por um trabalhador mais qualificado e por novas vagas ocupacionais que exigem um grau de escolaridade.

As mulheres com direitos civis, políticos, conquistados, com acesso à educação superior, ao mercado de trabalho, com novos padrões de conduta sexual, estabelecem projetos de vida autônomos. Esta revolução social produziu/produz efeitos significativos na estrutura, organização e dinâmica familiar, em que a mulher joga um papel central. Isto se traduz em mudanças nas relações entre gêneros e gerações que redefinem papéis, relações de poder, funções de cada um dos membros deste grupo. Um aspecto importante é a independência de todos os seus membros, inclusive a independência precoce das crianças — um valor cultivado na educação, em que a nova escola se transforma em aliada.

Em algumas famílias é possível observar uma linha tênue entre gerações, ou seja, cada vez mais se confundem os limites entre o vestuário adulto e adolescente/infantil, a alimentação, os hábitos de lazer num processo de adultização da infância e de infantilização ou adolescentização do adulto.

A família nuclear — um modelo do século XIX e XX — é substituída e se somam inúmeras outras possibilidades de organização desta instituição — a família homossexual, a família chefiada por mulheres, a família chefiada por adolescentes (África), a família com prole constituída a partir de casamentos anteriores de cada um dos cônjuges, a família substituta. As leis que regulamentam estas novas formas de organização chegam, posteriormente, para formalizar uma mudança de mentalidade já existente em algumas partes do mundo. Isto ocorreu tanto no mundo capitalista como socialista, sendo que neste último foi possível observar certa resistência, ou seja, o arraigamento a valores e padrões da tradição.

Ao discutir a questão do poder moral nos tempos atuais, Agnès Heller aponta que a família na sociedade moderna não consegue manter por muito tempo seu poder moral independente sobre seus membros. A família de três gerações desapareceu e agora a família celular está em decomposição. A tradicional divisão socioeconômica de trabalho entre sexos não se sustenta mais e todos nascem livres e iguais e falta pouco para isto de fato ocorrer. Para ela, a partir da concepção de

Hegel, a família é a única comunidade da modernidade, na qual o poder moral está relacionado com o imediato, a intimidade, o aconchego de corpos e a relação de sangue. "Homens e mulheres não começam a história do zero. Permanece a necessidade arcaica de comunidade e de relação de sangue, aconchego corporal e de algo estável, e não é fácil se desfazer disso tudo. Se a família está em decomposição como um poder moral comunal, aparecerão substitutos... A família — poder moral que, na modernidade, costumava preservar o imediato — era baseada no amor, ou seja, na intimidade. Havia uma esfera de encontro humano e de história de vida que poderia ser chamada de 'esfera íntima'. Se a tendência atual prevalecer, a família se desintegrará e a identificação comunitária será feita com a mediação de..." (Heller, 1999: 22, 24-26).

A outra grande revolução social do século XX é a revolução da juventude. Um processo de múltiplas e interdependentes determinações em que se destacam as transformações no interior da família — seu lócus de filiação. A transformação familiar mais significativa é a perda de seu poder moral sobre as novas gerações. Ao mesmo tempo, a juventude (e, também, já a criança) é reconhecida pelo mercado dos países desenvolvidos como "massa concentrada de poder de consumo". Sem a tutela dos pais, que já não têm ou têm pouco controle sobre eles, o jovem passa a ser visto como tendo consciência própria, isto é, como agente social autônomo.

Para a produção desta faixa etária como agente social autônomo, muitos outros fatores se agregam: o acesso à educação secundária e universitária, na década de 60, de uma parcela significativa da juventude — comparado a décadas anteriores —, é também uma possibilidade de ascensão social e econômica facilita este reconhecimento particularmente porque os jovens já não dependem dos pais para gerir os próprios recursos. Em décadas anteriores, o salário era gerido pela mãe ou a mesada tinha seus gastos definidos. Agora, os pais ou adultos responsáveis não têm este controle; em parte, por conta da educação para a autonomia. Algo capturado pelos meios de comunicação que também reforçam, com a sedução midiática, os apelos próprios para cada faixa etária: a infância, a adolescência e a juventude.

Em um primeiro momento — década de 60 — o efeito da difusão da educação é que os estudantes se constituíram em força política e social de rebeldia, com eficiência na denúncia de problemas sociais importantes: a Revolução de Maio na França e a da Paz Celestial em Pequim. A aliança com outros setores da população, naquelas regiões do mundo onde isto foi possível — França, Itália —, causou um efeito na mobilização também dos operários em torno de reivindicações trabalhistas. Nas regiões em que suas denúncias e movimentação política tinham repercussão — na América Latina, por exemplo — e apresentava algum risco para os governantes eram reprimidos, eliminados.

Neste momento da história é possível considerar que os jovens se constituem em modelos de identificação para os adolescentes com idéias-ideais cuja narrativa inclui o bem-comum, valores da coletividade e da solidariedade.

A transnacionalidade dos jovens, sua facilidade em atravessar fronteiras, em trocar experiências, em usar com eficiência a tecnologia da comunicação faz com que surja uma cultura juvenil forte com algumas peculiaridades: a juventude deixa de ser vista como estágio preparatório para a vida adulta e, em certo sentido, passa a ser vista como estágio do pleno desenvolvimento humano — são consumidores! São autônomos!

O florescimento desta cultura juvenil — favorecida pela convivência nos campi universitários, nas ruas, nas redes virtuais — transforma os jovens em dominantes nas economias de mercado porque formam uma massa com poder de compra — a indústria fonográfica é um bom exemplo — e os novos adultos também são socializados nesta cultura de consumo. Há um conceito novo "adultescência" para se referir a estes adultos que assumem os padrões de conduta e de consumo dos adolescentes. Por um lado, uma certa homogeneização das idades e, por outro lado, como os jovens se adaptam mais rapidamente às mudanças tecnológicas e têm acesso a uma quantidade de informação fantástica, "tornou-se menos óbvio o que os filhos podem aprender com seus pais e mais óbvio aquilo que os filhos sabem e os pais não"; isto é, inverteram-se os papéis das gerações. Quebrou-se a tradição. Ampliou-se a distância entre gerações.

Este é um panorama universal considerando a existência de uma cultura juvenil global com a esmagadora hegemonia econômica e cultural dos EUA — "o século XX é o século americano" — que determina uma revolução nos modos e costumes (Hobsbawm, 1995).

Uma das características é o estilo informal que lhe dá uma forma eficiente de rejeitar os valores da geração paterna; por exemplo, a incorporação de palavrões no vocabulário. Outra característica importante é o seu subjetivismo: o pessoal é político — a política do corpo, a política do desejo. A liberação pessoal e a liberação social se integram e encontram nas drogas e no sexo os símbolos para estilhaçar as cadeias da família, das leis e do Estado. A rejeição dos padrões instituídos não ocorreu — como na década de 60 — em nome de outro modelo de sociedade, da justiça social, mas em nome da ilimitada autonomia do desejo individual levado ao limite. Os desejos são aqueles recriminados por serem moralmente inaceitáveis pelo conjunto da sociedade e pelas gerações mais velhas, mas agora permitidos, tolerados porque eram desejos comuns a muitos.

A revolução cultural do final do século XX pode ser sintetizada como o triunfo do indivíduo sobre a sociedade. Aquilo que Lasch e Jurandir Freire Costa chamam de cultura do narcisismo, compreendida como o rompimento dos fios que ligam os indivíduos em texturas sociais que incluem as relações entre as pessoas e suas formas de organização — as instituições — e também os modelos gerais destas relações e os padrões esperados de conduta entre as pessoas.

A família e a igreja são as instituições que sofreram de modo mais radical as conseqüências desta prevalência do individualismo. A igreja por conta do abismo entre sua moralidade e a realidade do comportamento do final do século. A família viu minados os laços de solidariedade entre seus membros — um vínculo fundamental nas famílias pobres, onde todos compõem a renda familiar. Ambas as instituições passaram a ser questão de preferência individual, exercício da irrestrita liberdade individual. Em algumas áreas do mundo e de nosso país, as instituições governamentais acabam, através de seus programas de assistência, suprindo a ausência da família, dos parentes, da comunidade.

O fracasso de mecanismos tradicionais de regulação da convivência coletiva — o sistema de justiça, as religiões, a família e mesmo a escola —, controladores da conduta do cidadão, é outro sinalizador deste momento de incertezas sobre o presente e o futuro.

A ruptura com os padrões antigos de moral e de conduta é colocada por Hobsbawm como um fato absolutamente importante que caracteriza o final do século XX, cujos efeitos desconhecemos. Caracteriza-se pela negação dos valores das gerações anteriores, a descontinuidade com o passado. "Não há um vínculo das experiências pessoais com as das gerações passadas..." (Hobsbawm, 1995: 13) Os jovens vivem em um presente contínuo... "e, vive-se um tempo fora do tempo, fora da história, fora da memória" (Soares, 1998: 15). É o desenraizamento proposto para os homens "globais", ou seja, é preciso afastar-se das raízes culturais e situar-se de novo em um mundo sem fronteiras em que as matrizes de identidade "se desmancham no ar" porque os antigos e velhos ícones não respondem às necessidades das novas gerações.

Observam-se então indivíduos egocentrados, sem conexão entre si, que usam o outro como parceiro ou inimigo nesta busca de satisfação pessoal. Observa-se a emergência da política dos grupos de identidade, cujos membros partilham uma característica existencial exclusiva em contraponto a nenhuma outra diferença porque diluída na sociedade de massas.

O acontecimento mais perturbador do século XX é a revolução moral que produz inquietações quanto à convivência coletiva, seus mecanismos e regras reguladoras das relações políticas e culturais entre os seres humanos. Os adolescentes são personagens desta transformação; é neles que se vê tatuada a mudança que se opera. Eles são agentes do presente e de um futuro que ainda guarda ranços do passado — o ódio.

A violência na radicalidade do inominável: a tortura

"Crueldade é o ato ou desejo de fazer sofrer física e moralmente a si ou ao outro" (Costa, 2000: 123). Para isto basta desumanizar o próximo ou a si mesmo. Para desumanizar o outro é necessário não percebê-lo como um sujeito moral igual a si próprio. E então não se percebe o horror do ato. É natural.

Hanna Arendt diz que o alheamento é pior que a crueldade. Retira do outro sua humanidade. Coisifica. O sofrimento físico e psíquico não importa. É o oposto da solidariedade.

O terror — estado subjetivo de aniquilamento — pode ser induzido intencionalmente, planejado, avaliado: há uma racionalidade. Uma das formas de terror é a tortura.

A tortura é uma prática exclusiva da espécie humana. Na Inquisição, no nazifascismo, na Argélia, na Guerra do Vietnã, na África do Sul, na Bósnia, na Palestina, na ilha de Guantánamo, no Brasil: no Estado Novo, na Ditadura Militar instalada em 1964, nos manicômios, nos cativeiros de seqüestrados, nas delegacias de polícia, na Febem.

A tortura como instrumento vil no confronto político: o submetimento. A tortura passa a ser objeto de indignação e de alguns estudos — filosóficos, históricos, políticos e psicossociais — a partir da década de 50, com a publicação do livro *A tortura*, de Henri Alleg, na França, sobre as práticas de tortura pelos franceses na luta de libertação na Argélia. Os intelectuais franceses, entre eles Jean Paul Sartre, se manifestam. Posteriormente, na década de 70, há dois tribunais internacionais em que o mundo começa a saber o que acontece nas prisões dos regimes políticos totalitários da América Latina, inclusive do Brasil, quanto aos adversários de idéias, em sua maioria, jovens, estudantes, universitários.

Estes dados[21] cumprem a função de demonstrar que há um silêncio sobre a prática da tortura que ocorre sempre nos porões de onde não se ouve o grito da vítima. O silenciamento sobre este horror está ligado ao fato de que "o corpo social não pode acreditar e 'não quer saber'" (Viñar, 1992: 134) e, portanto, se recusa a escutar o inaudível.

---

21. Ver capítulos 1 e 2 do livro de Alfredo Naffah Neto, *Poder, vida e morte na situação de tortura — esboço de uma fenomenologia do terror*, publicado em 1985, a partir do estudo de três casos de presos políticos no Brasil que sobreviveram à condição da tortura.

Os dados assinalam também que há uma tentativa de associar esta prática aos regimes políticos capitalistas — esquecendo a Rússia, a China ou Cuba, por exemplo. Isto talvez ocorra porque os poucos autores que se dedicam ao assunto, na maioria escritos-denúncias, são de vertente marxista.

Enfim, os estudos/relatos sempre estão circunscritos ao preso político. Nos últimos tempos, final da década de 90, é que se manifesta, inclusive na mídia, uma descolorida indignação com as atrocidades da guerra (estupro de mulheres na Bósnia, por exemplo), consideradas "efeitos secundários" e a tortura científica dos prisioneiros do Taleban, dos prisioneiros no Iraque.

Ao mesmo tempo, há um silenciamento, quase alheamento, em relação à tortura dos indivíduos nas instituições totais,[22] particularmente o preso comum — o criminoso adulto e adolescente. Por quê?

"A tortura é (sempre) um crime ignóbil, crapuloso, cometido por homens e que os demais homens podem e devem reprimir", diz Sartre no texto "Uma vitória".[23] Considerá-lo desumano afirma nossa impotência para erradicá-lo.

Como acontecimento humano, "a tortura representa uma situação onde se revela, de forma a mais crua e gritante, o sistema de poder que rege as sociedades dos homens, poder frente ao qual toda a existência estremece e onde vida e morte, opondo-se num ciclo contínuo e desesperante, revelam seu significado mais propriamente humano" (Naffah Neto, 1985: 10-11).

Um acontecimento humano circunstanciado numa estrutura e conjuntura política que se reproduz no institucional e na relação entre algoz e vítima. A relação de poder. O poder discricionário que através da tor-

---

22. O Conselho Regional de Psicologia de São Paulo, realizou em 2001, um vídeo sobre tortura, com depoimentos de autoridades, especialistas e torturados, que abrange os hospitais psiquiátricos, o sistema penitenciário, delegacias de polícia, Febem-SP, divulgado em agosto daquele ano.

23. Um texto de Sartre, bastante citado por Naffah Neto, escrito por ocasião do lançamento do livro de Alleg e publicado na revista *L'Express* (março de 1959), confiscada, em grande parte, pela polícia francesa.

tura implanta um regime de terror: "a eliminação de quaisquer normas ou leis da vida social, ou seja, a criação de um espaço de total arbitrariedade" (Naffah Neto, 1985: 22). Nestas circunstâncias, o grupo dirigente e os seguidores se conduzem pela **vontade sem normas**.

Estas práticas buscam justificação na opinião pública desenvolvendo a idéia, a mentalidade, de que o torturado — no caso, o adolescente — é um inimigo, é perigoso. Não são poucas as declarações das autoridades da área sobre a periculosidade dos adolescentes sob sua responsabilidade (por ocasião da Rebelião da Imigrantes em 1999, da transferência dos adolescentes para o sistema penitenciário e unidades de alta contenção em 2000, em 2005 ou a idéia de criar uma unidade psiquiátrica), algo que a mídia ajuda a fomentar com suas notícias sobre casos escabrosos, fotos de meninos algemados (Batoré), o que vai naturalizando a idéia da punição cruel ou de que não importa o que aconteça com ele, no silêncio do cárcere.

As práticas institucionais violentas — a tortura — no cotidiano os tornam mais violentos e repetem a violência com eventos espetaculares e sanguinários que "justificam" perante a opinião pública serem desumanizados. O ciclo do medo. E do silêncio. Só as mães ouvem os gritos dos filhos. "Sabem onde a história começou". Mas a sua fala não ecoa. O Ministério Público denuncia a partir de milhares de folhas, fotos e documentos. A instituição entra com liminares nos tribunais superiores. Uma "guerra" de posições políticas, de manutenção de lugares no jogo do poder e a tortura continua na instituição destinada ao processo educacional de adolescentes cuja questão, como dizia o Luiz, é "minha moral seguia minhas vontades" (Mendes, 2001: 205).

Qual o efeito na formação desses adolescentes da vivência da tortura? Embora a tortura, como acontecimento traumático, se tolda nas lembranças, é possível considerar a gravidade de seus efeitos pela identificação com o agressor e a repetição como agente de violência; é possível pensar que o valor da vida — própria e do outro — para quem chegou tão perto do limite do sofrimento que produz a morte física ou psíquica é muito pequeno. É possível pensar que usam esta passagem para se valorizarem porque sobreviveram (as meninas da favela de Heliópolis preferem como namorados aqueles que passaram pelas instituições mais "pesadas" da Febem); é possível que, como dizia o Luiz, "criava-se uma geração de predadores que iriam aterrorizar São Paulo (...) estávamos à mercê de produzir uma cultura nossa e de nossos sicários (...) nossa preocupação não era só o dinheiro. Era vingança, explosão de uma revolta contida e cultivada em longos anos de cativeiro, nas mãos de sádicos carrascos torturadores" (Mendes, 2001: 182).

Viñar (1992) dá pistas... "Há um momento onde o sofrimento do corpo de um sujeito, outrora ileso, se converte em experiência destruidora, de abandono. Este momento se situa depois de um tempo muito variável de prisão e de tortura (...) A intensidade da dor física, a privação sensorial (escuridão, capuz), a ruptura de todo laço afetivo e efetivo com o mundo pessoal... conduzem à solitária presença de um corpo dolorido, desfeito, totalmente à mercê do torturador, que faz desaparecer do mundo toda presença que não esteja no centro da experiência atual. Chamamos este momento: *a demolição* (...) A demolição é a experiência do desmoronamento e da loucura (...) que desloca o indivíduo de seu mundo investido para o colocar diante de um buraco sinistro, repleto de vergonha, de humilhação, de urina, de horror, de dor, de excrementos, de corpos e órgãos mutilados. O mundo próprio do sujeito (...) se transforma, sob a ação dos torturadores, em objeto de temor e rejeição. Tudo se inscreve num espaço incomensurável e num tempo eterno, que tem as características do pesadelo e do espaço onírico (...) e, é neste nível regressivo (...) que se produzem a desorganização do mundo objetal e a não diferenciação entre objetos internos e externos..." (pp. 46-47).

E o mesmo autor dá outras pistas: "fazer da tortura um objeto de estudo, isolado do contexto político, econômico e social onde ela se exerce é um erro" (p. 134) e "nenhum modelo de competência técnico-profissional pode dominar o saber sobre o horror" (p. 135).

A cidade de São Paulo tem medo de seus adolescentes que passaram/passam por esta experiência de horror que fabrica "(...) um sujeito despossuído da relação consigo mesmo, despojado de sua memória e de seus ideais"(Viñar, 1992: 149).

A ética como uma pista de decifração ou, como não temos o mapa do futuro, as nossas convicções se constituem em bússola

Há várias maneiras de iniciar este último tópico. Os fios que conduzem o percurso até aqui permitem não escolher uma delas mas elencá-las. Podem se constituir em pistas mais ou menos profícuas, possibilidades de continuar investigando, perguntando... decifrando. O que será elencado não pretende abranger todas as possibilidades porque há muito não-saber que diminui o horizonte, circunscreve os limites do pensamento. E, por coerência, pelo não-saber e pelo desafio de descrever um fenômeno que exige a contribuição de muitos e a ação de todos não haverá um ponto final. Não haverá ponto, não haverá final... só mais "uma palavra".

O título do tópico contradiz esta introdução mas o título foi escrito um dia antes de a guerra na Palestina chegar em um ponto de tensão insuportável e, de novo, é necessário pensar sobre tudo. Sobre **NÓS** — nós e eles. Particularmente, porque estamos tão perto: vejo ao vivo **a adolescente palestina de 16 anos** estraçalhada com seu corpo bomba. Vejo em tempo real as feições duras (de ódio?) do dirigente de Estado declarando o outro seu inimigo e na cena seguinte um menino com a cabeça machucada, um soldado que leva um tiro, o cinegrafista que é atingido na garganta, gritos. Árabe ou judeu: **não importa**. Importa que há dor, sofrimento de um outro — eu mesmo, um outro — nós. É necessária alguma indignação. Qual a serventia da indignação na frente da TV?

É impossível um mundo sem dor. Contudo, a expressão da destrutividade humana em sua radicalidade é terrorífica, assustadora, intolerável e intensifica o sentimento de impotência. Inverte-se a equação da vida: Thanatos prevalece sobre Eros. **Um sentimento semelhante ao do dia 3 de março, quando Sérgio foi assassinado.** Este é o mundo em que formamos as novas gerações: um ambiente de sociabilidade em que a violência em suas formas mais brutais — da humilhação de um povo à tortura científica nas gaiolas da ilha de Guantánamo, aos adolescentes infratores que dormem em prateleiras destinadas aos corpos mortos em Campinas — procura ser reconhecida como legítima e ética. **Há uma ética possível na violência? Será que pensar o futuro implica/implicará pensar uma ética da violência?**

1. Um modo de começar

"Algures na Índia. Uma fila de peças de artilharia em posição. Atado à boca de cada uma delas há um homem. No primeiro plano da fotografia um oficial britânico ergue a espada e vai dar a ordem de fogo. Não dispomos de imagens do efeito dos disparos, mas até a mais obtusa das imaginações poderá ver 'cabeças' e troncos dispersos pelo campo de tiros, restos sanguinolentos, vísceras, membros amputados. Os homens eram rebeldes. Algures em Angola. Dois soldados portugueses levantam pelos braços um negro que talvez não esteja morto, outro soldado empunha um machete e prepara-se para lhe separar a cabeça do corpo. Esta é a primeira fotografia. Na segunda, desta vez há uma segunda fotografia, a cabeça já foi cortada, está espetada num pau, e os soldados riem. O negro era um guerrilheiro. Algures em Israel. Enquanto alguns soldados israelitas imobilizam um palestino, outro militar parte-lhe à martelada os ossos da mão direita. O palestino tinha atirado pedras. Estados Unidos da América do Norte, cidade de Nova York. Dois aviões comerciais norte-americanos, seqüestrados por terroristas lançam-se contra as torres do World Trade Center e deitam-nas abaixo. Pelo mesmo processo um terceiro avião causa danos enormes no edifício do Pentágono, sede do poder bélico dos States. Os mortos, soterrados nos escombros, reduzidos a migalhas, volatilizados, contaram-se por milhares.

"As fotografias da Índia, de Angola e de Israel atiram-nos com o horror à cara, as vítimas nos são mostradas no próprio instante da tortura, da agônica expectativa, da morte ignóbil. Em Nova York tudo pareceu irreal ao princípio, episódio repetido e sem novidade de mais uma catástrofe cinematográfica, realmente empolgante pelo grau de ilusão conseguido pelo engenheiro de efeitos especiais, mas limpo de estertores, de jorros de sangue, de carnes esmagadas, de ossos triturados, de merda. O horror, agachado como um animal imundo, esperou que saíssemos da estupefação para nos saltar à garganta. O horror disse pela primeira vez 'aqui estou' quando aquelas pessoas saltaram para o vazio como se tivessem acabado de escolher uma morte sua. Agora o horror aparecerá a cada instante, ao remover-se uma pedra, um pedaço de parede, uma chapa de alumínio retorcida, e será uma cabeça irreconhecível, um braço, uma perna, um abdômen desfeito, um tórax espalmado. Mas até mesmo isto é repetitivo e monótono, de certo modo já conhecido pelas imagens que nos chegaram daquela Ruanda-de-um-milhão-de-mortos, daquele Vietnã cozido de napalm, daquelas execuções em estádios cheios de gente, daqueles linchamentos e espancamentos, daqueles soldados iraquianos sepultados vivos debaixo de toneladas de areia, daquelas bombas atômicas que arrasaram e calcinaram Hiroshima e Nagasaki, daqueles crematórios nazistas a vomitar cinzas, daqueles caminhões a despejar cadáveres como se de lixo se tratasse. De algo sempre haveremos de morrer, mas já se perdeu a conta dos seres humanos mortos das piores maneiras que seres humanos foram capazes de inventar..."[24]

A compreensão da violência neste início de século/milênio implica, para muitos analistas, considerar as guerras do século XX e as novas guerras do século XXI. Elas mudam o mundo. As pessoas se transmutam. Outros mapas.

Hobsbawm afirma que "tanto a totalidade dos esforços de guerra quanto a determinação de ambos os lados de travá-la sem limites e a qualquer custo deixaram a sua marca. Sem isso, é difícil explicar a crescente brutalidade das condutas dos homens do século XX" (1995: 56). E contribuíram para isto a transgressão aos acordos internacionais de guer-

---

24. Trecho de artigo de José Saramago, escritor português, prêmio Nobel de Literatura de 1998, publicado no caderno Guerra na América, do jornal *Folha de S.Paulo* em 19/9/2001, oito dias após o atentado do grupo Al Qaeda ao World Trade Center e ao Pentágono, nos EUA.

ra, a transformação dos civis em alvos planejados e a impessoalidade da guerra. Segundo o autor, "as maiores crueldades de nosso século foram as crueldades impessoais decididas à distância, de sistema e rotina, sobretudo quando podiam ser justificadas como lamentáveis necessidades operacionais" (p. 57). Em 2002, na guerra do Bem contra o Mal, a justificativa americana para as mortes de civis no Afeganistão foi "incidente operacional", os "danos colaterais".

As guerras "legítimas" ou "ilegítimas" e suas modernas tecnologias se tornaram mais mortíferas. As guerras — enquanto monopólio da violência pelo Estado ou por grupos organizados ou por empresas privadas — autorizam a liberação da crueldade no cotidiano dos cidadãos: o outro — **criança, adolescente**, adulto — pode ser o inimigo. **Qual o presente possível para as novas gerações?**

2. Outro modo de começar

No século XXI, as crianças e adolescentes são vítimas da guerra e também seus personagens. Jaime Spitzcovsky, repórter internacional, escreve um artigo importante em 2001, em que mostra que "ao longo dos anos 90, as guerras mataram mais de 2 milhões de crianças e deixaram ao menos 6 milhões de feridos e de mutilados com menos de 18 anos" (2001: 65). Na Conferência Internacional sobre Crianças Atingidas por Guerra, realizada no Canadá, divulgou-se que existia, em 2000, 20 milhões de crianças que foram obrigadas a abandonar seus lares e se tornaram refugiadas em seu próprio país ou fora dele; além de 300 mil jovens que são recrutados para as forças militares regulares ou de oposição em mais de 30 países do mundo — África, Ásia e América Latina. Outros grupos organizados de defesa[25] de crianças vítimas da guerra chegam a avaliar em 80, os países que usam crianças e adolescentes como combatentes nas frentes de batalha (manipulam armas leves, gra-

---

25. Coalition to Stop the Use of Child Soldiers, com sede em Londres e Human Rights Watch, com sede nos EUA.

nadas), como espiões, mensageiros, sentinelas, escravos sexuais, carregadores, instaladores de minas terrestres.

São meninos e também meninas, na maioria entre 15 e 18 anos, embora haja crianças de 7 anos, na Colômbia. Uma das justificativas dadas pelo comandante de um grupo paramilitar, no Congo, para o uso de crianças nos confrontos armados: "se tornam bons combatentes porque são jovens e querem se mostrar. Eles pensam que tudo é um jogo e não têm medo".

Como exemplo Jaime Spitzcovsky, cita um pequeno país da Ásia — Sri Lanka — em que o movimento terrorista de libertação local **recruta meninas, em geral órfãs, para atentados suicidas**. A palestina que fez um ataque suicida a um supermercado em Israel, em 29/3/2002, tinha 16 anos.

É possível pensar que as conseqüências físicas e psicológicas sejam devastadoras porque além do risco de ferimento e morte, as crianças e adolescentes estão expostos aos rigores da vida militar, ao uso e abuso de drogas, exposição a doenças sexualmente transmissíveis. Muitas delas são drogadas para superar o medo ou a resistência em combater.

Qual o futuro possível para "milhares de crianças seqüestradas pelas forças rebeldes (que) testemunharam e participaram de horríveis atrocidades contra civis, incluindo decapitações, estupros e queima de pessoas vivas" (2001: 66) em Serra Leoa, conforme relatório da Human Rights Watch?

Walter Benjamin afirmava que os combatentes da 1ª Grande Guerra do século XX, "voltavam pobres em experiências para contar". Usei esta referência, em 1983, para analisar a situação de crianças de 7 a 10 anos que trabalhavam como bóias-frias no corte da cana em Ribeirão Preto (Teixeira, 1991: 55-58). O trabalho precoce em condições absolutamente prejudiciais ao desenvolvimento físico e psíquico com efeitos nefastos em seu desenvolvimento intelectual, emocional e social. Impressionava as poucas lembranças, a ausência de memória sobre qualquer evento de suas curtas e dolorosas vidas. Alguma recordação era possível a partir de marcas no corpo: a cicatriz do facão na perna, os calos na mão. Outras lembranças, só relacionadas à comida e poucas... "pobres em experiências para contar". O equivalente disto — os efeitos da experiência radical de violência na memória — pude constatar, em 2001, ao fazer o psicodiagnóstico de uma militante política que viveu, grávida, a condição de vigilância-seqüestro-tortura no período da ditadura militar em nosso país: os buracos, lapsos e falhas da memória e, ao mesmo tempo, a presença fantasmática dos perseguidores-torturadores em seu cotidiano produzindo sofrimento. A experiência do desmoronamento.[26] Era difícil viver.

Qual futuro é possível para crianças e adolescentes que vivem, no presente, de modo tão radical a experiência da violência? Qual futuro é possível com o passado incrustado na memória que não se reconhece e coexiste com a vivência não-elaborada da violência — os fantasmas? Qual a possibilidade de não repetir como agente a violência que o vitimou?

3. Outro modo de começar

Quando o sentimento de igualdade entre os indivíduos prevalece em uma sociedade é possível dizer que ela está se democratizando. E quando isto acontece há sempre o risco da violência "porque a democracia é um processo dinâmico e os indicadores do crescimento da igualdade[27] modificam-se a cada momento. Sempre que isto ocorre, o risco da violência cresce e esse risco só pode ser contornado se houver novas instituições capazes de dar resposta aos novos problemas que daí derivam, arbitrando de forma adequada sobre os conflitos interindividuais emergentes" (Peralva, 2000: 26).

Esta é a tese de Angelina Peralva no livro *Violência e democracia* em que demonstra que nos últimos 30 anos a democracia progrediu no país

---

26. Ver em Viñar (1992), o capítulo "Reflexões sobre uma clínica da tortura" (pp. 133-149).

27. A autora se refere à igualdade de direitos sociais e não à igualdade de distribuição da renda.

e paradoxalmente a violência, também. Embora reconheça que haja uma tendência em atribuir à pobreza e à desigualdade de distribuição de renda as determinações da violência, ela afirma que é necessário reconhecer que os indicadores da igualdade social se ampliaram nos últimos tempos: a igualdade de participação política a partir da década de 70 com os movimentos populares, sindicais; a diminuição das desigualdades regionais; a elevação dos níveis educacionais, sanitários; a transformação das camadas populares em consumidores. Embora haja muito a ser conquistado enquanto universalização dos direitos sociais, não é possível negar as conquistas.

Ao mesmo tempo, um único indicador é suficiente para demonstrar o aumento crescente da violência: a taxa de homicídio que atualmente é quase três vezes maior do que nos EUA, país reconhecido pelos altos índices de violência, sendo que, na década de 80, as taxas eram equivalentes aqui e lá (Peralva, 2000: 26).

O processo de ampliação das igualdades que caracteriza a democracia é intrinsecamente marcado por tensões, conflitos, pela emergência de múltiplas formas de violência. A questão que enfrentamos em nosso país é a ausência de respostas institucionais à violência e para isto é necessário "compreender as condutas humanas que lhe dão suporte e compreender (...) como a sociedade favorece ou inibe essas condutas e de que maneira responde a elas" (Peralva, 2000: 31). Três exemplos: Carandiru, Candelária e Carajás.

Manuel Castells, em seu livro *A era da informação*, inverte um problema clássico: "não se trata mais de excluir o crime da sociedade, mas de impedir que o crime inclua a sociedade toda em seu campo" (Caderno Mais, *Folha de S.Paulo*, 30/1/2000).

As respostas institucionais aos adolescentes envolvidos com a prática de atos infracionais em São Paulo — a cidade mais rica da federação e pólo de produção científica, cultural e intelectual — atestam o fracasso dos mecanismos reguladores da convivência coletiva, a dificuldade em assegurar a paz pública e a vigência de uma lógica vingativa contra aqueles — adolescentes — que têm direito ao futuro numa ética da responsabilidade.

A concepção da violência como constitutiva do processo de democratização permite apenas se aproximar da crueldade da conduta humana e da resposta institucional que atualiza e exacerba a expressão da violência. **É necessário ter esperanças e construir estratégias de erradicação das práticas dissimuladas ou descaradas de conivência com a crueldade.**

4. Outro modo de começar

O sociólogo alemão Robert Kurz diz que o passatempo social preferido é a busca de culpados... quando algo sai errado em grande escala busca-se a origem do problema nas pessoas... não se responsabilizam relações sociais destrutivas ou estruturas contraditórias... **Bem mais fácil é cabeças rolarem** do que subverter relações e modificar formas sociais. Essa tendência espontânea de consciência sem reflexão — para elaborar dificuldades mediante atribuição subjetiva de culpa — vai ao encontro da ideologia do liberalismo que subjetivou de cima abaixo a causa dos problemas sociais. Esse método de personalização superficial de problemas propicia a emergência do irracional e perigoso porque as dificuldades sociais são projetadas em um ou mais grupos de pessoas... O contrário da busca irracional pelos culpados seria a crítica social emancipatória que não visasse a determinadas categorias de pessoas — os adolescentes, por exemplo — mas quisesse transformar as formas dominantes da reprodução e da relação social.

As figuras míticas do mal são necessárias para descarregar de modo irracional e antiemancipatório a "energia negativa da crise social". Na busca do bandido, do adolescente criminoso, a sociedade revela uma face igual, um pouco mais, um pouco menos assustadora. A política e a mídia acabam por produzir o "populismo histérico" (Kurz), que produz as grades nas janelas, os carros blindados, os condomínios fechados, a segurança particular, o sistema de justiça paralelo, a Rota, a defesa da pena de morte... a redução da idade penal, a tortura na Febem. **Aí** nenhuma esperança é possível para nós e para as futuras gerações. Só o medo. Não há mapa do futuro.

5. Outro modo de começar

Eric Hobsbawm diz em *Era dos extremos* e retoma em *O novo século* que um dos fatos mais relevantes do século XX é a ruptura das novas gerações com as gerações mais velhas. A ruptura com os valores da tradição e as lições da história... Lasch, um estudioso do narcisismo nos tempos atuais, em seu livro *Refúgio num mundo sem coração*, de 1977, estudando a família, dizia que vivemos a decadência da autoridade e dos ideais... constrói-se um novo "ethos".

A família — refúgio de um mundo sem compaixão — onde a tradição e a autoridade impunham-se por si mesmas, está delegando, se expropriando aos poucos e definitivamente de sua competência de educar os filhos para outras agências de socialização (os meios de comunicação de massa, a escola) e/ou outras agências de prestação de serviços, nas quais se destacam os técnicos em relações humanas e saúde mental (Costa, 2000).

E, tanto aquela família como aquele indivíduo estão definitivamente obsoletos diante da **moral do consumo.** Os adolescentes e, agora, já as crianças, são alvos preferenciais do mercado: bons consumidores.

A criança e o adolescente nesta sociedade permissiva — onde predomina sua vontade, desejo — aprendem a ver toda autoridade, toda tradição, toda renúncia à satisfação imediata dos desejos como sinal de autoritarismo e repressão. A isto corresponde a formação de um consumidor voraz, sempre insatisfeito e com a ilusão de que a felicidade está aí para ser consumida. Hipnotizada pelo consumo, só se deixam tocar, mobilizar por aquilo que reverte **imediatamente** em bem-estar físico, mental, sexual. **O futuro é agora. O presente é contínuo.** O bem-estar pode estar no consumo daquilo que passa diante dos olhos e afirma sua existência; pode estar no celular do traficante, na vitrine do shopping, nas prateleiras da farmácia, na academia de ginástica, no sermão dos templos, na idealização da violência como forma de afirmar sua identidade que o diferencia... **de quem?** No mundo atual, os desejos são planificados, e sempre em outro lugar do mundo para qualquer lugar em que se esteja. Este é o paradoxo do mundo atual: a planificação do desejo e a mitificação do eu. **Onde cabem os ideais? As utopias?**

Cada um é um. "O desejo de todos nunca faz um" dizia Katerina Koltay em suas aulas sobre *a banalização do mal e a sedução do bem*.[28] Por isso, também, dizia a professora, as grandes utopias fracassaram: tinham uma idéia mestra, baseavam-se em valores que deviam ser universais, tinham nelas o caráter totalitário: a felicidade de todos igualmente planejada, não era permitido não ser feliz. Freud falando do comunismo — uma das grandes UTOPIAS do século XX — em "O mal-estar na cultura" tentava, em 1930, dizer do projeto irrealizável de suprimir as diferenças individuais e afirmava que havíamos construído e insistíamos em construir instituições sociais para assegurar a convivência coletiva, que implicava sempre a não-satisfação. O mal-estar é constitutivo da relação entre os homens, embora em algumas circunstâncias históricas do percurso da humanidade possa se intensificar e assumir expressões peculiares, exorbitantes e aí sempre é possível construir pequenas utopias onde a "sensibilidade terapêutica" — característica da sociedade narcísica — é substituída por alguma sensibilidade política, ou seja, os interesses individuais se coadunam com os interesses coletivos. O outro se descoisifica e cada um reconhece no outro sua própria humanidade e reconhece na criança e no adolescente a possibilidade de outros futuros possíveis. Para isto é necessário superar a "utopia da rã",[29] ou seja, desejar para além daquilo que olhamos do rés do chão, numa perspectiva de futuro que vá além do tempo da biografia pessoal.

---

28. Curso do Programa de Pós-Graduação em Ciências Sociais da PUC-SP, 2º semestre/2001.

29. Expressão usada por Contardo Calligaris para analisar a pesquisa realizada com 2.831 pessoas em 129 municípios brasileiros, "As utopias dos brasileiros", no Caderno Mais, *Folha de S.Paulo* (23/4/2000). As "utopias" são: 1º lugar: fim do desemprego, 2º: políticos honestos, 3º: fim da violência cotidiana, 4º: o futuro dos filhos. As utopias devem ser realizadas no tempo da própria vida. O horizonte é curto!

6. Mais uma palavra...

No Fórum Social Mundial realizado em janeiro de 2002, em Porto Alegre, Rio Grande do Sul, algo me chamou a atenção: os encontros mundiais de mulheres, povos indígenas, jovens... grupos identitários — gênero, raça, idade. Para além das matrizes de identidade territoriais. Em cada um dos grupos, havia a presença de diferentes lugares do mundo: a micropolítica universal ligando pontos diferentes do planeta... uma diversidade transpassada por um fio que os costurava: ser mulher, ser jovem, ser índio e envolvidos na trama de imaginar modos de vida inéditos e melhores que os atuais. Uma crítica radical à sociedade contemporânea e uma valorização radical do ser humano como razão última de todo ato social. A ética da solidariedade com o outro próximo e o outro anônimo. Um esforço coletivo, transnacional, em escavar convicções capazes de ancorar nossa resistência ao intolerável e criar outros futuros possíveis... ir desenhando o mapa do futuro — uma cartografia com novas outras rotas de navegação.

"Para aventurar-se à navegação é preciso ter interesses poderosos. Ora, os verdadeiros interesses poderosos são os quiméricos" (Bachelard).

Bibliografia

ABERASTURY, Arminda e KNOBEL, Mauricio (1981). *Adolescência normal — um enfoque psicanalítico.* Porto Alegre: Artes Médicas.

ADORNO, Sérgio (1991). A experiência precoce da punição. In: MARTINS, José de Souza. *O massacre dos inocentes.* São Paulo: Hucitec.

ADORNO, Sérgio; LIMA, Renato Sérgio; BORDINI, Eliana B. T. (1999). *O adolescente na criminalidade urbana em São Paulo.* Brasília: Ministério da Justiça, Secretaria de Estado dos Direitos Humanos.

AGUIAR, José Manoel (1980). Mais uma vez: a utilização político-ideológica da delinqüência. *Revista Educação e Sociedade.* São Paulo: Cortez, 2 (6): 5-18.

AMENÓS, Teresa Pont (1998). *Breves encuentros com delincuentes.* Barcelona: Herder.

AMORIM, Carlos (2003). *CV-PCC: a irmandade do crime.* Rio de Janeiro: Record.

ANISTIA INTERNACIONAL (julho/2000). *Brasil — desperdício de vidas — Febem-SP. Crise de direitos humanos, não uma questão de segurança pública.* Relatório.

_____ (outubro/2001). *Tortura e maus-tratos no Brasil — desumanização e impunidade no sistema de justiça criminal.* Relatório.

ARENDT, Hannah (1973). *Crises da república.* São Paulo: Perspectiva.

ARIÈS, Philippe (1986). *História social da criança e da família.* 2. ed. Rio de Janeiro: Guanabara.

ASSIS, Simone Gonçalves (1999). *Traçando caminhos em uma sociedade violenta — a vida de jovens infratores e de seus irmãos não-infratores.* Rio de Janeiro: Fiocruz.

BAUMAN, Z. (2004). *O amor líquido — sobre a fragilidade dos laços humanos.* Rio de Janeiro: Jorge Zahar.

BENEVIDES, Maria Victória (1983). *Violência — povo e polícia.* São Paulo: Brasiliense.

BICUDO, Hélio Pereira (1976). *Meu depoimento sobre o Esquadrão da Morte.* São Paulo: Pontifícia Comissão de Justiça e Paz de São Paulo.

BIERRENBACH, Maria Ignês; SADER, Emir e FIGUEIREDO, Cyntia P. (1987). *Fogo no pavilhão.* São Paulo: Brasiliense.

BIRMAN, Joel (2000). *Mal-estar na atualidade — A psicanálise e as novas formas de subjetivação.* 2. ed. Rio de Janeiro: Civilização Brasileira.

BOBBIO, Norberto (1992). *A era dos direitos.* Rio de Janeiro: Campus.

BORGES, Paulo César C. (2002). *O crime organizado.* São Paulo: Unesp.

BRANT DE CARVALHO, Maria do Carmo (1999). Gestão Social: alguns apontamentos para o debate. In: RICO, Elisabeth de Melo e RAICHELIS, Rachel (orgs.). *Gestão Social — uma questão em debate.* São Paulo: Educ/IEE.

BRITTO, Sulamita (org.) (1968). *Sociologia da juventude, I — da Europa de Marx à América Latina de hoje.* Rio de Janeiro: Zahar.

_____ (org.) (1968). *Sociologia da juventude, II — para uma sociologia diferencial.* Rio de Janeiro: Zahar.

CALDEIRA, Tereza Pires do Rio (2000). *Cidade de muros. Crime, segregação e cidadania em São Paulo.* São Paulo: Ed. 34 e Edusp.

CALLIGARIS, Contardo (2000). *Adolescência.* São Paulo: Publifolha.

CARDOSO, Irene (2001). Há uma herança de 1968 no Brasil? In: GARCIA, Marco Aurélio et al. *Rebeldes e contestadores.* São Paulo: Fundação Perseu Abramo.

CARVALHO, M. Carmo Brant (1999). Gestão social: alguns apontamentos para o debate. In: RAICHELIS, R. e MELO RICO, E. (org.). *Gestão social: uma questão em debate.* São Paulo: EDUC/IEE-PUC.

CASTEL, Robert (2001). *A insegurança social — o que é ser protegido?* Petrópolis: Vozes.

CAVALLIERI, Alyrio (1978). *O direito do menor.* Rio de Janeiro: Freitas Bastos.

CEBRAP — Centro Brasileiro de Análise e Planejamento (1972). *A criança, o adolescente, a cidade.* São Paulo: Circulação restrita.

_____. (1975). *São Paulo 1975 — Crescimento e pobreza.* São Paulo: Loyola.

CÉSAR, Júlio (1986). *A lógica da maldade.* Brasília: Thesaurus.

CHAZAL, Jean (1978, presumida). *Delinqüência juvenil*. Lisboa: Itaú.

CHAUI, Marilena (1980). A não-violência do brasileiro, um mito interessantíssimo. In: *Almanaque 11, Cadernos de Literatura e Ensaio*. São Paulo: Brasiliense.

CHAUI, Marilena (2001). *Brasil — mito fundador e sociedade autoritária*. São Paulo: Fundação Perseu Abramo.

CORRÊA, Mariza (1982). Antropologia e medicina legal. Variações em torno de um mito. In: EULÁLIO, A. et al. *Caminhos cruzados*. São Paulo: Brasiliense.

COSTA, Jurandir Freire (1986). *Violência e psicanálise*. 2. ed. Rio de Janeiro: Graal.

_____ (1991). Psiquiatria burocrática: duas ou três coisas que sei dela. In: ARAGÃO, Luis Tarlei et al. *Clínica do Social: ensaios*. São Paulo: Escuta.

_____ (1993). O medo social. In: *Veja — 25 anos: reflexões para o futuro*. São Paulo, Abril, Organização Odebrecht.

_____ (2000). *A ética e o espelho da cultura*. 3. ed. Rio de Janeiro: Rocco.

COSTA, Jurandir Freire et al. (1991). *Clínica social — ensaios*. São Paulo: Escuta.

COSTA, Jurandir Freire et al. (1997). *Ética*. Rio de Janeiro/Brasília: Garamond, Codeplan.

DEBORD, Guy (1997). *A sociedade do espetáculo*. Rio de Janeiro: Contraponto.

DOLTO, Françoise (1985). *Seminários de psicanálise de crianças*. Rio de Janeiro: Zahar.

_____ (1990). *A causa dos adolescentes*. Rio de Janeiro: Nova Fronteira.

DOSSIÊ Alcides Sérgio Delazari.

DURHAN, Eunice R. (1978). *A caminho da cidade*. 2. ed. São Paulo: Perspectiva.

DURST, Rogério (1985). *Madame Satã*. Coleção Encanto Radical, São Paulo: Brasiliense.

ENRIQUEZ, Eugène (1990). *Da horda ao Estado — psicanálise do vínculo social*. Rio de Janeiro: Zahar.

ERIKSON, Erik H. (1976). *Identidade — juventude e crise*. 2. ed. Rio de Janeiro: Zahar.

FAUSTO, Boris (1984). *Crime e cotidiano. A criminalidade em São Paulo (1880-1924)*. São Paulo: Brasiliense.

FIGUEIREDO, Luis Cláudio M. (1995). *Modos de subjetivação no Brasil e outros escritos*. São Paulo: Escuta/EDUC.

FIGUEIREDO, Luis Cláudio M. (1998). Adolescência e violência: considerações sobre o caso brasileiro. In: LEVISKY, David L. (org.). *Adolescência — pelos caminhos da violência*. São Paulo: Casa do Psicólogo.

FOUCAULT, Michel (1977). *Vigiar e punir. História da violência nas prisões*. Petrópolis: Vozes.

_____ (1988) (org.). *Eu, Pierre Rivière, que degolei minha mãe, minha irmã e meu irmão*. 4. ed. Rio de Janeiro: Graal.

_____ (1988). *Microfísica do poder*. 7. ed. Rio de Janeiro: Graal.

_____ (2001). *Os anormais*. São Paulo: Martins Fontes.

FRAGA, P. C. P. e IULIANELLI, J. A. S. (orgs.) (2003). *Jovens em tempo real*. Rio de Janeiro: DP&A

FRANÇA, Maria Inês (org.) (1995). *Desejo, barbárie e cidadania*. Petrópolis: Vozes.

FREITAS, Marcos C. (1997). *História social da infância no Brasil*. São Paulo: Cortez.

FREUD, Sigmund (1981). Consideraciones de actualidad sobre la guerra y la muerte (1915). In: FREUD, S. *Obras completas*. 4. ed. Espanha: Biblioteca Nueva, tomo II.

_____ (1981). Introducción al simposio sobre las neurosis de guerra (1919). In: FREUD, S. *Obras completas*. 4. ed. Espanha: Biblioteca Nueva, tomo III.

_____ (1981). El porque de la guerra (setembro 1932). In: FREUD, S. *Obras completas*. 4. ed. Espanha: Biblioteca Nueva, tomo III.

_____ (1981). El psicoánalisis y el diagnóstico de los hechos em los procedimientos judiciales (1906). In: FREUD, S. *Obras completas*. 4. ed. Espanha: Biblioteca Nueva, tomo II.

_____ (1981). El malestar en la cultura (1929/30). In: FREUD, S. *Obras completas*. 4. ed. Espanha: Biblioteca Nueva, tomo III.

FRIEDLANDER, K. (1981). *Psicoanalisis de la delincuencia juvenil*. Buenos Aires: Paidos.

FUNABEM (1973). *Política nacional do bem-estar do menor*. Rio de Janeiro. Publicação restrita.

GALVÃO, Walnice Nogueira (2001). Nas asas de 1968: rumos, ritmos e rimas. In: GARCIA, Marco Aurélio et al. *Rebeldes e contestadores*. São Paulo: Fundação Perseu Abramo.

GARCIA, Marco Aurélio e VIEIRA, Maria Alice (org.) (1999). *Rebeldes e contestadores — 1968: Brasil, França e Alemanha*. São Paulo: Fundação Perseu Abramo.

GENET, Jean (1988). *A criança criminosa*. Lisboa: Hiena.

GOFFMAN, Erving (1961). *Manicômios, prisões e conventos*. São Paulo: Perspectiva.

GREGORI, M. F. e SILVA, C. A. (2000). *Meninos de rua e instituições — tramas, disputas e desmanche*. São Paulo: Contexto.

GUARÁ, Isa M. F. R. (2000). *O crime não compensa mas não admite falhas*. Tese de doutorado em Serviço Social. PUC-SP.

HELLER, Agnès (1972). *O quotidiano e a história*. Rio de Janeiro: Paz e Terra.

HELLER, Agnès e FEHÉR, Ferenc (1998). *A condição política pós-moderna*. Rio de Janeiro: Civilização Brasileira.

HELLER, Agnès et al. (1999). *Uma crise global da civilização: os desafios futuros*. Rio de Janeiro: Contraponto.

HERSCHMANN, Micael (2000). *O funk e o hip-hop invadem a cena*. Rio de Janeiro: UFRJ.

HOBSBAWM, E. J. (1970). *Rebeldes primitivos — estudo sobre as formas arcaicas dos movimentos sociais nos séculos XIX e XX*. Rio de Janeiro: Zahar.

_____ (1995*). Era dos extremos — o breve século XX (1914-1991)*. 2. ed. São Paulo: Companhia das Letras.

_____ (2001). *O novo século*. Entrevista a Antônio Polito. São Paulo: Companhia das Letras.

HOLANDA, Sérgio Buarque (2001). *Raízes do Brasil*. 26. ed. São Paulo: Companhia das Letras.

IBGE — Fundação Instituto Brasileiro de Geografia e Estatística (1989). *Crianças e adolescentes: indicadores sociais*. Rio de Janeiro: IBGE.

_____ (2001). *Censo 2000 — dados preliminares*. Site do IBGE.

ILANUD — Instituto Latino Americano das Nações Unidas para a Prevenção do Delito e Tratamento do Delinqüente (2001). Adolescentes em conflito com a lei. *Revista do Ilanud*. São Paulo: Imprensa Oficial, n. 14.

_____ (2001). Crime e TV. *Revista do Ilanud*. São Paulo: Imprensa Oficial, n. 13.

JAPIASSU, Hilton (1975). *O mito da neutralidade científica*. Rio de Janeiro: Imago.

JUIZADO DA INFÂNCIA E JUVENTUDE DE PORTO ALEGRE (1992). *O Estatuto passado a limpo*. Porto Alegre. Circulação restrita.

KALINA, Eduardo e KOVLADOFF (1983). *As cerimônias da destruição*. Rio de Janeiro: Francisco Alves.

KEHL, Maria Rita (org.) (2000). *Função fraterna*. Rio de Janeiro: Relume Dumará.

KEHL, Maria Rita (2002). *Sobre ética e psicanálise*. São Paulo: Companhia das Letras.

LA TAILLE, Yves de (2002). *Vergonha, a ferida moral*. Petrópolis: Vozes.

LAHIRE, Bernard (1997). *Sucesso escolar nos meios populares. As razões do improvável*. São Paulo: Ática.

LAING, R. D. e COOPER, D. G. (1976). *Razão e violência — uma década da filosofia de Sartre*. Petrópolis: Vozes.

LANGNESS, L. L. (1973). *História de vida na ciência antropológica*. São Paulo: E.P.U.

LASCH, C. (1984). *A cultura do narcisismo*. Rio de Janeiro: Imago.

MAKARENKO, Anton S. (1976). *Poema pedagógico*. Lisboa: Livros Horizonte, v. I, II, III.

MANNONI, Maud (1988). *Educação impossível*. Rio de Janeiro: Francisco Alves.

MARCILIO, Maria Luiza (1989). A lenta construção dos direitos da criança brasileira. Século XX. *Revista USP. Dossiê direitos humanos no limiar do século XXI*. São Paulo, USP, n. 1.

_____ (1997). A roda dos expostos e a criança abandonada na História do Brasil. 1726-1950. In: FREITAS, Marcos Cezar (org.). *História Social da Infância no Brasil* . São Paulo: Cortez.

_____ (2001). O jovem infrator e a Febem de São Paulo: história e atualidade. In: LEVISKY, David L. (org.). *Adolescência e violência — ações comunitárias na prevenção*. São Paulo: Casa do Psicólogo.

McDonell, Nick (2004). *DOZE*. São Paulo: Geração Editorial.

MARIN, Isabel da S. Khan (2001). *Sujeito e violência na contemporaneidade*. Tese de doutorado em Psicologia Clínica. PUC-SP.

MARX, Karl (1866). Trabalho, juventude e educação politécnica. In: BRITTO, Sulamita (1968). *Sociologia da juventude I*. Rio de Janeiro: Zahar.

MARTINS, José de Souza (1991). *O massacre dos inocentes*. São Paulo: Hucitec.

MATOS, Olgária (2001). Tardes de Maio. In: GARCIA, Marco Aurélio et al. *Rebeldes e contestadores*. São Paulo: Fundação Perseu Abramo.

MENDES, Luiz Alberto (2001). *Memórias de um sobrevivente*. São Paulo: Companhia das Letras.

MELUCCI, Alberto (1997). Movimentos sociais e sociedade complexa. *Revista Movimentos Sociais na Contemporaneidade*. São Paulo: PUC, Núcleo de Estudos e Pesquisa sobre Movimentos Sociais do Programa de estudos Pós-Graduados em Serviço Social, n. 2.

MINISTÉRIO DA JUSTIÇA — Departamento de Criança e Adolescente (1998). *Atendimento ao adolescente em conflito com a lei: reflexões para uma prática qualificada.* Brasília, Ministério da Justiça, Departamento de Criança e Adolescente, Caderno DCA/SNDH/MJ (Coleção Garantia de Direitos, Série Idéias e Resultados), I.

MORIN, Edgar (2000). *Saberes globais e saberes locais — o olhar transdisciplinar.* Rio de Janeiro: Garamond.

NAFFAH NETO, Alfredo (1985). *Poder, vida e morte na situação de tortura — esboço de uma fenomenologia do terror.* São Paulo: Hucitec.

NASCIMENTO, Elimar Pinheiro (org.) (1997). *Ética.* Rio de Janeiro: Garamond.

NOGUEIRA, Marco Aurélio (2001). *Em defesa da política.* São Paulo: Senac.

OLIVEIRA, Carmen Silveira (2001). *Sobrevivendo no inferno — a violência juvenil na contemporaneidade.* Porto Alegre: Sulina.

OUTEIRAL, José O. (1994). *Adolescer — Estudos sobre adolescência.* Porto Alegre: Artes Médicas.

_____ (1998). Violência no corpo e na mente: conseqüências da realidade brasileira. In: LEVISKY, David L. (org.) (1998). *Adolescência — pelos caminhos da violência.* São Paulo: Casa do Psicólogo.

PALMEIRA, Vladimir (2001). Os valores de 1968. In: GARCIA, Marco Aurélio et al. *Rebeldes e contestadores.* São Paulo: Fundação Perseu Abramo.

PASSETTI, Edson et al. (1987). *O mundo do menor infrator.* São Paulo, Cortez.

PATTO, Maria Helena Souza (1977). *Privação cultural e educação pré-primária.* Rio de Janeiro: José Olympio.

PELLEGRINO, Hélio (1989). Psicanálise da criminalidade brasileira. In: PINHEIRO, Paulo Sérgio et al. *Democracia e violência.* Rio de Janeiro: Paz e Terra.

PERALVA, Angelina (2000). *Violência e democracia — o paradoxo brasileiro.* Rio de Janeiro: Paz e Terra.

PEREIRA, Carlos et al. (orgs.) (2000). *Linguagens da violência.* Rio de Janeiro: Rocco.

PERLMAN, Janice E. (1977). *O mito da marginalidade.* Rio de Janeiro: Paz e Terra.

PEZZIN, Liliana E. (1986). *Criminalidade urbana e crise econômica: o caso de São Paulo.* São Paulo: IPE/USP.

POSTMAN, Neil (1999). *O desaparecimento da infância.* Rio de Janeiro: Graphia.

PRIORE, Mary del (1996). *História da criança no Brasil*. 4. ed. São Paulo: Contexto.

RIBEIRO, Renato Janine (1989). A palavra democrática: ou da utopia da necessidade à utopia poética. In: *Revista USP. Dossiê direitos humanos no limiar do século XXI*. São Paulo: USP, n. 1.

RIBEIRO, Renato Janine et al. (2000). *Quatro autores em busca do Brasil*. Rio de Janeiro: Rocco.

RIZZINI, Irene (org.) (1993). *A criança no Brasil hoje — desafio para o terceiro milênio*. Rio de Janeiro: Editora Universitária Santa Úrsula.

RIZZINI, Irene e PILOTTI, Francisco (1995). *A arte de governar crianças*. Rio de Janeiro: AMAIS.

RODRIGUES, Gutemberg Alexandrino (2001). *Os filhos do mundo — a face oculta da menoridade (1964-1979)*. São Paulo: IBCCRIM.

RODRIGUES, Marieta L. M. Observações sobre o discurso delinqüente. In: Psicanálise em tempos de violência. *Revista da Associação Psicanalítica de Porto Alegre*. Porto Alegre, ano VI, n. 12. Publicação interna.

ROLNIK, Raquel (2001). *São Paulo*. São Paulo: Publifolha.

SADER, Emir (2000). Direitos humanos e subjetividade. In: *Psicologia, direitos humanos e sofrimento mental*. São Paulo/Brasília: Casa do Psicólogo/Conselho Federal de Psicologia.

SANTOS, Boaventura de Souza (2000). *A crítica da razão indolente — contra o desperdício da experiência*. São Paulo: Cortez.

SCHNEIDER, Leda (1982). *Marginalidade e delinqüência juvenil*. São Paulo: Cortez.

SEADE — Fundação Sistema Estadual de Análise de Dados (1994). *Pesquisa de condição de vida na região metropolitana de São Paulo — primeiros resultados*. São Paulo: Imesp (Imprensa Oficial do Estado de São Paulo).

SILVA, Arlindo (1975). RPM — três letras que envergonham São Paulo. Publicado em 22/7/1973 no jornal *O Estado de S.Paulo* e transcrito na revista *Promoção Social*, ano 1, maio 1975, publicada pela Secretaria da Promoção Social, São Paulo.

SILVA, Tadeu Tomaz (org.) (2000). *O panóptico*. Belo Horizonte: A Autêntica.

SINGER, Helena (1989). Direitos humanos e volúpia. *Revista USP. Dossiê direitos humanos no limiar do século XXI*. São Paulo: USP, n. 1.

SINGER, Paul e BRANT, Vinicius Caldeira (1980). *São Paulo: o povo em movimento*. Petrópolis/São Paulo: Vozes/Cebrap.

SOARES, Jorge Coelho (1998). Mal-estar na modernidade tardia globalizada. *Revista Ciências Humanas*. Rio de Janeiro: Gama Filho, v. 21, n. 2, pp. 13-25.

SOUZA, Maria Laurinda R. (2005). *Violência*. São Paulo: Casa do Psicólogo.

SPITZCOVSKY, Jaime (2001). Os adolescentes, vítimas e personagens de guerras no século XXI. In: LEVISKY, David L. (org.). *Adolescência e violência — ações comunitárias na prevenção*. São Paulo: Casa do Psicólogo.

SPOSATI, Aldaíza (2001). *Cidade em pedaços*. São Paulo: Brasiliense.

STEPAN, A. (1975). *Os militares na política: as mudanças de padrões na vida brasileira*. Rio de Janeiro: Arte Nova.

TAPAJÓS, Renato (2001). Influências de 1968 na criação artística. In: GARCIA, Marco Aurélio et al. *Rebeldes e contestadores*. São Paulo: Fundação Perseu Abramo.

TAVOLARO, Douglas (2002). *A casa dos delírios*. São Paulo: Senac.

TEIXEIRA, Maria de Lourdes Trassi (1991). O trabalho assalariado da criança como face da violência. In: ORGANIZAÇÃO COMUNITÁRIA SANTO ANTÔNIO DE MARIA CLARET. *Educação pelo Trabalho*. Ribeirão Preto. Circulação restrita.

_____ (1994). *Liberdade assistida — uma polêmica em aberto*. São Paulo: IEE — Instituto de Estudos Especiais da PUC-SP/CBIA — Centro Brasileiro para a Infância e Adolescência.

_____ (1996). Aspectos da discussão de um caso de prática de delitos. In: COHEN, Cláudio et al. (orgs.). *Saúde mental, crime e justiça*. São Paulo: Edusp.

_____ (2001). O futuro do Brasil não merece cadeia. In: LEVISKY, David L. (org.). *Adolescência e violência — ações comunitárias na prevenção*. São Paulo: Casa do Psicólogo.

TORRES, Fernando Londoño (1996). A origem do conceito de menor. In: PRIORE, Mary (org.). *A história da criança no Brasil*. São Paulo: Contexto.

VASCONCELLOS, Gilberto Felisberto (1998). *O cabaré das crianças*. Rio de Janeiro: Espaço e Tempo.

VENTURA, Zuenir (2001). A nostalgia do não vivido. In: GARCIA, Marco Aurélio et al. *Rebeldes e contestadores*. São Paulo: Fundação Perseu Abramo.

VICENTIN, Maria Cristina G. (1992). *Fronteiriços: uma geopolítica da delinqüência*. Dissertação de mestrado. São Paulo: PUC-SP.

VICENTIN, Maria Cristina G. (2002). *A vida em rebelião — histórias de jovens em conflito com a lei*. Doutorado em Psicologia Clínica: PUC-SP.

VIÑAR, M. (1992). *Exílio e tortura*. São Paulo: Escuta.

VIOLANTE, Maria Lucia Vieira (1982). *O dilema do decente malandro*. São Paulo: Cortez.

VOLPI, Mário (org.) (1998). *Adolescentes privados de liberdade — a normativa nacional e internacional & reflexões acerca da responsabilidade penal*. 2. ed. São Paulo: Cortez.

_____ (2001). *Sem liberdade, sem direitos — a privação de liberdade na percepção do adolescente*. São Paulo: Cortez.

VOLPI, Mário e SARAIVA, João Batista Costa (1998). *Os adolescentes e a lei: o direito*. Brasília: Ilanud.

WAISELFISZ, Jacobo (2002). *Mapa da violência III*. Brasília: Unesco/Instituto Ayrton Senna/Ministério da Justiça.

_____ (1998). *Mapa da violência: os jovens do Brasil — juventude, violência e cidadania*. Rio de Janeiro: Garamond.

WAISELFISZ, J. e ATHIAS, G. (2005). *Mapa da violência de São Paulo*. Brasília: Unesco.

WEBER, Henri (2001). Um balanço de 1968. In: GARCIA, Marco Aurélio et al. *Rebeldes e contestadores*. São Paulo: Fundação Perseu Abramo.

WINNICOTT, D. W. (1987). *Privação e delinqüência*. São Paulo: Martins Fontes.

_____ (1991). *Holding e interpretação*. São Paulo: Martins Fontes.

ZALUAR, Alba (1994). *Cidadãos não vão ao paraíso*. São Paulo/Campinas: Escuta/Universidade de Campinas.

_____ (1994). *Condomínio do diabo*. Rio de Janeiro: Revan, UFRJ.

_____ (1990). Teleguiados e chefe: juventude e crime. *Religião e sociedade*. São Paulo: Centro de Estudos da Religião.